高等学校公共管理类核心课程规划教材

管理心理学
思政案例

车丽萍　编著

Ideological
and
of *Political Cases*
Management Psychology

WUHAN UNIVERSITY PRESS
武汉大学出版社

图书在版编目(CIP)数据

管理心理学思政案例/车丽萍编著.—武汉:武汉大学出版社,2023.12
高等学校公共管理类核心课程规划教材
ISBN 978-7-307-24215-9

Ⅰ.管…　Ⅱ.车…　Ⅲ.高等学校—思想政治教育—教案(教育)—中国
Ⅳ.G641

中国国家版本馆 CIP 数据核字(2023)第 237218 号

责任编辑:范绪泉　　　责任校对:鄢春梅　　　版式设计:马　佳

出版发行:**武汉大学出版社**　　(430072　武昌　珞珈山)
　　　　(电子邮箱:cbs22@whu.edu.cn　网址:www.wdp.com.cn)
印刷:湖北恒泰印务有限公司
开本:787×1092　1/16　印张:12.5　字数:296 千字　　插页:1
版次:2023 年 12 月第 1 版　　2023 年 12 月第 1 次印刷
ISBN 978-7-307-24215-9　　定价:49.00 元

前　言

近些年来，案例教学在教育界逐渐盛行并被推广使用。作为一种全新的教学活动，案例教学是管理类专业的重要教学方法，同样已成为管理心理学思政教育领域中不可或缺的教学内容和手段。案例编写和案例教学的组织与实施，将会为大学教育、研究生教育、继续教育及终身教育带来新的发展领域和机遇，也将带来教育学上的新课题、新挑战。案例是对各时代不同类型管理者所处情境的真实描述，希望读者能够通过不同的视角切入并展开思考，借助案例分析来理解并巩固管理心理学相关知识点的学习，深化思政教育。

编著者从事管理心理学教育工作 20 年，通过教学、科研与实践，深刻感受到了案例选择对课程教学的重要性。好案例对于激发学生和读者的课程学习热情、内化知识的作用不言而喻，因此决定编写出版这本《管理心理学思政案例》。本书是在此前出版的《管理心理学》教材基础上做的从理论到实践的拓展。依托之前《管理心理学》教材的基本理论框架，按照我们理解的管理心理学教学特点和要求、精选相关案例编著而成。在案例编写中，根据管理心理学案例教学的特点，结合自己多年案例教学的经验和探索，提出并遵循如下原则和要求以选择案例材料：

1. 背景真切翔实。案例要对公司历史发展及行业背景做较为全面系统的说明，所提供的背景信息资料应翔实，使学员能够真切面对现实问题，有充分的观察思考余地和讨论分析空间。

2. 主题含而不露。教学案例为特定教学目的而编写，现实中的管理问题是"错综复杂"的。为了特定教学目的，案例内容不必面面俱到，要有各自侧重的主题。在材料组织上有所侧重，暗含着特定教学主题，在总体上可以大致归类为相应教学模块。

3. 问题具挑战性。案例故事情节最好有"跌宕起伏"，要具备可读性。案例情景所展现的矛盾和问题，要有现实复杂性、两难困境和多种解答思路，使学员作为一名现实管理者能够身临其境、设身处地观察和思考。

4. 公司或人物有代表性。案例公司选择应有典型性、代表性和前瞻性。案例公司的行业布局应尽量均衡兼顾，同时适当有所侧重，不仅有传统产业领域的公司，而且更多地注意选择新兴产业领域中那些引领时代潮流的优秀公司，当然也可以根据需要选择一些失败案例或问题公司。案例公司选择立足中国本土，兼及国际性知名大公司，注意把握国际企业管理心理大趋势和新动向。

5. 体例力求规范。案例编写要照应到教学操作需要，在格式安排上要有新颖性和规范性，每个案例都应由标题、对应知识点、思考题、参考答案以及思政切入点等若干部分组成，特别是要清楚注明所引用文献资料的出处。

全书共 10 章 116 个案例，各章以案例材料为核心展开，分别由主题案例、思考问答和思政切入三部分组成。先展示案例主题材料，接着依据案例提出思考问题并给出相应参考答案，最后附以案例相关思政切入点。

我们编写思政教学案例的基本思路和方法是：以媒体焦点报道和重大新闻事件为线索，广角度、深层次挖掘有关案例素材，形成以专题型或综合型典型事件为特色的教学案例；以著名企业典型事例为线索，按图索骥，力求系统、深入地描述企业发展历史背景和典型事件，形成以企业传记型研究为特色的教学案例；以面向企业界人士的著名管理、期刊及传记书籍的封面文章、专题或深度报道等为线索，寻找企业有效管理方面的典型故事，形成以人物传记故事型研究为特色的教学案例。需要说明的是，由于案例原始材料均来自媒体公开资料，对于资料来源我们在案例中没能严格按照规范——注明出处，只能在每篇案例末尾统一列示，所引用材料也较为零散，还请相关文献作者见谅。

本书由我主编和定稿，编著过程中我的研究生们付出了辛勤劳动。其中张猛、栾威、陈丹霞、臧超、王敏、杨叶昕等在案例校核方面做了大量工作。

在本书编写过程中，对各章主题案例我们参阅吸收了学术界、企业界和各类媒介大量优秀文献、数据和资料，对这些文献作者谨表诚挚谢意！特别感谢参与本书审校和出版发行的出版社同仁！虽然本书出版前期做了大量细致的工作，但难免仍然存在诸多不足和缺陷，恳请专家和读者在阅读和使用过程中批评指正、提出宝贵意见，帮助我们今后更好地改善。

编著者

2023 年 11 月

目　录

第 1 章 绪 论

1.1 对应知识点：什么是管理心理学

案例一 岳飞的治兵之道

岳飞是南宋有名的"中兴四大将"之一，有关岳飞事迹的记载并不多，使我们现在已经很难详细知道当年岳飞是如何排兵布阵，如何出谋划策对付敌人的，令敌军发出"撼山易，撼岳家军难"的感慨。我们试着从管理心理学的角度，从史书中一窥当年岳飞的军事才能。

1. 目标管理法。目标是行为要达到的预期结果在人脑中的反映。从心理学角度看，目标具有重要的心理功能，是充分调动官兵的主动性和创造性，引发人的行为积极性的动态过程。岳飞曾经多次提到"恢复中原"，建炎四年六月，他在宜兴张大年家厅事之屏题词中写道："当深入虏庭，缚贼主蹀血马前，尽屠夷种，迎二圣复还京师，取故地再上版籍。他时过此，勒功金石，岂不快哉！"在我们耳熟能详的《满江红》这首词中，也提到"驾长车、踏破贺兰山阙。壮志饥餐胡虏肉，笑谈渴饮匈奴血。待从头、收拾旧山河，朝天阙。"在岳飞的军队里，有大部分的士兵来自北方，而"恢复中原"的口号，自然很有鼓动性，也能使全体官兵心往一处想，力往一处使，使军队的凝聚力大大增强。

2. 参与管理法。心理学认为，人除了有社会需求外，还有一种想充分发挥自己潜力的欲望，通过不懈追求和努力，把人生价值推向至高点。经验证明，官兵参与管理能取得很好的心理效果，不仅可以提高管理效能，而且能够促进上下级之间、官兵之间的心理沟通，产生向心力，增强内部团结，形成群体动力。岳飞虽然是一个智勇双全、文武兼备的大将，但是在行军打仗过程中，却不会独断专行，善于听取部下的意见。"欲有所举，尽召诸统制与谋，谋定而后战，故有胜无败。"哪怕是人微言轻的小吏，提出的建议只要合理，照用不误。建炎四年初，岳飞驻军广德钟村，为了约束士兵，小吏李寅提议："宜兴县境三面临湖，只有一面有路出入，且极狭窄，不如驻军宜兴，只需一人守住路口，士兵便无法外出扰民了。"岳飞欣然用其谋。

3. 强化管理法。强化就是指通过强化物的作用来增强、减弱或消退某种行为的过程。强化物则是指增强或减弱行为的刺激物，诸如表扬、奖励或批评、惩罚等。岳飞对部下是"功者重赏，无功者峻罚""待千万如一人"。"黄佐袭周伦砦，杀伦，擒其统制陈贵等，飞上其功，迁武功大夫。统制任士安不禀王令，军以此无功。"黄佐乃是从起义军中投诚过来的，但是照样论功行赏。岳飞的五虎上将之一王贵，在一次战争中，因怯战差点被斩，还是众将求情才免于一死；后来又因其手下士卒违反军纪被杖一百。正是因为岳飞的赏罚分明，才使得手下将士忠心耿耿地追随左右。当秦桧要王贵诬告岳飞时，没想到王贵竟然驳斥说："相公为大将，宁免以赏罚用人，苟以为怨，将不胜其怨矣！"

4. 情感管理法。情感是一种神奇的力量，它既可以使人精神振奋、士气倍增，也可以使人萎靡不振、思维呆滞。情感管理的基本任务就是通过一定的途径和手段，使管理者与部属相互信任，使部属保持昂扬乐观的积极心态，振奋部属的士气和工作热情。在这点上，岳飞做得非常出色。据史料记载："贼党黄佐曰：'岳节使号令如山，若与之敌，万无生理，不如往降。节使诚信，必善遇我。'遂降。飞表授佐武义大夫，单骑按其部，拊佐背曰：'子知逆顺者。果能立功，封侯岂足道？欲复遣子至湖中，视其可乘者擒之，可劝者招之，如何？'佐感泣，誓以死报。"在这一段对话中，我们可以注意一个细节，飞"拊"佐背，就是这么一个小小的动作，却包含了飞对佐的信任、鼓励等，所以才使得"佐感泣，誓以死报"。另外，在平时，"卒有疾，躬为调药；诸将远戍，遣妻问劳其家；死事者哭之而育其孤，或以子婚其女。"这些情感上的交流，使全体官兵上下一心，同仇敌忾，奋勇杀敌。

改编自：于丽玲. 从军人管理心理学看岳飞. 兰台世界，2009（17）：62-63.

一、思考题

1. 通过了解岳飞的军事才能，试结合案例谈谈对管理心理学的理解。
2. 请思考决定军事目标、组织目标能否实现的关键因素是什么？

二、参考答案

1. 岳飞在管理军队上运用了管理手段和情感的关怀。折射到管理心理学上，可以归纳为岳飞通过研究军事管理活动中人的行为规律及其潜在的心理机制，用科学的方法改进管理，不断提高军队效率与管理效能，最终实现军事目标与个人全面发展。

2. 凝聚力。对于岳飞的军队来说，所有的管理和心理学手段最终都是为了凝聚士兵之心，激发将士们的爱国爱家情怀，胜利是为了和平与安宁。一个军队只有拧成一股绳，朝着共同的目标奋进才能决胜千里。

三、思政切入点

◎ **关键词：凝聚力、个人目标与组织目标一致、群体心理**

1. 民族凝聚力是一个民族生存和发展的内在动力，也是能够把一个民族凝结成统一有机整体，并不断推动民族向前发展的内生力量。可以说，民族凝聚力是任何一个民族的生命力所在。我们的脚步要与国家的脚步一致，才能实现国家的富强；一个高效的团队，个人目标一定要与组织目标一致。管理者只有制定切实可行的团队目标，将团队目标有效地转化为个人目标，并激励成员努力完成目标，才能使组织得到更好的发展。

2. 所有复杂的管理活动都涉及群体，没有群体成员的协同努力，组织的目标就难以实现。群体管理心理的显著特征是共有性、界限性和动态性。管理者要善用群体心理管理，促使成员共同努力以实现组织目标。

案例二　赋能人才与知识共享：打造高科技企业的成功模式

联想集团是一家具有中国特色的国有民营企业，也是中国为数不多的能够以市场份额表达自己国际市场地位的高科技企业。联想集团所确定的人才标准是相对于角色的要求而制定的。目前，联想分智能设备集团（IDG）、基础设施方案业务集团（ISG）、方案服务业务集团（SSG）三大业务集团，全球约有 8.2 万名员工，业务遍布 180 多个国家和地区。2021/2022 财年，联想集团全年营业额近 4600 亿元人民币。

联想集团的总裁柳传志认为人才有三种类型：第一种是能够自己独立做好一摊事；第二种是能够带领一群人做事；第三种是能够制定战略。公司比较小的时候，更多的需要是第一种人才。公司发展到一定程度，需要较多的是第二种人才。公司发展到比较大以后，第三种人才就显得尤为重要。联想集团从 1990 年开始，通过各种各样的方式把一个个年轻人推到总经理的位置上。用人是联想集团公司最谨慎和最大胆的决策。联想集团今天的年轻的部门经理中，90%以上是那个时候进入联想的。联想集团每年都会在人事安排上有一次变动。这种变动的核心内容是把一个又一个年轻人推上经理、总经理的岗位，有的降职，有的平级调动，有的提升。联想集团就是用这种方法把一个又一个才华横溢的年轻人调入合适的位置。联想集团在人事上只做了三件事。一是组织结构的调整，主要的事业部获得了更多的自主权力；二是要求各经理要拿出 3 年的发展规划；三是总裁亲自督战，一年搞三次高级干部培训班，所有培训的内容总裁都要亲自参与。

联想集团培养人的第一个方法，按照柳传志的比喻，叫作"缝鞋垫"与"做西服"，即培养一个战略型人才和培养一个优秀的裁缝有相同的道理。联想集团创业的老联想人对企业有着至深的感情和很强的责任心，尽管他们当中的绝大多数已退居二线，但他们对那些正在一线的年轻人格外关注，对他们一言一行都自有评价。公司也经常有目的地让新老一代联想人开会沟通。联想集团培养人才的第二个方法是从赛马中识别好马。联想从1990 年开始大量提拔使用年轻人。几科每年都会有数十名年轻人受到提拔，一直沿用至今。刚开始的时候，多数年轻人一般都在副职的岗位上，由一个资深的联想人担任正职，充当师傅这样的角色，从 1990 年开始，公司就不断地把年轻人推到前面，全国各地的分公司总经理全部换上年轻人。公司经常不断地与老资格的联想人召开各种各样的会议，征求他们对大量使用年轻人的意见。联想集团培养人才的第三个方法是训练他们搭班子、协调作战的能力。如果把公司的总经理看作是企业组织的领导人物，那么班子就像是企业的核心堡垒。建好这个堡垒，就要求我们的人才具有很强的协调能力。在这个问题上，总裁柳传志更像一个言传身教的师傅。他会把自己亲身经历的体会告诉他的部下，也会举一些常见的例子让大家讨论。他认为一个优秀的人才既要能坚持原则，又要善于妥协。坚持原则才能有正气，善于妥协才能保证团结人。没有这两项，事业做不大。

为了推动知识共享的开展，联想有一个重要做法就是定义知识责任表，规定某个流程里的活动要形成哪些知识模板，某一个岗位要产出什么样的知识组件，并把它规定为员工工作内容的一个必要组成部分，从而迫使每个员工和部门必须打破原来的利益范围。联想曾经有十几个知识小团体，在强化知识管理的过程中这些小团体被逐一打破，相应的知识组件被迁移到公司的知识体系之中。

改编自：高秀林，李大伟，等 . 联想集团组织演变与变革案例研究 . 豆丁网，2023-03-22.

一、思考题

1. 联想的人才培养计划有什么特点？
2. 从管理心理学的角度谈谈企业有效管理人力资源的工作对策有哪些？

二、参考答案

1. 联想的人才培养计划有如下特点：

第一，在发展规划人力资源时，贯穿企业发展价值观，基于企业价值观来影响、选拔员工。第二，将员工进行人才分类，基于管理心理角度规划不同的企业岗位，并结合员工个体的专业素质，激发员工积极性。第三，管理人员多从基层做起，全面培养技术技能、人际技能、概念技能。第四，强调团结一致"传帮带"，联想老人极力培养新人，形成团结、坚强的团队。

2. 基于管理心理学，企业有效管理人力资源的工作对策：

第一，应该创建有效的内部人力资源管理机制，如公平公正的考核机制。第二，做好员工培训工作。尤其在思想观念上，切实提高员工素质。第三，领导者可以多方面了解员工，加强对其心理的管理与监测，创造人性化企业文化。最后，领导者应该加强团队建设，加强企业凝聚力，充分协调员工关系。

三、思政切入点

◎ **关键词：团队精神、责任感与使命感、奋勇争先**

1. 管理者在开展管理工作时应注重培养团体成员的团队精神。现阶段在市场经济环境下，企业逐步为自身发展、进步而采取团队建设，注重团队意识，增强企业凝聚力，以提升内部员工管理的整体有效性及工作效率。

2. 对员工进行责任感、使命感培训。管理者在开展管理工作时应注重培养团体成员的责任感与使命感，在具体规划人力资源时须贯穿企业价值观。老员工要有责任意识来培养新员工接替自己的工作。管理者开展管理工作时应率先以身作则并引导员工奋勇争先，管理者应努力完善自身各项技能如概念技能、技术技能、人际技能，管理者也应引导下属努力完成团队任务，提升自我价值，遇到难题不退缩、不逃避、迎难而上。

1.2　对应知识点：管理心理学的性质

案例三　女排精神

"女排姑娘赢了！"在里约热内卢奥运会上，中国女排以 3 比 1 的战绩战胜塞尔维亚队，时隔 12 年再夺奥运冠军。从小组赛濒临出局，到淘汰赛后连克巴西、荷兰、塞尔维亚三大强敌，让人紧张到"受不了"的比赛过程，成为女排姑娘们顽强拼搏、团结一心的最好见证，女排精神也由此绽放了新光芒。

中国女排给人们的深刻印象是郎平永远不满足、永远学习。作为中国女排队员时，她就已经非常优秀，与美国名将海曼、古巴名将路易斯并称为 20 世纪 80 年代世界女排"三大主攻手"。但她不满足，到北京师范大学学习英语，到美国新墨西哥大学学习现代体育管理。她不是低水平重复，而是持续提升自己对战术的认识、对竞技体育的认识、对运动员的认识、对团队管理的认识以及对自己的认识。人都有惰性，愿意待在自己熟悉的领域，待在心理的"舒适区"，这导致大多数人永远不会去冒险尝试，永远低水平重复。但对有些人来说，仿佛天生就有逃离"舒适区"的基因，时刻准备进入"学习区"。于是，这些人成了艺术大师、发明家、冒险家、企业家、体育大师。郎平时刻准备抛弃"舒适区"，进入"学习区"，愿意接受未知挑战。无疑，这一点为她和女排的成功打下了重要基础。一个优秀的领导者绝不是只传授技术就能打赢比赛，还需要把自己的个人愿景，自己的创造力、情感、承诺与团队的共同愿景、使命、价值观结合在一起，激发每个人的创造力、荣誉感，激发每个人潜在的力量，这样的团队才会激情投入，才有可能实现目标。女排精神不是喊出来的，它的实质乃是踏踏实实做好每一天，没有平时一点一滴的积累，关键时刻是拿不出"精神"的。说一件普通得不能再普通的事——吃饭。四年来一日三餐，中国女排很少能碰到训练局的其他运动队，因为早上她们坐的是最早一趟班车，那时不少队伍还没起床，中午一般要练到下午 1 点多，等洗完澡去吃饭时人家很多都已经睡午觉了，下午训练结束要到 7 点多，回到餐厅依然是最后一拨。一周 7 天，只有周日休息。记得为了适应大馆，全队去首都体育馆训练，从北三环到东二环，中午回来都两点半了，饭也凉了。就是这样日复一日的付出，才换回奥运赛场上那一刻的闪亮。

比起女排夺冠的结果，夺冠历程堪称荡气回肠。小组赛先后败给荷兰和塞尔维亚，半决赛和决赛中反败为胜；在先失一局的情况下，面对东道主、8 年来战绩 18 胜 1 负的巴西女排，中国女排神奇逆转。30 多年前，中国女排成为"拼搏"的象征，今天女排再度夺冠激荡起国人对"女排精神"的美好回忆，同样是因为"拼搏"。以足球、篮球、排球为代表的三大球，一支球队要想确立起"一览众山小"的稳固地位，谈何容易。中国女排每一次夺冠，都靠艰难的拼搏完成。越是困难时刻，越焕发出顽强拼搏的精神斗志，这样一股竞技体育的精气神，正是女排带给国人的骄傲。让我们感悟到个体奋斗的"洪荒之力"。这无疑是奥运带给我们的最好礼物。

改编自：女排精神 . 人民日报，2016-08-22（05）.

一、思考题

1. 通过对郎平教练的描述,你觉得怎样才能成为一个优秀的领导者?
2. 如何理解"女排精神不是喊出来的"?女排精神给了我们哪些管理心理学启示?

二、参考答案

1. 优秀的领导者不是停留在传授技术层面,而是能够把个体的愿景同团队的愿景、使命结合在一起,并真正激发每个人的创造力,塑造团队精神。团队精神是大局意识、协作精神和服务精神,其核心是合作,反映的是个体利益和整体利益的统一,并进而保证组织的高效率运转,而领导者更要团结大家去形成这种团队精神。

2. "女排精神"是一代代女排队员日积月累的训练、刻苦的付出换来的。这种精神力量远远不是喊几句口号就行的。"女排精神"应是坚持不懈,不畏惧强大对手的,不断超越自己的精神。

作为管理者,我们要学习女排精神,不仅要自身起到带头作用,努力提升自己的管理技能,坚持不懈,努力超越对手,同时还要关注下属心理管理,将大家团结在一起为企业而不懈奋斗。

三、思政切入点

◎ 关键词:居安思危、团队精神、脚踏实地

1. 引导学生懂得不安于现状、勇敢地跳出自己的"舒适圈",不断进入"学习区"。如果一个人总是安于现状,那将不会有任何进步,有时候故步自封等于退步,只有勇于踏出舒适圈才能不断进步。

2. 团队精神是大局意识、协作精神和服务精神。其核心是合作,反映的是个体利益和整体利益的统一,并进而保证组织的高效率运转,而领导者正是要团结大家以形成这种团队精神的。

3. 教育学生有了目标要采取行动,脚踏实地。女排精神不是喊出来的,而是一步一步实践出来的。无论我们做任何事,都要学习女排精神中脚踏实地的精髓,这样才能真正把事情做好,成功离不开扎实的实践。

案例四 新东方创始人俞敏洪"另类"的职业生涯规划

创业以来,俞敏洪一直在苦心孤诣地树立一种"从绝望中寻找希望",为理想主义鼓掌和欢呼的新东方精神,这种精神和气韵足以揭示新东方成功的所有奥秘,也足以给我们带来一种全新的启发。"双减"政策来临,教培时代落幕,退租校区、市值缩水、大批裁员……新东方在 30 年间一砖一瓦堆砌起来的大厦,眼看就要轰然倒塌。谁知短短几个月后,俞敏洪就带领团队进入了直播领域,并再次闯出一片天地。登上平台热搜榜第一,在线股票一度暴涨 100%,赞誉声也铺天盖地而来。

那么,俞敏洪是如何制定自己的职业生涯规划的?让我们先来看看他写的一篇文章

《你不知道这辈子能够走多远》：常有人问我"俞老师，你当初想到过自己能够把新东方做这么大吗？"我的回答是："如果当初我知道新东方会做到今天这个地步，一定吓晕过去。我当初做新东方，仅仅是为了生存。新东方的第一个班只有十几个学生，我怎么敢想象它会成为一个年培训学生达一百多万人的教育集团呢？如今，回头看去，自己也有大吃一惊的感觉，很多自己认为不可能做成的事情变成了现实。人们做事情大概分为两种情况。一种是一开始就知道自己走向何方，一辈子的终极目标是什么。比如，有些人从很年轻的时候就下定决心要成为伟大的音乐家、画家、科学家或政治家，他们一辈子都在为自己的终极理想而奋斗。第二种人可能并不知道这辈子到底能够做成什么事情，他们唯一坚定的信念就是知道自己必须往前走，未来一定要比今天更美好。我大概属于第二种人。过去我没有预料到也没有设想过新东方到底能发展成什么样子，今天我懂得了生活充满无穷的可能性，只要你努力，就会有意外的惊喜。其实，我们不需要去考虑这辈子到底能够走多远，我们需要做的就是像骆驼一样在沙漠中行走，一步一个脚印地向心中的绿洲前进。我们甚至不需要考虑自己能够走多快，只要知道自己在不断努力向前就行。"

改编自：俞敏洪. 在绝望中寻找希望：俞敏洪写给迷茫不安的年轻人. 北京：中信出版社，2014.

一、思考题

1. 读完俞敏洪的个人职业规划，你得到了什么启示？

2. 请结合管理心理学基本知识和理论，说一说我们应如何规划自己的短期目标和长期目标。

二、参考答案

1. 读完俞敏洪的个人职业规划，我们可以得到如下启示：

第一，我们要选择好自己的目标。正确的目标是良好的开始，即使一开始没有明确的方向，我们仍然可以在前进的道路中努力寻找自己的方向。第二，所有成功都离不开坚定的信念与坚持不懈，只有坚定地朝着我们的目标前进，才能最终获得成功。

2. 要对自己的目标有信心，并坚持不懈地朝之努力。短期目标更侧重于做事，长期目标更侧重于意义。考虑短期目标时，问问自己目标到底是什么、完成的标准是什么、实现目标过程中会遇到哪些困难、如何克服等。在考虑长期目标时，问问自己为什么要制定这个目标、动机是什么，以此让自己更坚定地走在实现目标的道路上。我们也可以把长期目标拆分成短期目标来逐一实现或达成。无论是长期目标，还是短期目标，都需要我们自己矢志不移地付诸实践去完成。

三、思政切入点

◎ **关键词：短期目标与长期目标、坚持不懈、专注**

1. 引导学生思考如何正确处理好长期目标和短期目标的关系。短期目标更侧重于做事，长期目标更侧重于意义。平衡好二者的关系，把长期目标拆分成短期目标来逐一完成。无论长期目标，还是短期目标，都需要我们开始并付诸实践；

2. 一旦确定自己的目标之后，就要坚持不懈地努力。坚持不懈是我们做成任何事情的基石，相反如果半途而废我们将一事无成。正如案例中所言，我们不需要考虑自己能够走多快，只要知道自己在不断努力向前就行。正所谓"道阻且长，行则将至"。

3. 和走得快相比，朝着自己的目标方向走得久也十分重要。做事情要了解人与人之间具有的差异性和多样性，不要在乎别人的眼光和节奏，而是要专注自身的步伐；俞敏洪高考考了三次才考上北大，表明只有坚持不懈地努力、坚定自己的目标才能够最终取得成功；生活充满意外和无限的可能性，要始终珍惜每一缕阳光，乐观积极向上，只要一直努力就会有意外的收获和惊喜。

案例五 关注工业中的人

1879 年，德国哲学家冯特（Wilhelm Wundt）在莱比锡大学成立了第一个心理学实验室，标志着心理学成为一门独立的学科体系。心理学的兴起，使得人们开始深入了解自己，从新的角度发现自身的潜能。被称为"工业心理学之父"的雨果·闵斯特伯格（Hugo Munsterberg）与众不同，他将研究的角度锁定在工业心理领域。他指出："在当时的工业中，人们最大的注意力是放在资料和设备的问题上；也有一些人注意到了工人的心理状态对工人工作效率的影响，如有关疲劳问题、工作单调问题、兴趣与愉快问题、工作报酬问题等。对于这一类问题，当时都是一些外行人来处理的，他们对此缺乏科学的理解。"他还认为心理学应该对提高工人的适应能力和工作效率作出贡献。他希望能对工业生产中人的行为做出进一步的科学研究。他研究的重点是：如何根据个人的素质以及心理特点把他们安置到最适合他们的工作岗位上？在什么样的心理条件下可以让工人发挥最大的干劲和积极性，从而能够从每个工人身上得到最大的、最令人满意的产量？怎样的情绪能使工人的工作产生最佳的效果？

雨果·闵斯特伯格的研究路线对后人很有启发。这样的研究思路也运用到了一些军事领域。第一次世界大战期间，由于需要赶制大量的战争物资，英国的很多企业都变成了兵工厂，工人们没日没夜地加班工作。在这个过程中，管理人员发现一个现象，就是连续工作若干天后，工人的工作效率就会越来越低，而且在晚上更是降在最低点。经过调查才发现是疲劳导致效率的下降。针对这个问题，英国军队特别成立了疲劳研究部，专门去研究如何才能把疲劳的影响降至最低。后来他们采用了工业心理学的一些针对疲劳的解决方法，产生了非常好的效果。美国也利用工业心理学中的心理测验来选拔陆军官员，按其成绩分配适当岗位，起到了非常好的实际效果。第一次世界大战后，英国和美国基于大战期间运用工业心理学的经验，开始在民用工业中迅速推广这门学科。1922 年，英国军方的疲劳研究部正式归属国际医学委员会，并延至今日。剑桥大学一位教授麦尔斯在伦敦成立了工业心理研究所，向企业提供各种咨询服务。1923 年，美国还成立了全国人事管理委员会，后又改组为以关心工商业中人的因素为宗旨的美国管理协会。之后，许多西方国家企业也都相继成立了工业心理学研究机构。

改编自：刘永忠，金才兵. 管理的故事. 广州：南方日报出版社，2005：63.

一、思考题

1. 请分析雨果·闵斯特伯格的工业心理学研究路线的科学性。
2. 如何将工业心理学更好地运用于当今的企业管理中？

二、参考答案

1. 雨果·闵斯特伯格的研究路线具有一定科学性。原因有以下三点：

第一，工人是人而非工业机器，具有人的基本属性，而人的心理管理至关重要，理应对人的心理进行研究。

第二，通过现代管理我们可知，最重要的是对人的管理，人是企业主体最活跃的生产因素，理应以人为本。

第三，企业的效益、效率离不开人的积极性、主动性和创造性。

综上所述，闵斯特伯格的研究路线贯彻了以人为本的理念。研究工人的心理状态，能够帮助管理者把合适的人安排到合适的岗位上去，以提高其积极性、主动性及创造性，具有一定科学道理。

2. 管理者要将工业心理学运用于当今企业管理中，要做到如下几点：

第一，管理者应当贯彻以人为本的管理理念，将员工视为企业的主体。

第二，管理者应努力学习管理心理学相关知识，将其运用于企业管理以促进并提升企业管理水平和管理效率。

第三，管理者应根据员工的个人素质及心理特点将他们安置到最适合的工作岗位上去，以发挥其最大工作积极性。

第四，重视员工的心理状态，运用工业心理学解决员工心理上的疲劳、工作单调等问题，从根本上提高企业劳动生产率。

第五，创造以人为本的企业文化，从心理上建立企业员工的归属感。

三、思政切入点

◎ **关键词：创造精神、以人为本、企业文化**

1. 企业管理者应具有一定的创造精神，创造精神是中华民族四大民族精神之一。管理者应创造性地运用管理学、心理学、社会学、人类学等以提高组织管理水平，促进企业生产和发展。企业管理者也应该创造性地运用管理技能，尊重员工的人格，创造性地运用工作方法，增进与员工的感情联结，建立良好的人际关系，提升企业绩效。

2. 企业管理者应建立以人为本的管理理念。现代管理中，最重要的是对人的管理，人是企业组织的主体，是生产力中最活跃的因素，企业管理中的组织目标最终都是靠人来完成和实现的。管理者应注重研究人的心理与行为及各种人际关系，并重视对人的潜能的挖掘和运用，鼓励员工发表自己的意见和看法，倡导参与式管理。离开人的积极性、主动性和创造性，就没有了企业的效率和效益。因此，科学技术越发达，就越需要重视人的因素并建立以人为中心的管理制度。

3. 企业管理者应注重企业文化建设。要将企业文化与实际结合，拓展思想政治内容，引导企业员工将个人利益与集体利益相结合，引导职工树立共同理想，培育共同道德规范，培育企业核心价值，凝聚人心，塑造企业形象，扩大企业知名度，强化企业管理以提升企业竞争力。

1.3 对应知识点：管理心理学的研究方法

案例六 世界最好的医院

1864 年，梅奥医生在美国罗切斯特市创建了一个以救治美国南北战争伤员为主的诊所。战后，梅奥医生的两个儿子秉承父业，与当地一所女修道院合作，扩大了诊所规模。从 20 世纪初开始，梅奥诊所逐渐创建起一套新的医学管理模式、医学理念和治疗手段，许多医疗规范已成为世界医疗界的标杆。"在梅奥诊所，'病人需求第一'的理念早已内化成每个梅奥人的习惯了。"一位从梅奥诊所进修回来的同事，讲述了他在梅奥进修半年的所见所闻："不论何时，只要患者需要，来自梅奥的各个领域医生都会组成专家团队，综合其医疗技术和经验，解决患者在治疗过程中遇到的问题。对病人的诊断及治疗意见不会是一个医生的观点，而是整个医疗团队的观点。医学专家们讲究协作医疗，虽然医生的地位非常高，但经常可以看到医生为病人开门、弯腰把病人扶上轮椅、亲切与病人握手交谈等情景。医院在主要路口设有问事处，有许多义工在那里工作。许多大厅都有钢琴，经常有义工在那里弹琴。"

正如梅奥诊所的高管格伦·福布斯医生所说的那样："如果你只是宣扬一种价值观，而没有将其融入组织的运营、政策、决策、资源配置以及文化之中，那么这种价值观也就仅仅是一句口号而已。"

近年来，以病人为中心开展人性化服务已经成为国内很多医院提高服务水平的基础，并因此做出了很多努力，比如改善就医环境、提高技术、引进先进设备等。但是，我们要做的绝不仅仅是这些。"以病人为中心"为基本点和出发点是提倡和要求医生设法进入病人的世界，用病人的眼光理解疾病、对待疾病。梅奥诊所最值得学习的地方，就是真正把"病人需求第一"做到了细处。在管理方式上，尽其所能，发挥极致，从一切细节处考虑患者的需求、聆听患者的声音、体会患者的感受。

改编自：鲍丽娜，李孟涛，李浇. 管理学习题与案例. 大连：东北财经大学出版社，2014：8.

一、思考题

1. 梅奥诊所的理念给我们哪些管理心理学启示？

2. 如何理解福布斯医生所说的"如果你只是……那么这种价值观也就仅仅是一句口号而已。"这句话？对我国社会主义核心价值观宣传有何启示？

二、参考答案

1. 梅奥诊所的理念能使我们得到如下管理心理学启示：

第一，要从被服务者的心理角度出发，真正以被服务者为中心，为被服务者提供其所需的服务；

第二，要建立一个真正有凝聚力的团队，集体力量大于个人力量，作为团队的领导者，要更加关注每一个成员的心理管理；

第三，员工对企业的忠诚度与归属感以及顾客的感受是有效提升企业效益的重要指标。关注员工的群体心理建设及顾客、被服务者的心理对于优化企业管理质量具有极其重要的意义。

2. 所有价值观都要落地践行，真正融入实际应用中去。应该在加强价值观宣传的同时，将其落实到公民的行为层面，真正引导社会、组织和个人在现实生活中践行价值观。

三、思政切入点

◎ **关键词：以人民为中心、价值观、人性化服务**

1. 文中"以病人为中心开展人性化服务"的理念可以引发我们展开更多思考，将"以人民为中心"根植于管理之中，可以有效增强人民对政策的认同感。

2. 引导学生理解国家为何高度重视国家文化和价值观的宣传。通过高管格伦·福布斯医生说的话调动同学积极性，引发学生对社会主义核心价值观的深度思考。

3. 企业应提供更人性化的服务。只有切实地想民众所想，为民众提供更好的服务，企业才能得到更好的发展。

案例七　挑战与探索：制造业巨头的管理困境

富士康科技集团（以下简称富士康）是中国台湾鸿海精密集团的高新科技企业，现拥有 120 余万员工及全球顶尖客户群。富士康科技集团是鸿海精密工业股份有限公司在大陆投资兴办的专业研发生产精密电气连接器、无线通信关键零组件及组装等的高新科技企业。

富士康所处的制造业的地位决定了它对生产作业管理的重视。正是它的"三高一低"运营战略，即高交货速度、高品质、高柔韧性和低成本，实施人海战术 24 小时轮班、快速转换，成就了其 21 世纪的代工霸业。处于产业链的下游，富士康的规模经济特点显著，缺乏自己的品牌独立性，只能依靠低成本，而这就需要大批的劳动工人来实现。在生产线上最普通的一道工序是贴胶纸：在主板上贴 18 张胶纸，两分钟内完成。每个工人每天要完成 220 块这样的主板，他们都是在这样简单而又重复的工作中度过的。这些工人每天工作 8 个小时，每个月只能拿到 900 元的底薪，如果他们想赚取更多的钱，就不得不选择多加班，不得不选择放弃自己休闲娱乐的时间，进行简单而又重复的劳动。一位不愿透露姓名的富士康员工如此形容他们的生活："干得比驴累，吃得比猪差，起得比鸡早，装得比孙子乖，看上去比谁都好，五年后比谁都老。"

富士康的组织结构类型是直线型组织结构（参见图 1-1），组织中的每一个人的职能就是向上级报告，上级对下属有绝对的直接职权，主要的决策权集中在高层管理者，中低层管理者只有日常的决策权限，对下级的控制较多。虽然这种组织结构能够快速地执行决

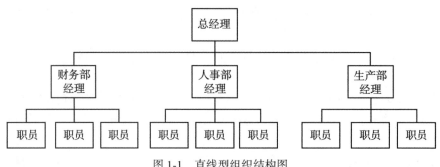

图 1-1　直线型组织结构图

策，但其缺点也不能忽视，正是这些缺点才把富士康的管理问题揭示出来。由于决策比较集中，员工晋升难度较大，容易影响员工的工作积极性，员工不会为公司拼命卖力。这种结构一旦面临经济危机或市场环境恶化，企业的最高领导者会采取严格的执行力来拯救企业的利润，管理层则一级一级向下施压，最终，一线员工的压力最大。平时在工作中的压力，再加上层层领导者施加的压力，使员工难以承受，时间一久，这种崩溃状态会导致一系列惨重后果。富士康的领导行为：弱"关心人"强"工作组织"。关系行为：指导，即高任务低关系。专制型领导者：权力集中于领导者个人手中，领导者独断专行，所有的决策都由领导者自己做出，不重视下属成员的意见。

富士康提倡为"大我"牺牲"小我"。企业希望员工不计较个人得失，努力为组织目标而工作，而"80后""90后"的员工们显然对此相当抵触，对领导的行为也有不同的解读。新生代员工将自身与企业的关系看作纯粹的雇佣关系，注重工作是否能够实现自我价值，而不愿意为了企业目标牺牲自身的利益。新生代员工已经具有一定的民主思想，追求平等，反感管理者高高在上，对权威也敢于挑战，对于命令式的领导方式接受度不高；对于领导吝啬授权，凡事自己说了算，员工只负责执行的做法，新生代员工会认为那是束缚了自己的才华发挥，这可能也是富士康14跳的主要原因。

改编自：富士康"跳楼门"频发：冷漠的企业文化.中国新闻网.https://www.chinanews.com/it/it-itxw/news/2010/04-12/2221129.shtm.

一、思考题

1. 请根据所学管理心理学知识评价一下富士康的管理模式？从富士康的管理中你能得到什么启示？

2. 根据传统与现代管理思想，分析在企业内部提倡为"大我"牺牲"小我"是否合理？你觉得什么时候提倡为"大我"牺牲"小我"最合适？

3. 如果你是富士康的员工，你会如何调节自己的压力？

二、参考答案

1. 富士康采用直线型组织结构，上级对下属有绝对的直接职权。决策权集中在高层管理者，中下层管理者只有日常的决策权限，对下级的控制较多。这种组织结构能够快速地执行决策，但其容易影响员工的工作积极性，员工不会为公司拼命卖力，需要采取相关措施以调动员工积极性。

2. 企业与员工更多的是雇佣关系，从"经济人"假设的角度来看是不合理的。从"社会人""复杂人""自我实现人"的假设来看，为"大我"牺牲"小我"需要员工对组织有很强的归属感，组织要能够为员工创造更大的舞台。显然富士康并没有做到这一点，因此是不合理的。但我们都有深厚的归属感和认同感，愿意为了国家、民族和社会牺牲"小我"。

3. 首先注意调节自己的心情，多参加休闲活动和体育锻炼以释放压力；同时可以多与家人朋友沟通，及时排解内心压力，对于自己困惑和无法解决的事情也可以向上级寻求帮助。

三、思政切入点

◎ **关键词：实事求是、情绪调节、集体利益与个人利益**

1. 管理者在进行管理活动时应实事求是。根据不同的管理环境采取不同的管理措施，切忌一刀切，同时对于不同的员工也可以采用不同的管理方式，以提升员工的工作积极性，使其为企业贡献最大的力量。

2. 随着生活压力的增大，情绪调节已成为每个人必修的功课。现代人在遇到压力时，可以选择合适的方式来调节自己的情绪，如多运动、多与家人朋友沟通交流、多去感受大自然，要学会以合理的方式调节自己的情绪。

3. 集体利益和个人利益是相互依存的。只有维护集体利益，个人利益才有保障。领导者应充分尊重和维护员工利益，员工个人也应该积极关心和维护集体利益。

案例八 经典的中国人才案例

中国历史悠久，各种人才智慧的学说纷呈，而人才智慧的典范更是举不胜举。中国是一个智慧大成的民族，人才智慧的经典案例，让人拍案叫绝，下面精选几例，供大家借鉴。

首先是秦昭王五跪得范雎。引才纳贤是国家强盛的根本，而人才尤其是高才，并不是那么容易引得到、纳得着的。秦昭王雄心勃勃，欲一统天下，在引才纳贤方面显示了非凡的气度。范雎原为一隐士，熟知兵法，颇有远略。秦昭王驱车前往拜访范雎，见到他便屏退左右，跪而求教："请先生教我?"但范雎支支吾吾，欲言又止。于是，秦昭王"第二次跪地请教"，且态度更加恭敬，可范雎仍不语。秦昭王又跪下说："先生卒不幸教寡人耶?"这第三跪打动了范雎，道出自己不愿进言的重重顾虑。秦昭王听后，第四次下跪，说道："先生不要有什么顾虑，我是真心向您请教。"范雎还是不放心，就试探道："大王的用计也有失败的时候。"秦昭王对此并没有发怒，并领悟到范雎可能要进言了，于是，第五次跪下，说："我愿意听先生说其详"。言辞更加恳切，态度更加恭敬。这一次范雎也觉得时机成熟，便答应辅佐秦昭王，帮他统一六国。后来，范雎鞠躬尽瘁地辅佐秦昭王成就霸业，而秦昭王五跪得范雎的典故，千百年来被人们所称誉，成为引才纳贤的楷模。

第二个例子是墨子激励耕柱。人才并不是天生一定要作贡献，关键是要适当激励，激才智慧在中国历史上不乏其例。耕柱是一代宗师墨子的得意门生，但他老是挨墨子的责骂。有一次，墨子又责备了耕柱，耕柱觉得自己非常委屈，因为在许多门生之中，大家都公认耕柱是最优秀的，却偏偏常遭到墨子指责，让他没面子。一天，耕柱愤愤不平地问墨子："老师，难道在这么多学生当中，我竟是如此的差劲，以至于要时常遭您老人家责骂吗？"墨子听后，毫不动肝火："假设我现在要上太行山，依你看，我应该用良马来拉车，还是用老牛来拖车？"耕柱答："再笨的人也知道要用良马来拉车。"墨子又问："那么，为什么不用老牛呢？"耕柱答："理由非常简单，因为良马足以担负重任，值得驱遣。"墨子说："你答得一点也没错，我之所以时常责骂你，也只因为你能够担负重任，值得我一再地教导与匡正你。"

第三个例子是刘备苦心留住徐庶。分分合合在职场中已司空见惯。引才难，留才难，一个小单位想留住高才似乎难于上青天。刘备被曹操赶得到处奔波，好不容易安居新野小县，又得军师徐庶。这日，曹操派人送来徐母的书信，信中要徐庶速归曹操。徐庶知是曹操用计，但他是孝子，执意要走。刘备顿时大哭，说道："百善孝为先，何况是至亲分离，你放心去吧，等救出你母亲后，以后有机会我再向先生请教。"徐庶非常感激，想立即上路，刘备劝说徐庶小住一日，明日为先生饯行。第二天，刘备为徐庶摆酒饯行，等到徐庶上马时，刘备又要为他牵马，将徐庶送了一程又一程，不忍分别。感动得徐庶热泪盈眶，为报答刘备的知遇之恩，他不仅举荐了能力更强的贤士诸葛亮，并发誓终生不为曹操施一计谋。徐庶的人虽然离开了，但心却在刘备这边，故有"身在曹营心在汉"之说。徐庶进曹营果然不为曹操施一计，并且在长坂坡还救了刘备的大将赵云之命，古往今来，凡是留才的案例，没有超出刘备的。

中国历史绵延不断，文化传承更是智慧闪烁，人才智慧更是夺人耳目。以上人才智慧案例，只是中国人才智慧园中的几个叶片。因此，要掌握符合中国传统文化的人才策略，必须研究中国人才历史，汲取中国人才历史中的精华，否则，我们现代的人才策略将成为无源之水、无本之木。

改编自：萧鸣政 . 公共部门人力资源开发与管理案例 . 北京：北京大学出版社，2016.

一、思考题

1. 试结合案例谈谈我国古代的人才思想对于现代管理有何借鉴意义？
2. 请结合案例谈谈对于管理心理学的理解？

二、参考答案

1. 作为现代管理者，我们应该在借鉴中国传统智慧的基础上，结合实际情况，制定出符合自己组织特点和人才需求的人才管理策略，实现人力资源管理的创新和升级。

第一，激励人才要尊重个性和人格魅力。墨子激励耕柱的案例告诉我们，领导者在激励人才时要尊重人才的个性和人格魅力，发掘人才的优点和潜力，给予恰当的指导和帮助，以激发人才的积极性和创造力。

第二，留住人才要建立良好的人际关系。刘备苦心留住徐庶的案例告诉我们，留住高才不仅要给予优厚的待遇和发展机会，更要建立良好的人际关系，让人才感受到温暖和归属感，从而激发出更大的工作热情和创造力。

第三，用人要因材施教、因事配人。以上三个案例中，领导者都能够因材施教、因事配人，把人才的优势和潜力发挥到极致。领导者要根据不同的工作需要和人才特点，合理安排人才的工作职责和工作环境，为人才提供适当的培训和发展机会，让他们充分发挥自己的才智。

2. 以上所述的案例，不仅仅是中国历史中的佳话，更是管理心理学中人才管理的经典例子。这些案例展现了领导者在引才纳贤、激发员工潜力、留住高端人才等方面的成功经验，对于现代管理心理学具有很强的启示意义。管理心理学是一门关注人才管理和领导者行为的学科，而中国历史中有丰富的人才智慧案例，管理者应当在实践中借鉴这些案例，不断探索适合自己团队的人才管理策略，以更好地引领团队取得更大成功。

三、思政切入点

◎ 关键词：文化积淀、尊重他人、引才纳贤

1. 本案例中涉及了中国传统文化的多个方面，如孝道、恭敬、礼仪等。这提示我们，要在人才培养和管理中融入传统文化的精髓，继承和发扬中华优秀传统文化，培养并建立文化自信；

2. 秦昭王五次跪拜范雎，表现出极其恭敬的态度，这种态度值得我们学习。现代社会，我们应该尊重每一个人，不管其身份或地位如何，都应该给予足够的尊重和重视。秦昭王引得范雎的例子，说明在国家强盛的过程中，引才纳贤是必不可少的。人才是企业、组织或国家发展的核心，只有引进高质量人才，才能推动事业不断向前发展。

案例九　埃森哲：知识共享、技术驱动与全球合作的咨询之道

埃森哲作为一家全球化的上市咨询公司，为客户提供多元化的服务和解决方案，同时也为员工提供了广阔的发展机会和丰富的学习资源。

知识共享与协作文化：埃森哲注重知识的重复利用和分享。团队在项目完成后，会进行深入的复盘和总结，并将经验和教训转化为宏观的方法论，形成 Playbook 类资料，供全公司的员工学习和参考。这种知识共享和协作文化有助于推动公司内部的知识积累和分享，提高整体的专业水平和员工的技商（technology quotient，TQ）。公司要求员工每季度学习 TQ，涵盖的主题会与时代和科技热点同步更新，以确保员工与时代发展保持同步，始终走在潮流科技的前沿。这种技术驱动和持续学习的文化有助于培养员工的创新思维和科技敏感性，提高他们在技术领域的专业能力和竞争力。全球化的培训和交流机会：埃森哲作为一家全球化的公司，为员工提供广阔的培训和交流机会。公司定期组织各个领域的线上培训，让员工接触到各个工作领域。技术驱动与持续学习：作为一家科技领军的咨询公司，埃森哲强调员行业的前沿知识，并聆听专业嘉宾的分享。此外，公司还提供许多线下的跨国交流机会，让员工有机会与来自不同国家和文化背景的同事进行交流和合作，丰

富他们的全球视野和跨文化沟通能力。发展机会和福利待遇：作为咨询界难得一见的上市公司，埃森哲为员工提供丰富的发展机会和福利待遇。员工可以通过参与多样化的项目和团队合作，不断拓展自己的技能和经验。此外，埃森哲还提供全球化的培训机会等。这些福利待遇和发展机会为员工提供了良好的工作环境和成长平台。

　　埃森哲作为一家全球化的上市咨询公司，注重知识共享与协作文化，强调技术驱动和持续学习，提供全球化的培训和交流机会，并为员工提供丰富的发展机会和福利待遇。这些特点使得埃森哲成为吸引人才、推动员工个人成长和实现有深远意义变革的理想之地。

　　改编自：埃森哲是一家怎样的公司？｜Dream Co. ⑥·埃森哲：不内卷的科技强司，咨询界的上市公司. zhuan/an. zhihu. com/p1559602192.

一、思考题

　　1. 这篇案例给我们哪些管理心理学启示？

　　2. 从管理心理学的角度思考如何建立一种积极的知识共享文化以促进团队协作和学习？

二、参考答案

　　1. 埃森哲通过奖励和认可员工的知识共享行为，增强了员工的动机和积极性。管理者应在了解员工动机因素的基础上设计激励机制，以提高知识共享的参与度。可以包括奖励、表彰和晋升机会，以及将知识共享作为绩效评估的一部分。员工在埃森哲感到能够自由地分享意见、经验和问题，而不用担心批评或负面评价。这种心理安全感有助于促进知识的共享与协作。

　　2. 管理者通过营造信任和安全感、激发动机和认可、提供学习机会、建立知识共享平台、践行榜样行为以及鼓励团队合作和项目交流，可以建立起积极的知识共享文化，促进团队的协作和学习，从而最终提高组织绩效和创新能力。这些管理心理学的原则有助于激发员工的学习热情，培养员工之间知识共享的习惯，促进团队的协同合作与成长。

三、思政切入点

　　◎ **关键词：跨文化交流、价值观与责任**

　　1. 埃森哲作为一家全球化公司，提供全球化的培训和交流机会，让员工有机会与来自不同国家和文化背景的同事进行合作与交流。这种跨文化交流的经历对于员工的个人成长和全球视野的拓展具有重要意义。思政教育可以引导学生探讨全球化背景下的文化差异、交流挑战和多元团队合作的重要性，培养学生的跨文化沟通能力和尊重他人文化差异的意识。

　　2. 埃森哲在知识共享、协作文化以及技术驱动等方面展现了积极的价值观和责任感。这种价值观体现出公司对于员工成长和专业发展的重视，同时也体现了公司对于客户服务和社会责任的承诺。思政教育可以探索和分析这种价值观的来源和影响，引导学生思考企业如何通过明确的价值观和社会责任来塑造自身形象，并对员工、客户和社会产生积极影响。

案例十　共享培训：促进经验交流与团队凝聚的阳狮中国共享中心

已成立 10 年的阳狮中国共享中心，汇聚了一批专业的优秀人才，把那些事务性、常规性、流程性的工作集中起来进行管理，实现了要素理论提倡的集约价值，同时又能够发挥各个业务单元的个性化和主动性，充分满足个性化的客户、个性化的市场。

培训资源的共享带来立竿见影的效果。共享服务中心人力资源主要工作有招聘信息、人才培训、薪资管理等，其中重要的共享工作是职业培训。有一些培训内容是共通的，阳狮在全球范围内寻找最佳培训供应商进行相关培训资源的共享。例如，针对管理人员经营模拟培训，阳狮选择一家美国培训公司开展管理人员沙盘培训。每期选择不同的国家举办相关培训，培训人员涵盖了传播、媒体、数字化营销等不同板块同事，采取竞赛方式评选最佳经营团队。这种融合模拟实战的方式，让管理人员脱离自己日常工作岗位，融入团队合作氛围，为各个团队的荣誉奋力争先，这种集中互动培训既在模拟实战中学习了经营管理技能，又增进了感情交流，塑造了团队文化。这样通用的培训活动，融进了年度培训计划，有力地提升了员工技能。一些小型化与专业领域个性化的培训，则由具体业务板块部门自行组织。

共同分享招聘人才信息，共建行业人才生态圈。人才信息的共享，有利于广告人才生态圈的建立。广告业处于一个比较开放的人才环境，人才流动率、循环率较高，很多时候 A 员工跳槽到 B 公司，又从 B 公司跳槽到 C 公司，之后又可能回到 A 公司。阳狮集团下属众多公司本身就形成一个广告业人才生态圈，人才在内部流动可以查询其在集团内其他公司从业信息。阳狮四大业务板块都有人事总监，大家通过建微信群相互交流信息。人力资源部门在进行人才甄选的时候，如果有阳狮集团系统内其他企业的工作经历，就可通过信息系统及内部人脉关系进行招聘调查，提升了人才甄选决策的准确性。目前，各个业务板块下面的各子公司实现了集中招聘，可以更加集中资源进行招聘信息投放，也有利于雇主品牌的建立。广告行业变化比较快，在阳狮员工有很多机会学习到更多的知识，共享中心需要为业务板块人员提供大量培训服务。阳狮员工大多是 80 后、90 后，他们喜欢大胆尝试、喜欢创新性工作，共享中心除了提供一般性的业务培训，也为那些走上管理岗位的年轻人提供大量管理培训。很多同事在基层做得很好，后来升任主管，需要开始管人，突然让一个人管理一个团队，真的不知道如何去管。阳狮有系列管理类培训，其中针对新晋主管，会有如何分配下属工作、如何提升团队凝聚力等的培训。

改编自：阳狮集团：不仅让大象跳舞，而且赋能到基层.http://www.sohu.com.

一、思考题

1. 这篇案例给我们带来哪些管理心理学方面的启示？

2. 从管理心理学的角度回答团队共享培训如何促进员工的学习动机和团队合作？

二、参考答案

1. 共享培训资源可以有效地提升员工的技能水平和绩效表现。通过集中互动和模拟实战学习，员工能够在团队合作的环境中培养技能，并与其他团队成员进行交流和竞争，进一步激发学习动机和凝聚力。

2. 第一，学习动机的激发：共享培训提供了模拟实战和集中互动的学习环境，这种学习方式能够激发员工的学习动机。员工通过参与竞赛等活动，能够体验到真实的挑战和成就感，增强了他们对学习的积极性和主动性。第二，团队合作的促进：共享培训提供了一个团队合作的平台，员工在团队中共同面对挑战和解决问题，促进了彼此之间的互动和合作。团队成员之间的合作和互相支持不仅有助于解决学习中的困难，还能够加强彼此之间的关系，形成更加凝聚和协作的团队氛围。

三、思政切入点

◎ 关键词：价值观引领、跨文化交流与理解、人才生态与可持续发展

1. 阳狮在知识共享、协作文化以及技术驱动等方面展现了积极的价值观和责任感。这种价值观体现了公司对于员工成长和专业发展的重视，同时也体现了公司对于客户服务和社会责任的承诺。思政教育可以探索和分析这种价值观的来源和影响，引导学生思考企业如何通过明确的价值观和社会责任来塑造自身形象，并对员工、客户和社会产生积极的影响。

2. 阳狮在全球范围内寻找最佳培训供应商并举办国际培训活动促进跨文化交流与理解，培养了员工的国际视野和文化包容能力，以应对全球化背景下的多元团队合作挑战。

3. 阳狮通过共享人才信息和建立广告业人才生态圈，实现了人才生态的建立与可持续发展。阳狮积极推动人才的可持续发展，促进员工的个人成长和职业发展，通过人才生态圈的建立，为整个行业提供更加稳定和可持续的人才支持。

第 **2** 章 管理心理学的历史与发展

2.1 对应知识点：管理心理学的起源

案例一 秦帝国的法家——大风起于青萍之末

通过秦国六代君主的连续努力，秦帝国在公元前 221 年走上了历史的巅峰，秦始皇横扫六合、混一宇内，建立了中华大地上第一个大一统的帝国。随后，秦军又把疆域拓展到南海边和大漠深处，并在北方修筑了长城，奠定了传承至今的中国版图基础。同时，根据法家思想的要求，秦始皇以极快的速度统一了全国的度量衡、货币和文字，做到了车同轨、书同文、人同伦。法家在中国国家管理制度中取得了空前的成功。然而，法家与秦帝国却共同面临着隐藏在深处的危机。

先是文化的认同性问题。秦帝国与秦王国不同，秦国王室统治秦王国所在的关中地区已经 200 余年，商鞅变法也有 130 多年的时间，关中地区的人民对于秦王室施行法家统治较为认同。而秦帝国其余的领土则是通过秦军十年统一战争所攻取的，当地人民对于来自西方的侵略者带有很深的抵触情绪，加之秦国的文化建设一直落后于东方六国，原六国人民并不能接受曾被他们视为"野蛮人"的秦王室统治。因此，秦帝国统治的向心力远不如秦王国时期。再者是外界的压力不足。秦王国时期，敌国很多，因此国家的压力很大，秦国上下的危机意识很强，愿意统一团结在秦王的指挥之下做出必要的牺牲。而在秦帝国时期，这种外部的压力明显减小，秦帝国苛重的赋税和徭役令人民难以忍受。同时，长年累月的战争已经耗尽了秦国和六国的粮仓，阿房宫、骊山陵墓和长城的建造彻底压垮了帝国。然后是信息传递问题。秦王国时期，国土面积中等，且由于经营多年，对于各地的信息掌握较为丰富，全国境内道路系统完备，信息传递较快。而秦帝国时期，国土面积巨大，对新攻取地区的信息掌握不充分，由于路途遥远，中央获取信息再制定下达决策的效率大幅度降低。在这种情况下，秦始皇多次采用巡游各地的做法来对有问题的地区进行直接的管理。最后一个问题，也是最为重要的问题，国君作为法家治理思想的核心，需要承担相当繁重的工作量，据史书记载，秦始皇每天需要批阅 60 公斤的竹简，以维持他对帝国的统治和治理结构的正常运作。秦始皇本人精力十分旺盛，然而他的继任者，秦二世却荒废政务，终日沉湎于酒色，使得法家的治理系统无从发挥其高效率的优势。

最终，随着秦始皇的去世，秦国实行了一百多年的法家治理系统也随之崩塌，无法正常运作，秦帝国本身也迅速灭亡。

改编自：中国古代思想史案例．豆丁网．

一、思考题

1. 结合案例材料，简述秦帝国一百多年的法家治理系统为何会崩塌。
2. 假设你是秦国的管理者，你会如何解决案例中的这些问题？

二、参考答案

1. 法家提倡"尚法明刑"，把法作为管理国家的根本大计，主张依法治国，国家的一切事务都必须依法行事。但此种管理方法也因帝国的建立带来了相应的问题，使得秦帝国实行了一百多年的法家治理系统崩塌：第一，文化认同的差异性使得被统治者有很深的抵触情绪；第二，外界压力的减弱耗尽了秦国和六国的物资储备；第三，疆域范围的扩大阻碍了信息的及时传递；第四，领导者的局限性。

2. 作为管理者不仅要有依法行事的坚持，更要有随机应变的格局，对于已然存在的问题要及时解决，对于潜在的风险也要及时发现和处理。

三、思政切入点

◎ **关键词：管理文化、居安思危**

1. 早期的管理思想是管理心理学不可或缺的一部分。中华民族在漫长的历史长河中也创造出了灿烂的管理文化，成为人类管理思想宝库中独具特色的部分。新时代青年人应理解并认同管理文化对一个组织，一个企业，甚至一个国家的重要性，提升对中华优秀文化的认同感和自豪感。

2. 引导新时代青年人居安思危，勤奋务实，吃水不忘挖井人。一项工作的成功不仅要依靠个人努力，还需要团队中的每个人都具有团队合作精神，更要抓住时代给予的机遇，放眼未来，投身于伟大的社会主义建设事业中去。

<h1 align="center">案例二 穷通皆乐</h1>

一次，孔子受楚昭王邀请到楚国去访问，途经陈、蔡两国之间。而陈、蔡两国的大夫，害怕孔子被楚国重用，会对本国不利，所以，他们派兵将孔子和他的弟子们，围困在陈、蔡之间。孔子一行，因此连着 7 天没生火做饭。熬的野菜汤里也没有一粒米，弄得不少弟子无精打采，面有菜色。而此刻，孔子却依然在室内，弦歌不止。

　　这时弟子颜回在屋外择野菜，见子路与子贡两人在一起嘀咕道："先生两次被鲁国驱逐，在卫国也未能待下去，在宋国讲学连背靠的大树都被人砍倒。到周地拜访，又受老子的数落。现在，又被人围困在陈、蔡之间。追杀先生的无罪，欺凌先生的无有禁止。先生倒好，依然在这里弦歌鼓琴，自得其乐。难道做君子的，就这样没有羞耻心吗？"

　　颜回听到这里，无言以对。只好进到屋里，告诉孔子。孔子听后推琴长叹道："子路、子贡呀！难道你们真的是小人？召他们进来我有话要跟他们说。"子路、子贡进屋。子路抱怨地对孔子说："老师，我们行到这步田地，可以说是末路穷途了吧！"

　　孔子听到这里，厉声喝道：子路！这是什么话？君子明于道谓之通，昧于道谓之穷。我们抱仁义之道，处在这少仁少义的乱世，遭受磨难，这是很正常的事，何穷之有？内省无愧于道，临难不失己德，大寒至，霜雪降，因此才会知道松柏之真强茂。过去，齐桓公因在莒国受辱，反而树立起王霸之志。晋文公在曹国受欺，因此产生称霸之心。越王在会稽遭受奇耻大辱，却使他更加坚定复国的志愿。这次我们遭遇这般磨难，难道不也是件很幸运的事吗？"说完，孔子返身回到琴案，操琴而作。子路闻后，也随之持兵器，昂然合拍而舞。子贡见此，愧然自叹道："我真是不知道，天有多高，地有多厚呀！"

改编自：庄子：让王篇.

一、思考题

　　1. 结合材料，谈谈子贡为何会发出"我真是不知道，天有多高，地有多厚！"的言论？

　　2. 孔子"得意也乐，失意也乐"的生活态度蕴含哪些管理心理学启示？

二、参考答案

　　1. 子路因为不了解孔子在穷困潦倒时依然抚琴奏乐的心理，而对老师有所不满和抱怨，当与孔子沟通交流后大彻大悟，发出此等感慨。学习和研究管理心理学有助于了解对方的心理状态，改善人际关系，增强群体凝聚力和向心力。

　　2. 古代有道德的人，得意也乐，失意也乐，所乐非关得失。有道德怡养于内，外境的得失不过如寒暑风雨之替换，无足扰乱自心。这启示我们在团队中每个人的个性心理都存在差异，在遭遇他人质疑时应坚持自己的立场，善于采用行动去消解别人的怀疑，不畏艰难险阻，不断鞭策自己朝着自己理想中的目标前进。

三、思政切入点

　　◎ 关键词：个性心理差异、宠辱不惊、乐观积极

　　1. 引导学生理解并掌握人的个性心理差异，注重组织中个人的多样化及多层次需求。于个人而言，面对他人质疑时宠辱不惊，培养和谐的人际关系；于企业而言，管理者要将企业员工作为企业主体，实施人力资源开发计划并展开以人为本的企业文化建设。

　　2. 新时代青年人应以孔子为榜样，大仁大义。"得意也乐，失意也乐"，在学习阶段学有所成，学有所用，遇到难题乐观积极，将自己的人生理想与国家目标结合起来，努力

用自己的专长优势助力国家的高质量发展。

案例三　香港鸿基证券的经营哲学

企业家们常常号召职工"以厂为家""以公司为家"，以此来增加企业的凝聚力，为企业创造更好的效益。但真正能让职工感到企业是自己的"家"，却没有那么容易。这要求企业家真正在企业营造出"大家庭"的环境。香港新鸿基证券有限公司（下面简称"新鸿基"），是1969年由冯景禧所创办，该公司在日成交数亿港元的香港证券市场上，占有30%的份额，公司年盈利额达数千万元，冯景禧的个人财产达数亿美元。他成了称雄一方的"证券大王"。

新鸿基之所以能创造出世界证券业少有的佳绩，主要得益于冯景禧的"大家庭"式的经营管理哲学。新鸿基执行董事谭宝信介绍说："在冯景禧的掌管下，公司形成了一股难以形容的奇妙力量。这样的气氛能激发员工的创造性。在这里工作，成就肯定比别的机构大。"实际情况正如谭宝信所说，冯景禧的"大家庭"式的经济哲学，不但使本地职工感到和谐，而且也使外籍职工感到"大家庭"的温暖。这样，一种奇妙的力量就自然形成。

为了实施"大家庭"式的经营哲学，在管理方式上，他十分重视人的作用，强调发挥人的创造性。他曾声明：服务行业的资产就要靠管理，而管理是靠人去实行的。新鸿基集团不以拥有巨额资产为荣，而以拥有一大批有知识、有能力、有胆量、善于运用大好时机、敢于接受挑战的人才队伍为骄傲。冯景禧的管理哲学和用人艺术，既有西方人的科学求实精神，又有东方人和谐情趣的气氛；既有美国现代化管理原则，又有日本人的以感情为核心的人际关系，融东西方优点于一炉。在管理原则上，他十分强调团结的力量，注重全公司上上下下团结一致。他的经营业务在大政方针决定之前，总是广开言路，尤其是重视反面意见，然后加以集中，再向全体员工解释宣传，使大家齐心协力。他在实施公司的决策时俨然像一位"铁血将军"，而在体谅下属时又俨然是一个宽厚的长者。如果有哪个职工向他辞职，他首先会询问是否有亏待过他的地方？如有，就诚恳道歉、改正，并全力挽留。因为他知道，失去一个人容易，但培养一个人难。在管理作风上，他注重以身作则，平易近人。为了使员工心情愉快，他还创造一种"大家庭式"的生活气氛，如组织业余球赛，在周末用公司的游艇观赏海景，亲自参加员工们的"国语"学习等。许多企业的职工"吃里扒外"，对企业不负责任，"大家庭式"的管理，不失为医治这种病症的良方。

改编自：江苏开放大学《管理心理学》实践教学案例——建造大家庭：组织文化与激励.

一、思考题

1. 结合案例材料，简述香港新鸿基证券有限公司"大家庭"式的经营管理哲学。

2. 你赞同冯景禧的"大家庭式"管理吗？在竞争激烈的环境下，结合管理心理学谈谈他是如何吸引和留住人才的。

二、参考答案

1. 在管理方式上，公司十分重视人的作用，强调发挥员工的创造性；在管理原则上，十分强调团结的力量，注重全公司上上下下的团结一致；管理作风上，注重以身作则，平易近人，创建"大家庭"式的组织氛围，关注员工的深层次需求。

2. 赞同。从某种意义上来说，企业的竞争就是人才的竞争。谁拥有企业发展所必须的优秀人才，谁就掌握了竞争中制胜的法宝。

企业要想留住人才：第一，要关注员工心理，让员工感受到自己被重视而且是被企业需要的；第二，要让员工参与企业的决策中，这样员工也会更加了解决策背后的动机，从而更好地为企业工作。

三、思政切入点

◎ 关键词：创造力、人性化管理

1. 新时代青年人需清楚地认识到创造力的重要性。青年人应关注个人创造力激发的场域环境，利用国家在激发"双创"成果上营造的开放公平的社会环境与社会氛围，将自己的目标融入国家的整体发展，不轻言放弃、尽己所能地回馈社会，奉献自己。

2. 人性化管理能够满足员工的基本需求。人性化管理涉及管理风格的个人化，也能关注到员工之间的沟通、交流、讲话的方式。企业管理者重视组织团队的重要性，组织团队对于企业的生存、转型与发展具有重要作用。对管理者自身而言，也要积极转变领导风格，提高转型效率，以获得经济效益与社会效益。

2.2　对应知识点：管理心理学的历史

案例四　美国通用电气公司的成功之道

通用电气公司创建于 1878 年，公司总部设在美国康涅狄格州菲尔德镇，在公司创业的 100 多年后，销售额达到 602.36 亿美元，利润额为 26.36 亿美元，雇员 284000 人。在世界 500 家最大的工业公司中排名第 8 位。通用电气公司的成就，与它采用的注重员工情感的人本管理方式是分不开的。

通用电气公司抓住了情感管理的要素，即经理人员理解雇员的心理是情感管理的先决条件，将企业培养为一个大家庭是一种"高感情"的管理方式。通用电气公司总裁斯通努力打造一种培养全体员工"大家庭情感"的企业文化，公司领导和员工都要对该企业特有的文化身体力行，爱厂如家。从公司的最高领导到各级领导都实行"门户开放"政策，欢迎本厂员工随时进入他们的办公室反映情况。公司为使民主典型地反映在公司的人事管理上，近年来改变了以往的人事调配的做法（由企业单方面评价员工的表现、水平和能力，然后指定其工种岗位），反其道而行之，开创了由员工自行判断自己的品格和能力、选择自己希望工作的场所、尽其可能由其自己决定工作前途的"民主化"人事管理制度，称为"建言报告"式人事管理，比传统的人事管理更能收集到员工容易被埋没的意见和建议，更能发掘人才和对口用人，从而对公司的发展和个人的前途更加有利。

此外，通用电气公司还别出心裁地要求每位雇员写一份"施政报告"，每周三由基层员工轮流当一天"厂长"。"一日厂长"9点上班，先听取各部门主管汇报，对全厂营运有了全盘了解后，即陪同厂长巡视各部门和车间。"一日厂长"的意见，都详细记载在《工作日记》上。各部门、车间的主管依据其意见，随时改进自己的工作，并在干部会上提出改进后的成果报告，获得认可后方能结案。各部门、车间或员工送来的报告，需经"一日厂长"签批后再呈报厂长。这项管理制度实行以来，成效显著。第一年施行后，节约生产成本就达200万美元，并将节约额的提成部分作为员工们的奖金，全厂上下皆大欢喜。所谓员工第一，不但强调尊重员工，而且表明在企业发展中的作用优先性。

机械工程师伯涅特在领工资时，发现少了30美元，这是他一次加班应得的加班费。为此，他找到顶头上司，而上司却无能为力，于是他便给公司总裁斯通写信："我们总是碰到令人头痛的报酬问题。这已使一大批优秀人才感到失望了。"斯通立即责成最高管理部门妥善处理此事。3天之后，他们补发了伯涅特的工资，事情似乎可以结束了，但他们利用这件为员工补发工资的小事大做文章。第一是向伯涅特道歉；第二是在这件事情的带动下，了解那些"优秀人才"待遇较低的问题，调整了工资政策，提高了机械工程师的加班费；第三，向著名的《华尔街日报》披露了这一事件的全过程，在美国企业界引起了不小的轰动。事情虽小，却能反映出通用电气公司"员工第一"的管理思想。总而言之，因为通用电气公司理解了情感管理，实施了这一金牌原则，自然取得了成功。

改编自：通用电气公司. 国际商业新闻. ibnews.com.

一、思考题

1. 通用电气公司采取了哪些管理措施？
2. 通用公司的管理方式在管理心理方面对我们有何启示？

二、参考答案

1. 第一，注重了解雇员的心理状态，将雇员的心理作为情感管理的先决条件；第二，培养全体员工"大家庭情感"企业文化，公司从领导到员工都践行企业文化，爱厂如家；第三，将员工的意见放在第一位。开展"一日厂长"活动，鼓励每个员工建言献策；第四，强调团队精神，在公司最困难的时候也不开除员工，从领导到员工同心协力、共渡难关。

2. 第一，领导者应重视管理心理，多了解员工的心理状态并根据员工的不同需要采取不同的激励措施；第二，领导者应建立互相尊重、彼此信赖、关系融洽、和睦奋进的企业文化；第三，领导者应多与下属进行沟通，倾听下属的意见，在掌握决策权的同时，将具体的事务型权力下放给下属；第四，管理者应设定相应的人才退出机制，最大限度保障员工权益，提高员工忠诚度。

三、思政切入点

◎ 关键词：企业文化、团结精神、以人为本

1. 管理者在对企业进行管理时应塑造企业文化。在制定相应管理规则、管理制度时应遵循一定的经营理论但不可完全照搬，要根据外部的管理环境、内部的企业状况、员工的心理状态制定适宜的、具有弹性的企业规则、管理制度。

2. 管理者在对企业进行管理时应培养本企业员工的团队精神。团队精神是成功的基础，管理者应当建立本企业的团队精神，在企业目标一致的前提下，团结起来，同心协力，各成员互相取长补短，共同努力，建立一个团结一心的好企业。

3. 管理者在对企业进行管理时应遵循以人为本原则。积极与员工进行沟通，在工作中充分调动、发挥员工的工作积极性、主动性和创造性，使员工愿意为企业目标的实现做出最大贡献。

案例五　谷歌如何营造创新和高效的工作文化

谷歌是一家以创新和高效著称的知名公司，其成功的管理模式背后也有着丰富的管理心理学理论支持。谷歌的成功不仅得益于其应用了管理心理学的理论，同时也在实践中不断探索和创新，不断完善和优化管理模式。以下是谷歌在应用管理心理学的实践中进行的一些探索。

建立开放和透明的沟通渠道，让员工能够充分表达自己的想法和意见，同时也能够清楚地了解公司的战略和决策。为此，谷歌开设了内部社交平台和在线讨论版块，鼓励员工参与公司事务的讨论和决策，增强员工的参与感和归属感；注重培养员工的自我驱动力，让他们能够自主学习和成长，谷歌提供了大量的学习资源和培训机会，同时也鼓励员工自主选择学习内容和学习方式。此外，谷歌还鼓励员工参与行业和社会组织的活动，扩展员工的视野和经验，提高他们的综合能力和自我认知；谷歌注重建立多元化和包容性的文化氛围，尊重和欣赏员工的不同背景和观点，并为此制定了一系列的多元化和包容性政策，通过定期的培训和宣传活动，增强员工对多元化和包容性的认识和理解。此外，谷歌还鼓励员工参与社会公益活动，弘扬社会责任和公民意识。

谷歌注重员工的工作与生活的平衡，认为员工的身心健康是工作表现的重要保障。为此，谷歌提供了灵活的工作时间和工作地点，支持员工在家办公或远程工作。同时还提供了丰富的健身和休闲设施，如健身房、游泳池、休息室等，鼓励员工积极参与体育运动和娱乐活动，提高员工的生活质量和工作效率。谷歌注重建立创新和实验文化，鼓励员工尝试新颖的想法和方法，不断探索和创新，并提供了一系列的创新和实验平台，如"20%时间"项目、Google X 实验室等，让员工有机会尝试不同的创新项目和技术研究，提高员工的创新能力和实验精神。强调员工的自我管理和自我监督能力，认为员工应该有足够的自我意识和自我控制能力，才能更好地完成工作任务。

谷歌在应用管理心理学的实践中不断探索和创新，通过建立开放和透明的沟通渠道、培养员工的自我驱动力以及建立多元化和包容性的文化氛围等方式，谷歌成功地营造了创新和高效的工作文化，为公司的发展提供了有力的支持。

改编自：https://www.nytimes.com/2016/02/28/magazine/what-google-learned-from-its-quest-to-build-the-perfect-team.html.

一、思考题

1. 试结合案例谈谈你对管理心理学的理解。
2. 如何将管理心理学知识更好地应用于现代企业管理？

二、参考答案

1. 管理心理学是研究人类行为和心理过程在组织、管理和领导中的应用的学科。在谷歌的管理实践中，应用了很多管理心理学的理论和方法，例如建立开放和透明的沟通渠道、强调员工的自我管理和自我监督能力等。这些实践表明，管理心理学能够为企业提供科学、系统和实用的管理技巧和方法，帮助企业优化组织结构、提高员工绩效、营造良好的工作氛围、提高员工的归属感和满意度等。因此，管理心理学对于企业的长远发展具有重要指导意义和应用价值。

2. 将管理心理学知识更好地应用于现代企业管理中需要从以下几方面入手：第一，将管理心理学理论和方法纳入企业管理体系中，建立科学、系统和实用的管理框架；第二，注重员工的个体差异，制定个性化管理方案，以提高员工的自我认知和自我调节能力；第三，营造积极的工作氛围，注重员工的工作满意度和身心健康，提高员工的工作热情和创造力。

三、思政切入点

◎ **关键词：社会责任、自我驱动、企业文化**

1. 管理者在管理中应注重建立多元化和包容性的文化氛围。管理者应鼓励员工参与社会公益活动，弘扬社会责任和公民意识，这也体现出了企业应担负的社会责任，不能只追求商业利润，而是要关注员工的身心健康、社会责任等其他方面，为社会创造更多的价值。

2. 管理者应注重培养员工的自我内驱力。这体现了现代企业对员工素质的要求不仅仅是专业技能，更要注重员工的综合素质和自我管理能力，企业应通过培养员工的自我意识和自我控制能力，帮助员工更好地完成工作任务。

3. 管理者应注重建立创新的企业文化，鼓励员工尝试新颖的想法和工作方法。这体现了企业必须具备持续创新的能力，不断推陈出新，跟随市场的变化和发展，为公司的长期发展提供有力支持。同时，企业应该为员工提供广阔的创新和实验平台，提高员工的创新能力和创新精神。

案例六　苏宁易购新任领导班子助推企业发展

2021年4月6日，苏宁易购集团召开临时股东大会，对董事会、监事会换届提名等议案进行表决。议案中所有董事会、监事会候选人顺利通过全体股东投票表决，组成了苏宁易购第八届董事会、监事会。新任董事会、监事会成员在高管交流会中表达了对苏宁易购的支持和期待，认为零售消费行业有很大机会，期待新班子带领苏宁易购克服困难、开创新局面。

　　苏宁易购新领导班子在人员安排、战略定位、组织管理、提升用户和供应商价值方面进行了调整和优化，以进一步推动企业发展。苏宁易购新任领导班子的人员安排中，聘任了多名年轻干部作为业务体系高管，加强了人才培养和管理。在业务管理层，由经验丰富的管理人员进行统筹，在标准制定、资源配置、快速响应重大问题等方面，形成统一的战略规划和战略管理能力。在业务经营执行层，加大对"专业、敬业、有创新力"年轻干部的提拔任用，充分放权，提升对供应商和用户需求的快速反应，释放更多企业经营活力和创造力。在管理层活水换新后，苏宁易购将持续执行和完善零售服务商战略，深化开放合作和零售赋能，开展全渠道经营，提升用户获取效率，通过数字化水平的不断提升，持续推进降本增效，持续提升盈利能力，全面推动苏宁易购进入长期可持续发展的新征程。公司还将组织优化、团队建设作为提升战略执行能力的最重要的后台管理能力，强有力地支撑经营工作。苏宁易购各事业部从原先的单品类经营管理，转为以场景为导向，进行全面的商品经营和组织整合。公司将充分发挥区域布局优势，精耕细作本地化经营能力，对末端市场前线部门进行充分授权，力求贴近用户和市场需求，提升业务协同和效率。

　　作为零售服务商，苏宁易购将持续聚焦于以专供产品为核心优势的供应链能力和以本地化零售为核心优势的运营服务能力，为用户提供场景、产品和服务体验，为供应商提供更有价值的品牌推广和更低成本的渠道销售服务。苏宁易购在技术上不断创新，提升供应链效率和用户体验，加强与供应商的合作，提升品牌效应和销售额。同时，加强用户服务，提高用户满意度，增加用户黏性和忠诚度，进一步提升用户价值。

改编自：苏宁易购强化管理层：深化开放 赋能合作 . 21 财经网 .

一、思考题

1. 苏宁易购的管理方式有哪些值得我们借鉴和学习？
2. 上述案例对管理心理学的启示有哪些？

二、参考答案

1. 苏宁易购的管理方式值得借鉴的方面有：

　　第一，强调人才培养和管理。苏宁易购新任领导班子聘任了多名年轻干部作为业务体系高管，并加大对"专业、敬业、有创新力"年轻干部的提拔任用，充分放权，提升对供应商和用户需求的快速反应。这表明苏宁易购注重人才的培养和管理，通过提拔年轻干部，释放企业经营活力和创造力，提高企业的竞争力和发展速度。

　　第二，以场景为导向的商品经营和组织整合。苏宁易购各事业部从原先的单品类经营管理，转为以场景为导向，进行全面的商品经营和组织整合。这表明苏宁易购注重产品和服务的体验，以用户的需求和场景为导向，提供更有价值的品牌推广和渠道销售服务，增加用户黏性和忠诚度。

　　第三，持续推进数字化转型。苏宁易购持续推进数字化转型，提升供应链效率和用户体验，加强与供应商的合作，提升品牌效应和销售额。这表明苏宁易购注重技术的创新和应用，以数字化为手段，提高企业的运营效率和盈利能力。

2. 管理心理学是一门研究管理者和被管理者心理和行为的学科，对于企业的管理和发展具有重要意义。管理者应该注重员工的价值和潜力，关注用户的需求和体验，借助数字化手段，提高企业的运营效率和盈利能力，从而实现企业的可持续发展。

三、思政切入点

◎ 关键词：社会责任、人才培养、创新精神

1. 企业应积极承担社会责任，推动社会发展。苏宁易购作为一家大型企业，除了追求经济效益，还应该承担社会责任。企业应通过自身的业务、管理和发展，为社会做出积极贡献，履行企业社会责任，推动社会和谐发展。

2. 人才是企业发展的"源头活水"，注重人才培养方能实现企业持续高质量发展。苏宁易购注重人才培养和管理，通过提拔年轻干部，释放企业经营活力和创造力。企业应在人才培养和管理方面加强思想政治教育，激发员工的工作热情和创新精神，提高员工的工作动力和创造力，助力企业的可持续发展。

3. 自主创新是企业的生命，是企业爬坡过坎、发展壮大的根本。企业要注重激发员工的创新意识和创新能力，推动企业创新发展，提高企业核心竞争力。同时，也可以深入探讨如何通过创新精神，为社会创造更多价值，作出更大贡献。

案例七　万科集团创始人王石的管理三原则

作为管理者，王石觉得管理要把握三个原则：第一个原则——决策。就是一件事做不做，这是管理者来决定的，否则作为董事长或总经理就失职了。第二个原则——要做谁去做，就是用人的问题。第三个原则——他一旦做错了，管理者要承担责任。这是王石作为管理者的原则。很简单，你重用他，他做错了，那么他已经诚惶诚恐了。这时候你可以有两种态度：一种是对这个人说，你辜负了我的信任，你把事情做砸了，但这不是王石的态度。王石的态度是你做错了，不是你的责任，是我的责任，是我让这个人做了不适合他做的事情。

真正聪明的经理，知道下属犯错了，相反会不吭气、装傻，允许他犯点错误，当他知道错了之后，他会更努力地做，珍惜你对他的信任。尤其是公司壮大了，授权实际上是非常重要的，一旦授权就不要横加干涉，但不横加干涉并不意味着连监督机制都没有。授权者要把握好到底什么样的错误可以犯，哪些错误是致命的，这样的错误犯一次公司就会垮掉。比如在原则问题上、道德问题上，如果还这样毫无约束地信任，那就是放任了。很可能听到这，你会想这不就是疑人不用、用人不疑吗。之前，在一次总裁班的讲座上，有听众问王石对疑人不用、用人不疑的看法。王石当即回答："毫无疑问，用这种方式管理企业是走不下去的。"有人听后问道："你不是一直倡导假定善意么？那这和上面是不是自相矛盾？""这几年我确实一直在强调假定善意，并且这种假定得到的结果都是正面的。而用在企业管理上，就要加之以辅助物，在道德层面假定善意，在制度层面假定恶意。这个制度上假定恶意是指在未出现问题时明确监管，出了问题后按照这个制度去解决。你无

法保证你的部下全部是天使，或者，他们曾经是天使就能永远是天使吗？从制度上假定恶意就是当恶还没产生或欲望还没产生的时候，就将其抑制住。你无法要求你的部下全是天使，他会有魔鬼的一面，而我们制度的约束，就是减少他魔鬼这一面的释放。"王石答。

在万科，一位总经理在公司只要连任超过 3 年，一定会有一段临时审计，因为总经理职位一般是 3 年调换，这时会安排其到公司总部学习 20 天，这 20 天将派一个临时总经理进入。这个时候就需要有一个制度为参照，如果没有这个制度为依据，大家都含情脉脉，我相信你、信任你，你就不能辜负我的信任……这就不是一个企业了。当然，用人就是因为信任他的能力才用他，而且还要允许他有技术性的失误，因为我们自己也犯过错，也是在试错中一步步走向成功的。

改编自：王石：万科的管理、制度、用人三要素．http：//www.sohu.com.

一、思考题

1. 王石提出的三个管理原则分别是什么？这些原则在管理中有何作用？
2. 结合案例谈谈如何将管理心理学知识更好地应用于现代企业管理。

二、参考答案

1. 王石提出的三个管理原则是决策、用人和承担责任。这些原则在管理中的作用是：第一，决策原则：帮助管理者做出明智的决策，让他们能够对企业的重大事项进行决策，包括是否做某件事情等。这个原则还能帮助管理者在面对困难和不确定的情况时，保持冷静和理智，以便做出最佳的决策。第二，用人原则：帮助管理者选择最适合的人才来完成任务。这个原则还能帮助管理者建立一个高效的团队和文化，激励员工为企业的成功做出贡献。第三，承担责任原则：鼓励员工的创造性和试错，同时保障企业监督，确保员工不会犯致命错误或做出有害的行为。这个原则还能帮助管理者建立信任和尊重的关系，让员工感受到管理者的支持和鼓励。

2. 第一，将管理心理学理论和方法纳入企业管理体系，建立科学、系统和实用的管理框架；第二，注重员工的个体差异性，制定个性化的管理方案，提高员工的自我认知和自我调节能力；第三，营造积极的工作氛围，注重员工的工作满意度和身心健康，提高员工的工作热情和创造力。

三、思政切入点

◎ 关键词：道德教育、制度建设、领导力发展

1. 在企业管理中，道德教育必不可少。在案例中，王石强调了"假定善意"的原则，这是一种积极的价值观，可以帮助企业领导人员更好地与员工沟通和合作。同时，领导者还需要注重自身的道德修养，做到"以身作则"，成为员工的榜样。

2. 企业需要建立健全制度体系，为企业管理提供有力的保障。在案例中，王石提到了临时审计制度、制度上假定恶意等建设措施，这些制度可以帮助企业规范员工的行为、减少失误、降低犯错的风险。企业还可以通过建立奖惩制度、考核制度等，激励员工积极

工作，提高工作效率。

3. 企业领导者要注重自身领导力的发展，提高自身的管理能力和影响力。在案例中，王石提到了决策、用人和承担责任等原则，这些原则需要企业领导人员具备较高的决策能力、人际交往能力和责任心。因此，企业可以通过开展领导力培训、搭建学习平台等方式，提升领导力水平，从而更好地管理企业。

2.3 对应知识点：管理心理学的前景

案例八 华为的用人之道

"我是个没用的管理者，不懂技术不懂管理，我只是个傀儡。"任正非不止一次这样说。但他的每一次讲话、每一篇文章，都能引发广泛的关注，企业界对华为的管理方法更是被推崇备至。

华为成立33年，员工人数超过19万，从一家小作坊发展成为全球最大的通信设备制造商，智能手机销量名列全球第二，跻身《财富》2020年世界500强第49位。即使在遭遇美国持续打压、芯片断供的极端情况下，华为仍然持续向外界传达出对未来的乐观和坚定。华为20年的成长与发展之路，是建立在动态地实现功与利、经营与管理的均衡基础之上的，通过持续不断的改进、改良与改善，华为不断强化与提升经营管理能力，进而使企业走上了一条良性发展之路。

华为的成功，也再次以中国式的案例说明，均衡的管理是企业真正的核心竞争力。在华为内部，有经典的"三不"依赖：不依赖技术、不依赖资金、不依赖人才。尤其是人才，基本上互联网公司都在重点强调人才，但华为不依赖单个要素，而是依赖一套行之有效的管理体系，形成一个组织生命体这样的文化氛围。任正非在华为的一次务虚会上表示："我们留给公司的财富只有两样：一是我们的管理架构、流程与IT支撑的管理体系，二是对人的管理和激励机制。人是会走的，不走也会死的，而机制是没有生命的，这种无生命的管理体系，是未来百年千年的巨大财富。这个管理体系经过管理者的不断优化，你们说值多少钱？只要我们不崩溃，这个平台就会不断发挥作用。"华为把十几万知识分子凝聚在一起，既激发了他们的活力，同时又保持组织的有效管控，这是很难的。"一方面要调动每个人内在的潜力、创造力和活力，让每个人不能懈怠，必须持续奋斗。同时，通过庞大有效的组织管控体系，消除组织在成长过程中的山头主义、官僚主义、腐败、惰怠等组织毒瘤。华为的这套体系实现了两个目标：一个叫激活，一个叫有效。这是学华为学不到的，因为它不可复制。"

改编自：学习强国——中国企业家杂志社. https://article.xuexi.cn/articles/index.html. 2020-10-7.

一、思考题

1. 结合材料简述华为的管理理念。
2. 结合管理心理学相关知识，你认为华为的无生命管理体系的优势是什么？

二、参考答案

1. 第一，华为运用无生命的管理体系，包括有效的人才机制，既激发了他们的活力，同时又保持组织的有效管控。第二，任正非的企业家战略思维和自我批判精神，促进华为高质量发展。

2. 第一，建立通过庞大有效的组织管控体系，消除组织在成长过程中的山头主义、官僚主义、腐败、惰怠等问题；第二，对人的管理和激励机制。通过有效的人才机制，华为把十几万知识分子凝聚在一起，既激发了他们的活力，同时又保持了组织的有效管理。

三、思政切入点

◎ 关键词：意志品质、继承创新、社会责任

1. 新时代青年人要学会独立、坚持、果断和自我批判。以任正非为榜样，学会将自己的目标通过强大的意志贯彻到底，不轻言放弃，尽己所能去回馈社会，奉献自己，用小爱促成大爱。

2. 新时代青年人应勇于创新。在日常学习与管理中，要培养青年人的继承创新能力，鼓励其在日常学习和生活中多学习、多传承、多创新，要自觉担当起社会责任。

案例九　享誉世界的马丁吉他

一个半世纪以来，马丁吉他公司被公认是世界上最好的乐器制造商之一，其吉他每把价格超过 10000 美元，这是你能买到的最好的东西之一。马丁吉他公司作为一家家族企业，已经延续了 6 代，目前的 CEO 是克里斯。克里斯不仅秉承了马丁吉他的精良制作工艺，还遍访公司在全世界的经销商，为他们举办培训讲座。很少有哪家公司像马丁吉他公司一样有如此持久的声誉。

自从公司创办以来，马丁吉他公司做任何事情都非常重视质量。即使这些年在产品设计、制造方法、分销系统方面发生了很大变化，公司仍然始终坚持对质量的承诺。公司在坚守优质音乐标准和满足顾客需求方面的坚定性渗透到公司的每一个角落。因为制作吉他需要天然木材，公司非常审慎和负责地使用这些传统的天然材料，并鼓励引入可再生的替代的木材品种。基于彻底的顾客研究，马丁吉他公司向市场推出了采用表面有缺陷的天然木材制作的高档吉他，这在其他厂家看来，几乎是不可接受的。

马丁吉他公司使新老传统有机地融合在一起。虽然设备和工具逐年更新，但员工始终坚守着高标准的优质音乐原则。马丁家族的一位成员曾经解释道："怎样制作具有如此绝妙声音的吉他并不是一个秘密。它需要细心和耐心。细心是指要仔细选择材料，巧妙安排各种部件，关注使每一个演奏者感到惬意的细节。所谓耐心是指做任何一件事不要怕花时间。优质的吉他是不能用劣质产品的价格制造出来的，但是谁会为买了一把价格不菲的优质吉他而后悔呢？"虽然 100 年过去了，这些话仍然是公司理念的精确描述。

虽然公司深植根于过去的优良传统，克里斯却毫不迟疑地推动公司朝向新的方向。例如，在 20 世纪 90 年代末，他做出了一个大胆的决策，开始在低端市场上销售每件价格低

于 800 美元的吉他。低端市场在整个吉他产业的销售额中占 65%。公司 DXM 型吉他是 1998 年引入市场的，顾客认为它比其他同类价格的绝大多数吉他音色要好。克里斯解释道：“如果马丁吉他公司只是崇拜它的过去而不尝试任何新事物的话，那恐怕就不会有值得崇拜的马丁吉他公司了。”虽然马丁吉他不断将其触角伸向新的方向，但却从未放松过对尽其所能制作顶尖产品的承诺。在克里斯的管理下，这种承诺决不会动摇。

改编自：百度文库：https://wenku. Baidu. com/view/48f091b4a66e58fafab069dc5022aaea998f41e3. html.

一、思考题

1. 马丁吉他公司的经营理念给我们哪些管理心理学上的启示？
2. 如何看待克里斯做出的向低端市场销售的决策？

二、参考答案

1. 第一，组织文化是一家公司发展的风向标，管理者对产品的把控，不仅要重视“量”，更要重视“质”；第二，坚持创新，动态适应市场的发展，有机融合新老传统，更新设备和工具，才能推动公司朝向新的方向持续发展；第三，领导个人风格决定了企业的发展方向，果断大胆的领导能洞悉市场变化，立足于公司传统与现状，做出创新性的决策和改革。

2. 管理者不仅要有守住本心的坚持，更要有放远未来的眼光。在克里斯的管理下，虽然马丁吉他不断将其触角伸向新的方向，但却从未放松过对尽其所能制作顶尖产品的承诺。这表明克里斯所做的决策是科学客观、符合市场变化发展的。

三、思政切入点

◎ **关键词：组织文化、守住本心、放眼未来**

1. 新时代青年人应当理解组织文化对组织定位和发展的重要性。企业管理者更应主动塑造符合社会主义核心价值观的企业文化，注重员工能力的培养，提高员工磨炼自身优势能力的自觉性，并以此凝聚团队成员。

2. 新时代青年人应当不忘初心，守住本心。同时更要抓住时代给予的机遇，放眼未来，投身于伟大的社会主义建设事业中去。要通过坚持不懈的努力和奋斗，成长为对社会有价值的人才。最重要的是，要找准自身定位，持之以恒，成为该行业领域的佼佼者，为家庭、为社会做出更大贡献。

案例十　小红书管理“Z世代”员工的艺术

有数据显示，“70 后”职场人第一份工作的平均离职时间是 4 年以上，80 后是 3.5 年，90 后是 19 个月，而 95 后仅为 7 个月。随着“Z 世代”步入职场，各大企业的管理迎来新的挑战。如何应对挑战？

小红书给出了自己的答案。通过短视频、图文等形式记录、分享生活点滴，并基于兴趣形成互动，成为年轻一代的生活方式。作为此类平台的佼佼者之一，小红书的用户量超过 2 亿人，其中 70% 为 90 后，内部员工也越来越年轻化。随着新生代员工逐渐成为职场上的生力军，过去的管理理论与实践遭遇前所未有的挑战，从 60 后到 80 后的管理者普遍感叹新生代员工难管、难教、难留。

新生代追求平等、及时反馈，且具有更为开阔的视野，有判断是非的知识体系参考，对于权威不盲目崇拜，表达也更为直接和真实。因此，在日常沟通时，管理者应注重发挥非职权权威，展现多元化的、有亲和力的领导风格，在平等的基础上真诚沟通。为了让基层管理者对沟通有更深的感悟，培训采取了情景戏剧式表演方式。学员需选取自己在公司见到或体验过的一个与新生代员工沟通的真实案例，运用"视人为人六法则"（欣赏感恩、信任、同理、分享、支持、尊重）编写沟通剧本，之后小组共同表演、讨论分析案例情境。例如，培训聚焦沟通的核心场景——与新生代的绩效面谈，通过课前调研访谈，形成了绩效面谈的典型案例，并在课堂上安排了多轮练习与辅导。学员以 3 人为一组，分别扮演主管、新生代员工和观察员进行模拟练习，每轮练习结束都要分享自己刚才在沟通中的真实感受与改进建议。三轮练习为一回合，保证每位学员都有机会依次扮演三种角色。这样的真实案例代入和角色互换，有效提高了学员们的绩效面谈技能。以"三有"带队伍。调研发现，基层主管在带领团队中的新生代拿结果、打胜仗的场景中，往往显得心有余而力不足，主要体现在三方面——基层主管常用点状任务的方式给下属安排工作，下属要费很大精力进行"拼图"；摸不准 95 后员工在想什么，总觉得下属的投入度不尽如人意；在绩效管理周期中没有明确的标准，也没有和下属对齐标准。因此，培训聚焦以上痛点，通过行动学习法培养学员带领团队打胜仗的能力。学员在集中讨论中，结合新生代员工画像，明确了当前管理痛点的根源在于对员工的辅导、激励不到位，以及标准不明确。因此，提升管理能力的关键在于"对症下药"，成为心中有大图、手中有宝剑、脑中有标尺的管理者。心中有大图，让下属知道来处，更清晰地理解去处。此外，还要让新生代充分感知到自己的站位，有存在感和价值感，才能发挥主观能动性。手中有宝剑，专业引领，以身作则，拒绝"画饼"，以愿景驱动下属。脑中有标尺，在团队中明确原则与标尺，公开、透明，及时反馈。

改编自：高铭鸿：在小红书，怎么做管理才不会被 95 后 00 后嫌弃？增长黑客 . gowthhk. cn.

一、思考题

1. 如何建立有效的沟通与互动机制，以满足新生代员工的需求？
2. 如何培养管理者在面对新生代员工时的适应性和灵活性？

二、参考答案

1. 第一，鼓励开放式沟通，创建一个开放、信任和尊重的沟通环境，让新生代员工感到舒适和自由表达意见和想法。管理者应倾听员工的观点，积极回应他们的反馈，并及时提供正面的肯定和建设性的指导。第二，以多元化沟通方式。了解新生代员工的沟通偏好，并在团队中使用多种沟通工具和渠道，如面对面会议、在线平台、即时通讯工具等，以满足不同员工的需求。同时，要灵活运用文字、图像、视频等多种形式，使信息更易于理解和吸收。第三，及时反馈与奖励。新生代员工对于及时反馈和认可非常重视。管理者应定期与员工进行绩效评估和反馈，指出他们的优点和改进的方向，并及时给予公正的奖励和认可，以激发他们的积极性和工作动力。

2. 第一，掌握新生代员工的特点，管理者应深入了解新生代员工的价值观、习惯和工作方式，了解他们的需求和动机。通过参与培训、研究相关文献和与新生代员工进行沟通，管理者可以更好地理解他们，并根据不同员工的特点制定相应的管理策略。第二，培养开放心态和学习能力。管理者需要保持开放的心态，接受新的想法和观点，不断学习和更新自己的知识，了解最新的管理理论和实践，以适应不断变化的工作环境和员工需求。第三，建立跨代沟通和合作机制，鼓励不同代际的交流与合作，促进知识的分享和团队的协作。管理者可以组织跨代交流活动、团队建设项目和知识共享会议，帮助不同代际增进理解和互动，促进团队的协同效应。

三、思政切入点

◎ **关键词：价值观引导、领导力发展**

1. 关注新生代员工的价值观念和道德观念的培养。促使新时代员工树立正确的职业道德，追求个人发展与社会责任的有机结合。强调团队合作、互助精神和对企业社会责任的认识，引导他们在职场中积极践行社会主义核心价值观。

2. 培养新生代员工的领导力和管理能力。在工作中，注重新时代员工的自我认知、自我管理和团队管理能力的培养。通过思政教育引导他们形成正确的领导意识，关注团队的整体利益，注重员工的成长和发展，以及在职业生涯中承担的社会责任。

第3章 管理心理学的理论基础

3.1 对应知识点：传统管理学理论

案例一 中国航空工业集团的学习型党组织建设

中国航空工业集团有限公司（英文：Aviation Industry Corporation of China, Ltd.，英文简称：AVIC，中文简称：中航工业），是由中央管理的国有特大型企业，是国家授权的投资机构。中航工业设有航空武器装备、军用运输类飞机、直升机、机载系统、通用航空、航空研究、飞行试验、航空供应链与军贸、专用装备、汽车零部件、资产管理、金融、工程建设等产业，下辖100余家成员单位、24家上市公司，员工逾45万人。值得一提的是，2023年6月10日，中航工业集团发起成立高校工程教育课程思政联盟。

中航工业认真贯彻落实中央关于建设学习型党组织的战略部署，把提升创新能力作为学习型党组织建设的重点，为企业加快转变经济发展方式、实现科学跨越发展注入不竭动力。中航工业仍存在着技术储备不足、创新机制不健全、人才数量和素质不适应事业发展需要等诸多问题。为此，中航工业先后出台了《党组中心组学习制度》《进一步加强和改进各级党委（党组）中心组学习的意见》。进一步深化理论武装，突出加强专业技术和经济管理知识学习。以教育培训为抓手，为企业自主创新提供智力支持。坚持把培养创新型人才作为教育培训工作的主要目的。以中航大学为主阵地，瞄准世界科技发展前沿，组织各类战略高技术和现代管理理论的学习培训。与世界级企业和院校联手，选派科技人才赴英国克莱菲尔德大学、华威大学、法国航空航天学院、GE公司进行专项培训，为融入世界产业链打造具有全球视野和世界眼光的经营管理领军人才。利用先进示范、典型引路，来建设学习型党组织。全国优秀共产党员、"中国航空发动机之父"吴大观作为航空人的精神丰碑，他的事迹浓缩了几代航空人航空报国的情怀和自主创新的精神。中航工业将学习吴大观精神作为激发广大员工创新活力的最生动教材，开展了"十个一"系列活动，即

"一部电影、一本书、一个专栏、一个图片展、一系列座谈、一个展室、一尊塑像、一次特殊党费、一个主题活动、一个报告会"，深入学习吴大观同志刻苦钻研、严谨务实的科学精神和勇于探索、锐意进取的创新精神。

中航工业积极参与各类社会活动并获得相关荣誉。2021 年 7 月 22 日，中航工业通过河南省慈善总会向受灾地区紧急捐赠现金 1000 万元，用于河南特大暴雨造成的灾情救助和灾后重建工作，真正做到了航空报国、航空强国（参见图 3-1）。

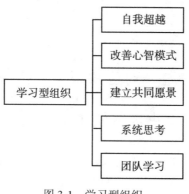

图 3-1　学习型组织

改编自：林左鸣 . 提升创新能力助推科学发展 . 国防科技工业，2011（9）：48-49.

一、思考题

1. 试简述什么是学习型组织？

2. 案例中的中航工业是通过哪些方法构建学习型组织的？给了我们哪些管理心理启示？

二、参考答案

1. 该理论的代表人物美国学者彼得·圣吉（Peter M. Senge）在他的《第五项修炼》中第一次提出了这一全新概念：学习型组织。学习型组织应该是这样一个群体："其中的每个人都在不断提高自己创造未来的能力"。因此，组织的领导者应是"学习的设计师"，领导的修炼就是不断设计和参与学习。圣吉将领导者的五项修炼概括为：自我超越、改善心智模式、建立共同愿景、团体学习和系统思考。

2. 第一，先后出台了《党组中心组学习制度》《进一步加强和改进各级党委（党组）中心组学习的意见》，进一步深化理论武装；第二，以教育培训为抓手，为企业自主创新提供智力支持；第三，以吴大观精神为引领，激发全员创新活力。先进示范、典型引路是建设学习型党组织的有效途径。

给我们的管理心理学启示是青年人要传承红色精神，将自身梦想与祖国命运相连、始终与党和国家同向同行，不断提高素质、增强本领。

三、思政切入点

◎ **关键词：学习型党组织、榜样力量、报国情怀**

1. 建设学习型党组织是一项系统工程。各党支部要结合实际，把建设学习型党组织作为本单位党建工作的一项重要内容来抓，要重点突出党员干部树立全员学习、终身学习的理念。

2. 创建学习型党组织要求发挥榜样力量。优秀党员要起到模范带头作用，单位党员领导干部要坚持把学习作为提高素质、增长本领、做好领导工作的根本途径，既要做学习的主体，又要发挥示范带动作用。

3. 红色精神需要传承，更需要践行。"中国航空发动机之父"吴大观为代表的具有报国情怀的先辈，也无时无刻不激励着下一代，传承着红色精神。我国的青年师生也有许多把个人梦想与祖国命运相连、始终与党和国家同向同行的心愿。他们瞄准国家战略需求、主动肩负时代使命，用实际行动交出了令人满意的答卷。

案例二　仁和药业的数字化转型

2022 年 8 月，仁和药业以 43.88 亿元入选《2022 中国品牌 500 强》。仁和药业成立初期是一个传统医药类制造企业，在 20 多年的发展历程中，先后面临国外新药大量涌入、自主研发周期冗长、本土市场竞争激烈、企业业务类型单一等问题。起初，很多医药行业人士认为医药行业不会被移动互联网颠覆，因为没有医生看不了病，没有药店买不了药。仁和药业为获得新的发展空间，主动进行数字化转型，成为医药行业数字化转型的先行者。

仁和药业数字化转型包含传统制药、在线零售、平台和生态这四个阶段，每个转型阶段在企业文化层、执行层、资源层和决策层这四个层面具有不同特征。在文化层方面，仁和药业在传统制药阶段企业价值主张以产品为中心，在面临传统制药企业发展瓶颈时，仁和药业利用数字技术从制造业向服务业进行探索，通过建立仁和官网进行线上销售，突破传统药店的地域限制，向在线零售商业模式转型，此时，企业价值主张为产品与服务共存。随着移动互联网的发展，消费者的消费习惯已经从 PC 端转变为移动端，仁和药业向平台型企业进行转型，明确了服务文化的核心为顾客体验。在构建生态圈过程中，仁和药业将利益相关者之间的合作关系和价值网络纳入服务文化建设中，合作共赢为服务文化赋予新内涵。在执行层方面，仁和药业在传统制药阶段发展过程中，形成一系列标准化研发、生产流程和规章制度。仁和药业向在线零售转型过程中，由于增加了服务业务，需要建立关于服务的标准化流程和行为规范。在平台阶段，例如合力物联网平台和叮当快药项目推动过程中，仁和药业制定平台运行的操作流程和平台治理相关的制度机制。在生态阶段，执行层重点关注与合作伙伴形成生态网络中节点企业之间的合作关系和流程如何进行标准化，减少合作阻碍，吸引更多利益相关者的加入。在资源层方面，仁和药业在传统制药阶段人力资源能够支撑企业开展研发和生产业务，向在线零售转型过程中，对员工进行服务培训，使人力资源能够支持新的服务业务的开发与探索，为向平台转型奠定基础。在平台阶段，积累了大量数据资源，企业利用数据优化业务流程，开发基于数据的竞争优势。在生态阶段，仁和药业与原材料供应商、生产商等利益相关者达成合作，形成生态网络，建立价值共创机制。在决策层方面，仁和药业在传统制药阶段，管理层全面深入了解企业产品发展战略。随着市场环境和消费者需求发生变化，管理层从过去成功的经验与思维中走出来，积极适应环境变化和响应消费者需求，向在线零售转型。

随着医药电商政策的出台，管理层用互联网思维方式考虑企业发展方向，制定新的数字化转型战略应对环境变化，领导企业向平台转型。在生态阶段，仁和药业与利益相关者建立价值网络后，管理层对市场变化的感知更加敏捷。

改编自：董晓松，许仁仁，赵星．制造业数字化转型中组织惯性与路径权变——仁和药业案例研究．科学决策，2021（11）：32-48.

一、思考题

1. 仁和药业数字化转型有哪些管理心理启示？

2. 企业应如何实现数字化转型？

二、参考答案

1. 在数字经济时代，仁和药业的数字化转型体现了现代管理理论中的科学管理学派，运用数学手段来实施规划、组织、控制、决策等合乎逻辑的程序，并通过电子计算机技术求出最优的解答，以达到企业的目的，提高转型效率。

2. 数字化转型对于企业而言意义重大，重塑了企业核心竞争力。首先，企业应着力打通中小企业生产过程各环节的全数据链；其次，企业要深入挖掘数据价值，促进各环节高效协同；最后，借助智能化模式，使企业在各环节的把控下，每一步都循序渐进，以此来提升企业的发展和转型。

三、思政切入点

◎ 关键词：数字化转型、企业创新、组织决策

1. 引导企业学习数字化转型。当企业面临传统制造企业发展困境时，要在传统发展思想层面上进行自我否定、自我学习和自我调整，接受新知识和新思维，跳出原来的发展思路，进行数字化转型。

2. 引导企业积极推进创新改革。创新改革不仅有利于企业自身效益的提高，更推动了社会效益的增长，其业务、服务与产品也逐步人性化、科技化，有利于实现顾客、企业、社会的协同发展与互利共赢。

3. 引导企业管理者重视组织决策的重要性。组织决策对于企业的生存、转型与发展具有重要作用，对其管理者而言，也要积极转变领导风格，提高转型效率，取得经济效益与社会效益。

案例三　立达（中国）纺织仪器有限公司的激励制度

立达是全球领先的短纤纺纱机械及部件供应商，总部位于瑞士温特图尔。立达致力于开发和制造加工天然纤维、化纤及其混纺的纺纱系统、机械和工艺部件，是全球唯一能够提供所有四种纺纱技术的全流程纺纱机械制造商。立达（中国）纺织仪器有限公司是立达集团的全资子公司，总部位于江苏省常州市，在上海设有分公司。

面对外界激烈的竞争环境，立达（中国）纺织仪器有限公司负责人高强在充分发挥自己管理天赋的基础上创造了一套有效而独特的激励方法，人们一直认为该公司的管理是极为成功的。他为职工创造了极为良好的工作环境。公司总部设有网球场、游泳池，还有供职工休息的花园和宁静的散步小道。他规定每周五下午免费为职工提供咖啡，公司还定期举办酒会、宴会及各种体育比赛活动。除此之外，他还允许员工自由选择机动灵活的工作时间。他注重用经济手段来激励员工。例如，他每年都会拿出一部分公司股份用于奖励优秀员工，目前，员工已拥有公司股份的 30% 了，这极大地激发了员工为公司努力工作的热情。高强还特别注重强化员工的参与管理意识。他要求每个员工都要为公司长远发展提出自己的设想，以加强对公司的了解进而提高他们对公司强烈的责任心和感情，自觉地关心公司的利益。高强本人又是一个极为随和、喜欢以非正式身份进行工作的有才能的管理者。由于他在公司内对管理人员、技术人员和员工都能平等地采取上述一系列措施，公司的绝大多数人员极为赞同他的做法。公司员工都把自己的成长与公司的发展联系起来，并为此感到满意和自豪。高强所创立的激励制度深得人心，带领其下属过关斩将、迎接一个又一个的挑战，对于外部风险和挑战，高强带领员工团结一心、有序协调，及时处理各类难点与困境；对于内部人员问题，高强以各类手段激励员工，降低人才流失，保障企业稳定发展。

当然，高强深知，要长期维持住这样一批忠实工作的群体确实不是件容易的事。公司经过快速发展阶段后，它的增长速度自然会放慢，也会出现一个更为正式而庞大的管理机构。在这种情况下，该如何更有效激励员工呢？这自然是人们所关心的问题（参见图 3-2）。

图 3-2　麦克莱兰的成就需要理论

改编自：王增涛，王小青. 现代管理学原理·实务·案例. 2012：207.

一、思考题

1. 试分析立达公司采取了哪些激励方法？
2. 结合管理心理理论分析这些激励方法为什么能起作用。

二、参考答案

1. 第一，思想政治工作。通过思想政治工作，使组织中的成员看到自己的利益是可以同组织的利益取得一致的。在两者利益不完全一致时，则要求组织的每个成员能以组织利益为重，顾全大局，顾全整体。第二，奖励。对人们取得的工作成效给予奖励，会给人们的动机起到强化作用。第三，职工参与管理。所谓参与管理是指在不同程度上让职工和下级参加组织决策和各级管理工作的研究讨论。第四，工作内容丰富化。工作丰富化是指试图把一种更高的挑战性和成就感体现在工作（职务）中。

2. 美国心理学家麦克莱兰提出了激励需求理论，认为人的基本需要有三种，即成就、权力和社会需要。这一研究是值得重视的，因为任何一个组织及每一个部门都代表了实现某些目标而集结在一起的工作群体。这三种需要，对管理工作具有特别的意义。

美国心理学家马斯洛提出了需要层次理论。他认为人类的需求是以层次的形式出现的，由低级的需求开始逐级向上发展到高级需求。因此，管理者必须了解并差异化对待人们的各种需求。工作中管理者要注意决定这些需求的各人特性，区别对待员工的不同愿望和欲求。任何时候管理者都应考虑到员工们的各种不同需求。

三、思政切入点

◎ **关键词：思想政治工作、以人为本、激励**

1. 让学生了解，作为管理者应对员工积极开展思想政治工作。正如学校想要更好地培养人，就要对学生开展积极的思想政治教育工作一样。坚持以人为本是思想政治教育发展的内在要求，思想政治教育在构建社会主义和谐社会中具有独特优势。高等学校只有坚持育人为本、德育为先，切实加强和改进大学生思想政治教育工作，才能培养造就千千万万具有高尚思想品质和良好道德修养、掌握现代化建设所需要的丰富知识和扎实本领的优秀人才。

2. 当前我国高校的思想政治工作也需符合激励理论。基于马斯洛需求层次理论，按照学生衣食住行、安全保障、情感归属、价值观及个人成长与发展空间等五个不同层次的需求构建思想政治教育体系，以求客观、高效地做好高校大学生的思想政治教育工作。

案例四　燕昭王求贤若渴

唐李白有名诗《行路难三首》，第一首大家最熟悉，其中有"长风破浪会有时，直挂云帆济沧海。"第二首以"大道如青天，我独不得出"开头，诗中有"君不见昔时燕家重郭隗，拥篲折节无嫌猜。"第三首有"吾观自古贤达人，功成不退皆殒身"，结尾是"且乐生前一杯酒，何须身后千载名？"这些诗句写李白希望遇到如燕昭王那样的明君，让自己像郭隗那样，可以"输肝剖胆效英才"。全力报效国家。燕昭王和郭隗之间有什么样的故事呢？《战国策》记载，燕昭王继位后，立志要使燕国复兴，于是去拜访老臣郭隗。燕昭王说："齐国趁我国内乱来侵略，我忘不了这个耻辱！燕国现在无力报仇，需要贤士的救助，请您推荐人选，帮助国家复兴。"郭隗回答问题的方式很特殊，他讲了下面这个故事：

以前有一位国君，超喜欢千里马，派人四处找，找了一年又一年，一匹也没找到。有一个侍臣，他打听到某个地方的马非常好，就赶紧报告，然后带了千两黄金去买马。他兴冲冲地找，终于找到了！可是，谁也想不到，这马，唉，它死了！还有更想不到的，是这位侍臣的反应。他呀，拿出了五百两黄金，对马主人说："把这死马的骨头卖给我吧！"买了马骨头，他就回来了。可以想见，君王震怒啊！可这侍臣做事很有谱，他很自信地说："您肯为那死马花费重金，说明您是真心爱马啊！这个名声很快就会传出去了，那千里马也很快就自己上门了！"还真是，没多久，这位国君得到了很多千里马，四面八方的人们纷纷给他送来了马。郭隗把故事讲完了，后面他得说自己了。他说，"我诚愿当'马骨'，为咱的国家来效力。"

燕昭王听后赶紧拜郭隗当老师，用最高的礼遇对待他。燕昭王重用郭隗以后，很多贤才都慕名投奔到昭王这里来了！李白的《古风·其十五》有四句诗，说的就是这个情节："燕昭延郭隗，遂筑黄金台。剧辛方赵至，邹衍复齐来。"看，这昭王得到的"千里马"多极了！国家很快就强大起来了，可以复仇了！昭王带领军队，很快就把曾经侵犯自己的齐国击败了。

燕昭王求贤若渴、重用贤才的故事，流传至今。这个故事使人们学到了"求贤若渴"这一成语。此成语以"求"开头，用口渴至极而急于饮水的感觉表达慕求贤才的迫切心情，既直接又生动，给人以启示。同时，从上面的故事我们也感受到，千里马的豪迈强劲、神清骨峻正是一种贤士精神的代表，鼓励着人们，积聚才干，快马加鞭，马到成功。

改编自：中央纪委国家监委网站．https：//www.ccdi.gov.cn/lswh/shijian/201808/t20180813_177609.html.

一、思考题

1. 结合管理心理学知识，分析燕昭王复兴燕国的关键要素。
2. 结合案例材料，谈谈管理者应如何筛选合适的人才？

二、参考答案

1. 燕昭王求贤若渴，体现了古代用人思想，即"知人善用，礼贤下士"。燕昭王求贤若渴、广纳贤才，是世间难得的伯乐。也正是如此，才造就了怀才不遇的乐毅等历史英雄。

2. 现在很多企业都很注重人才，因而投入了大量人力物力做招聘工作，并出台了很多吸引人才的优惠政策，给人才提供良好的待遇和发展空间等。这确实是尊重人才，但是另一方面，也有一些企业在招聘时反而会设置诸多苛刻的、不合理条款，这其实是不尊重人才的表现。尊重人才，首先要给予他们平等公正的竞争机会。

三、思政切入点

◎ 关键词：广纳贤才、求贤若渴、厚积薄发

1. 广纳贤才能够推动国家进步。广纳贤才源于古代的一种社会精神，儒家推行任用贤才的主张。仲弓为季氏宰，问政。子曰："先有司，赦小过，举贤才。""曰：焉知贤才而举之？"曰："举尔所知尔所不知，人其舍诸？"燕昭王广纳贤才造就燕国复兴，使国家得到了很好的发展，并进一步助推了社会进步。

2. 管理之道在于选人用人。人才是企业的基础，俗话说："得人才者得天下，失人才者失天下。"一个国家如此，一个企业同样也是如此。当今社会，随着经济的高速增长和竞争的日益激烈，"求贤若渴"的人才观对于企业的管理者来说更为重要。企业管理的重点是引进人才并培养人才。管理者要首先选择企业需要的实用型人才，树立正确的人才观。

3. 让学生知晓保持定力，方能厚积薄发。俗话说："千里之行始于足下""万丈高楼平地起。"无论多么伟大的企业，都是一步一个脚印、从小做大的。做企业做事业都不能急功近利，而要厚积薄发。

3.2 对应知识点：心理学基础理论

案例五 谷歌的人性化管理模式

谷歌公司（Google）是一家美国科技企业，2022 年，谷歌母公司 Alphabet 以创纪录的 2575 亿美元销售额排名第二，其市值也从 1.5 万亿美元升至 1.6 万亿美元。谷歌的主要业务不仅包括互联网搜索、云计算、广告技术等，同时一直致力于互联网的新产品与服务的开发，并取得了卓越的成绩，被公认为全球最大的搜索引擎。自成立以来，谷歌的实力获得了全球范围的肯定，在多次企业实力与价值排名中位列首位，获奖无数。

谷歌提供免费的全面服务。在谷歌，"免费"被当作公司文化的一部分。无论是日常用餐，还是下班之后的健身活动，以及按摩、洗衣、洗澡、看病等服务，在谷歌公司都是百分百免费的。谷歌总部的每层楼都设有咖啡厅，员工可以随时冲咖啡、吃点心；公司的冰箱里永远放置着各种饮品和食物，供员工随意吃喝。谷歌提供舒适的办公环境。谷歌为每位员工都配备了至少两台大屏幕显示器，每个办公室只安排 4 到 6 名员工，让员工可以在比较舒适的环境下办公，并且公司有专门的技术人员 24 小时待命，如果有员工的计算机或其他数码产品出现故障，公司可以随时安排送修，解决了员工在工作时的后顾之忧。除此之外，谷歌公司内部修建了完备的娱乐设施。由于信息行业的特殊性，加班成为该行业的普遍现象，员工难免会处于疲惫的状态下。谷歌为了帮助员工消除疲劳，在公司内部设有台球室、排球场、按摩室等娱乐设施，员工可以在里面尽情地放松自己，快速找回工作状态。在谷歌，要求工程师们每周都花一天时间在个人感兴趣的项目上。这种近乎强制性的要求造成 Google News 之类的新服务品种出现。Nielsen Net Ratings 的数据显示，这项

服务每个月都能吸引 710 万浏览者，同时也导致了社区网络站点 Orkut 的出现，已经被整合到整个搜索网站之中。谷歌里的每一个人都充满了故事：与你共进午餐的人或许发明了你在使用的编程语言；坐在你隔壁的同事或许为你的研究生课程编写过教材；和你一起打台球的那个人或许开发过你的桌面浏览器。公司还提供免费的班车和渡轮服务接载雇员上班，这些交通工具都有无线互联网服务，方便员工在上下班时也可以工作。

值得一提的是，谷歌给员工提供了充分的自由时间。谷歌不像某些同行业的公司尽可能地去压榨员工的时间，让员工每时每刻都为公司工作，谷歌允许每位工程师可以自由支配 20% 的时间，这段时间内可以去做自己喜欢的事。虽然谷歌的企业文化是鼓励创新，公司的每个项目都要在有序、有组织、有计划的状态下实施，但公司还是给每位工程师留了 20% 的私有时间，让他们去做自己认为更重要的事情。

改编自：黄凯迪，周会会. 人性化管理模式在信息行业的应用研究——以谷歌为例. 北京印刷学院学报，2018，26（12）：68-72，89. DOI：10.19461/j.cnki.1004-8626.2018.12.019.

一、思考题

1. 试分析谷歌的人性化管理模式所依据的管理心理学理论。
2. 你认为应如何平衡企业的制度化与人性化？

二、参考答案

1. 谷歌的人性化管理模式依据的理论为"Y 理论"，具体是指要尽量把工作安排得富有意义，做具有挑战性的工作，使员工能够引以为豪、满足其自尊需要。谷歌以人性化的管理模式、崇尚开放和自由、充满创意和灵感的工作环境而闻名。

2. 在制度化比重很大的中国信息产业中，不能盲目"跨越式"发展，而应当将二者结合应用。一是把以人为本理念贯穿制度的制定和执行全过程。在制定企业规章制度的时候做到统筹兼顾、有的放矢，既要保护企业整体的利益，也要满足员工个人的合理需求。二是用制度化理念引导人性化管理的实施。

三、思政切入点

◎ 关键词：人性化管理、以人为本、人文关怀

1. 企业应科学建立适合不同企业的人性化管理机制。企业尤其要注重激励机制的建立，激发员工的内在工作热情，最大化地发挥员工的潜能；须对员工进行明确分工，将"人性化"与企业员工的实际情况相结合，不断对激励机制进行总结完善。

2. 管理层要重视对"人性化管理"的工作认识。人性化管理并不仅仅是对员工的物质奖励或人文关怀，也不是给员工提供"自由化"或"无序化"的管理氛围，更不是"人情化"管理，而是为员工的工作发展制定长期合理的远景规划。

案例六　旺旺集团的用人之道

2022 年 12 月，旺旺位列 2022 年胡润中国食品行业百强榜第 30 位。旺旺集团秉持

"缘、自信、大团结"的经营理念，与每一位志同道合的朋友结缘，努力营造"一家人"的氛围，并以"大团结"的精神与您及每一位旺旺人共同创造更加辉煌的明天。公司的快速发展是全体旺旺人共同努力的结果，旺旺视员工为集团最宝贵的财富，愿意广泛吸纳优秀和有潜力的人才，为每一位员工提供职业生涯的发展平台，在旺旺这个大舞台上尽情展现您的才华，在良好企业文化下共同传承其精髓和内涵。

旺旺集团让员工沉浸在快乐的工作氛围里，继而员工更加认同企业文化。旺旺集团这样做的好处：留人和吸引新人。留住人才主要可以从这几个方面入手：第一，薪资留人。薪酬是"用人、留人"的前提和基础，钱分好了，人就不会跑。第二福利留人。员工往往是平衡所有的成本去选择企业，丰厚的福利也是吸引人才的一大妙招。第三，发展留人。优秀的人更在意自身的发展，让员工可以明确自己的方向，有进步的空间，员工就愿意留下来和企业共同奋斗。第四，文化留人。企业用心留人，包括企业平时的一些社会活动，以及贯穿在工作中和管理中的文化。企业文化不仅彰显企业的格局，更能看出领导人的价值观；用文化去吸引人，更能留住优秀的人才。留住人才，除了在薪酬、福利上的激励，更重要的是员工认同企业文化、企业管理者。旺旺集团发展以人为本，旺旺一向秉持海纳百川、唯才是举、尊才重贤的理念。"自信"的旺旺人在"缘"份的牵引下，来到旺旺汇聚成"一家人"，展现出"大团结"的强大力量。集团内部提倡员工树立终身学习的竞争理念，每一位旺旺将个人价值的实现及职涯发展融入旺旺事业的持续发展中，旺旺精心为每一位旺旺人设计全年度培训计划，致力于提供学习与发展平台，着力把员工打造和培养成为与集团一起成长的人才。旺旺致力于为员工创造良好的工作环境，培养忠于旺旺事业、志同道合的员工队伍，让每一位员工与企业共同成长。

与此同时，旺旺集团注重社会形象的建设。在大陆各界众志成城、全力驰援湖北武汉抗击新冠疫情的关键时期，旺旺集团紧急调拨了各省市旺旺工厂里的食品、旺仔牛奶等物资，就近捐赠给各地的抗疫第一线，还捐赠了大量的水神除菌产品，给许多医院、学校及防疫相关部门。截至 2020 年 4 月 8 日，旺旺集团捐赠的水神除菌设备与产品累计约 2148 万元人民币；旺旺捐赠的饮料及食品约 3164 万元人民币，累计全部物资捐赠金额逾 5312 万元人民币。

改编自：卢盛忠 . 管理心理学实用案例集粹 . 杭州：浙江教育出版社，2003.

一、思考题

1. 结合管理心理学知识，分析旺旺集团用人之道的合理之处。

2. 旺旺集团独特的管理模式对我们有哪些管理心理学启示？

二、参考答案

1. 旺旺集团将员工视为"社会人"，在工作中建设人与人之间的友好关系。旺旺集团用人之道的优势在于：留人和吸引新人，为员工创造良好的工作环境，培养忠于旺旺事业、志同道合的员工队伍，能够让每一位员工与企业共同成长。

2. 旺旺集团在工作中正确地运用人性化管理，充分发挥每个人的工作价值。对于管理者而言，要切实做到以人为本、唯才是举、尊才重贤，才能真正留住优秀的人才。

三、思政切入点

◎ **关键词：唯才是举、尊才重贤、知人善用**

1. 管理者应唯才是举。对于一名优秀的管理者来说，能够在工作中不拘一格地使用人才，不仅可以彰显自己的胆识，而且也是自己作为管理者应该必须尽到的责任。在企业管理中，人才的价值应该具体体现在使用上，要想发挥人才的作用，就应该做到扬长避短：用其所长，避其所短，并能够在用其所长中补其所短。

2. 管理者应求贤若渴、知人善用。习近平总书记强调："用好用活人才，建立更为灵活的人才管理机制，打通人才流动、使用、发挥作用中的体制机制障碍"。作为管理者，要有求贤若渴的思想认识，更要完善吸纳人才的制度机制，才能达到"用一贤人则群贤毕至，见贤思齐就蔚然成风"的理想状态。

案例七　由乔布斯到库克，成就苹果的成功之路

苹果公司（Apple Inc.）是美国高科技公司。北京时间 2022 年 1 月 4 日凌晨 2 点 45 分左右，美国科技巨头苹果的股价达到了 182.88 美元，市值第一次站上了 3 万亿美元的台阶，它不仅是全球首个 3 万亿美元市值的公司，也相当于全球第五大经济体的 GDP 体量，仅次于美国、中国、日本及德国。

但今天，我们要从另一个角度来看苹果公司——关于它的人力资源管理。苹果公司的人力资源管理是顺应全球化人力资源管理的新趋势，以员工自我管理为核心的美国专业化管理模式。

苹果公司专门设立员工帮助中心，处理员工的日常学习和咨询事宜。员工在工作、学习中碰到了任何问题，都可以随时通过 iPod、iPhone、iPad 向员工帮助中心求助。接到员工的求助信号后，帮助中心将及时做出解答。员工对答复不满意时，可以进一步追问，直到问题彻底解决为止。这为员工的学习、工作、生活带来了极大的便利。由于员工帮助中心的高效运作，公司的 HRM（人力资源管理部门）终于有比较充裕的时间来进行战略思考和全局规划。另外，员工帮助中心也成为人力资源部新员工的入职培训基地，新员工在帮助中心可以快速学习到人力资源部的日常工作内容。苹果公司开始强调员工的自我管理，而非依赖人力资源代表进行管理。这一转变使绝大多数员工逐步养成了习惯，把网站作为主要信息来源和交易场所，并对自己进行福利管理产生了浓厚的兴趣。苹果公司不断推出新的在线应用软件，包括家庭状况变化登记软件、退休计划登记软件等，以强化员工自助操作的软件环境。例如，如果一名员工选择一项成本较低的医疗计划，或是改选另一项比较昂贵的医疗计划，他马上就能看到不同医疗计划对其工资薪资的不同影响结果。此后，苹果公司重新设计了人力资源的 FBE 软件和福利网站的外观设计，有了这些改进，登记工作就变得更加简便易行，苹果公司的投资初见成效。调查结果显示，员工对在线获取信息、做出选择感到满意，员工也乐于自己上网选择福利方案。为了激励公司员工大胆创新，苹果公司创立了"苹果公司研究员计划"（Apple Fellows Program）。"苹果公司研

究员"是苹果公司给予电子科学家的最高荣誉,授予那些为苹果公司做出杰出贡献的员工。苹果公司研究员不仅仅是一项荣誉,同时,也意味着高额的薪酬和大量的股票期权。而且,苹果公司研究员拥有自由做事的权利,可以做任何感兴趣的事情,从而最大限度地激发研究员的创造性。

改编自:知乎.https://zhuanlan.zhihu.com/p/49067994.

一、思考题

1. 结合管理心理学知识,分析苹果公司的人力资源管理模式。
2. 苹果公司的人力资源管理模式对我们有哪些管理心理学启示?

二、参考答案

1. 苹果公司的人力资源管理遵从人本主义心理学派倡导的管理理念。人本主义心理学派认为人性本善,是自主的,是能进行自我选择的;他们关心人的能力和潜能,强调人的尊严和价值,促进人的自我实现。

2. 人不管、制度管,自己管、管自己,管得少、管得好。苹果的制度及其取得的成功再次证实了一个道理:科学合理的制度,一定是趋向于自组织、自管理的。员工内在的积极性和创造性,才是企业真正的活力之源。

三、思政切入点

◎ 关键词:以人为本、系统思考、顾全大局

1. 以人为本,保障企业高质量发展。"以人为本"是指以人为中心,以人为根本,注重人的生命与价值。这是中华传统文化的基本精神,自古至今源远流长、含弘光大。企业管理中,应重视激发员工的内在潜能,同时还要强调员工的自我管理,通过完善的晋升机制,促使员工利益与公司的长远规划趋于一致,有效地激发员工的兴趣及创造性。

2. 大局意识是职场不可或缺的职业品质。优秀的员工,凡事能从大局出发,在事关大局和自身利益的问题上,能以宽广的眼界审时度势,以长远的眼光权衡利弊得失,自觉做到局部服从整体,自我服从全局,眼前服从长远,立足本职,甘于奉献。

案例八　比尔·盖茨的人才培养实践

说到比尔·盖茨,就能想到微软公司。作为联合创始人之一,比尔·盖茨亲自参与并见证微软公司自创立以来一路发展,直至成为全球最大的电脑软件提供商,他的名字早已与微软公司紧密相连。

微软公司能够在全球科技界长期占据领先的地位,与其科学完善的人力资源管理方法密切相关。微软公司在其人力资源管理上有着独到的特点:一是作为技术至上的科技企业,微软非常注重招聘环节,有着严格的招聘制度,通过大量走访国内国外名校和地方院校的方式,去寻找他们想要的智力超群、敢想敢做的年轻毕业学生;二是重视员工培训,

包括技术培训和软技能培训，鼓励员工内部流动；三是有特色的薪酬体系——通过基本工资结合股权的方式吸引大量优秀人才，员工愿意主动奉献，获取丰厚报酬；四是三个元素组成绩效考核体系，制定个人任务，制定目标计划，绩效评定曲线与绩效评分直接挂钩的加薪、授股和奖金，综合激发员工潜能。微软公司已走过近半个世纪，有更多的后起之秀，想要在科技领域占有一席之地，面对苹果、谷歌、亚马逊这些强劲的对手，微软想要在激烈的市场竞争中继续保持辉煌，势必要顺应时代发展，及时转型，与时俱进。

在微软，有一个专门负责多样与包容的团队，专门探索、推进此文化的可能机会和领域，使得这种文化理念成为每一位员工的自觉行为。在雇佣方面，微软不限肤色、背景、性别，只看对方的能力，为此，多样与包容团队还特别留意因残疾而无法正常工作的高端人才。2021 年，该团队就凭敏锐的嗅觉在清华大学"抢"到了一名残障计算机博士。为了帮助这名残障人才在微软顺利工作，公司专门为他工作的楼层改造了四部无障碍专用电梯。日常组建团队时，微软也会尽量将不同背景、语言、肤色和性别的员工组成一队。这种多样化的团队通过各自观点的碰撞，往往会产出新的问题解决方案。当然，每一位员工也能够在这样的工作氛围中感受到彼此的融洽，以及来自组织的尊重。

有人形象地将微软的这一做法总结为"人人为我、我为人人"的合作理念。在微软，经常会看到这样的画面：当某位员工即将开展某项工作任务时，不是闷头大干，而是先与团队成员碰面，向其请教经验，避免入坑。除了员工间的互帮互助，微软更从组织层面为员工提供服务，提升团队士气。比如，疫情期间，为了增强分散各处的员工之间的互动合作，公司定期通过在线游戏化学习平台 Kahoot 组织团队游戏，增加员工间的交互性，也调剂了居家办公的枯燥感。

改编自：知乎．https：//zhuanlan.zhihu.com/p/560612921.

一、思考题

1. 微软公司的人才培养实践体现了什么样的管理心理学思想？
2. 微软公司的管理模式给我们的管理心理学启示是什么？

二、参考答案

1. 微软公司的人才培养实践反映了以人为本的管理心理学思想，应针对不同员工群体进行个性化激励。例如，丰厚的福利属于外在激励，内在自我成长是更深层次的激发，尤其是新生代、Z 世代员工更加关注自我发展。作为一家学习型组织，微软更强调员工时刻保持一颗"好奇心"，在具有挑战的真实工作环境中发现成长机会、提升技能。

2. 在企业管理的过程中，要注重合作共赢。如今，"低垂之果"几乎被采摘殆尽，接下来需要搭梯子、修天堑去采摘"高垂之果"。这样的情况下，创新更要通过团队合作才能实现。当然，员工在合作中也同时能够更强烈地感受到彼此互助的重要性以及自己在团队中被重视的自豪感。

三、思政切入点

◎ **关键词：互利共赢、互助合作、和谐相处**

1. 单丝不成线，独木不成林。在企业管理的过程中，要注重员工之间关系的培养与建设，在"人人为我、我为人人"的工作氛围中，人与人之间的工作关系变得更加简单和融洽，员工内心感受到的也是轻松和喜悦。

2. 互助合作是一种注重共享与互助的工作方式。它强调人与人之间的相互支持与合作，通过互助以达成共同目标，实现共同利益。这种工作和生活方式将个人与社会有机结合起来，提倡"我为人人、人人为我"的价值观，是当今及未来社会发展的必然趋势。

3.3 对应知识点：人性理论假设

案例九 商鞅变法造就悍勇秦军

秦国（前770年—前207年）是周朝时在中国西北地区建立的诸侯国。秦国社会经济仍以农业为主。春秋时代晚期，出现了铸铁农具。战国时代，修建了郑国渠、都江堰等水利工程，进一步促使农业生产发展。手工业以冶铜和制陶最为发达。

春秋五霸之一的秦穆公去世之后，秦国一度衰落，到了秦孝公掌权时期，想要通过自己的努力让国家强盛起来。这时卫鞅（即商鞅，下称商鞅）来到了秦国，以变法富国强兵之道打动秦孝公，秦孝公任命他为左庶长，开始推行变法。商鞅通过变法，持续打击旧贵族的势力，使得国君的权威得到空前的提升，全国通过紧密的组织结构统一由中央指挥。同时商鞅奖励耕战，耕作产出多的家庭免除劳役，作战勇敢的士兵可获得爵位。《战国策》记载，秦国的士兵在作战过程中，不戴盔甲，胳膊下夹着俘虏，身上挂着人头，赤身裸体地追杀逃跑的对手。六国的军队和这样的秦军作战，就如同鸡蛋碰石头一样。秦军为什么这样勇敢？从秦代官吏墓葬中发现的法律文献可知，商鞅对于军功有如下规定：秦国的士兵只要斩获敌人一个首级，就可以获得爵位一级、田宅一处和仆人数个。斩杀的首级越多，获得的爵位就越高。如果一个士兵在战场上斩获两个敌人首级，他做囚犯的父母就可以立即成为自由人。如果他的妻子是奴隶，也可以转为平民。对于重视家族传承的中国人来说，军功爵是可以传子的。如果父亲战死疆场，他的功劳可以记在儿子头上。一人获得军功，全家都可以受益。在军中，爵位高低不同，每顿吃的饭菜甚至都不一样。三级爵有精米一斗、酱半升、菜羹一盘。两级爵位的只能吃粗米，没有爵位的普通士兵能填饱肚子就不错了。商鞅变法之后，秦国国力大增。商鞅认为"以一秦而敌大魏，恐不如"，他建议用尊魏为王的办法来麻痹魏惠王，把各国的攻击目标引向魏国，解除魏国对秦国的威胁，同时孤立魏国，进而有效地削弱魏国。由于商鞅的离间，魏国成了众矢之的。在魏国众叛亲离的同时，商鞅加紧了对魏国的武力攻扰。公元前341年，魏国在马陵被齐国击败。马陵之战是魏国从来没有过的惨败，实力大损，从此一蹶不振。

在这段时间内，由于秦国采取了比较灵活的策略：首先确定了削弱魏国的正确目标并围绕这一目标开展了具有针对性的斗争。其次，避开了过早地同魏进行正面的大战，从而赢得了时间，在国内改革的基础上，做好了同魏决战的必要准备。第三，秦国采用了中立楚、韩，联合齐、赵，孤立和打击魏国的正确策略，使魏国四面受敌，被动挨打，连遭惨败，不得不向秦国割地求和。这样，秦国不仅收复了部分河西失地，削弱了魏国，而更重要的是，对魏战争的胜利使其积累了外交经验，增进了向东方扩张的信心。所以，两千年前的秦国，是一个军装闪闪发亮的国度，对于千千万万的秦人来说，上战场不仅是为国家战斗，而且是通向财富和荣誉，摆脱贫困卑微地位的唯一出路。也就是说商鞅的军功制度造就了秦军的勇悍。

改编自：王平，季文光．主编．钱海涛，潘瑞凯，潘丹丹．副主编．管理学基础．广州：中山大学出版社，2013：25-27.

一、思考题

1. 商鞅变法反映了什么样的管理心理学思想？
2. 试比较商鞅变法的管理思想和西方管理思想的异同。

二、参考答案

1. 体现了中国古代关于人性的假设。第一，以法为本，将法制作为治理国家、管理人民的根本办法。认为人生而"好利恶害"，需要通过严刑峻法来管理，与西方行为科学的"X 理论"异曲同工。他们认为，"法治"可使民众积极从事耕战，使得国富兵强。"仁治"重用儒生，空谈成灾，放弃农战，只会导致国穷兵弱。第二，以刑去刑，用刑罚来去除刑罚，达到劝善止恶的目的。

2. 商鞅变法的管理思想所针对的社会认识、人的认识、人性管理，与西方法治精神中的一些管理思想不谋而合。无论是中国古代管理思想，还是西方法治精神，它们同样都强调法治。在人性论中两者都是以"性恶论"为其根源，西方法治精神更强调人权，而中国古代管理思想更加强调管理者的权威。

三、思政切入点

◎ 关键词：民族文化、个性学习

1. 中国古代文化与思想蕴含着深刻的管理哲学。各种管理活动都离不开其特定的民族文化与历史背景，管理思想也无不深深地凸显着本民族的文化基因。中国古代管理思想研究会长潘承烈认为"虽然现代化管理方面我们相对落后，但是我们有我们的长处，那就是我们有 5000 年文明史，祖先留给我们众多的深刻哲理是其他任何一个国家、任何一个跟我们竞争的外国企业所没有的"。

2. 注重文化差异，培养个性化学习。以中国古代思想家经典案例为研讨平台，建立教师与学生之间、学生与学生之间交流、指导、互动的机制，拓展学生自主性与个性化学习空间，引领学生创新思维，创设健康有序、宽松和谐、开放高效、激励上进、利于创新的育人大环境。

案例十　唐朝刘晏改革盐法

唐朝的刘晏，官做到宰相。在唐朝财政艰难的时刻，他推行了一系列改革，扭转了唐朝财政亏空的局面。《三字经》上说：唐刘晏，方七岁，举神童，作正字，彼虽幼，身已仕。大致意思是说，刘晏小的时候被视作神童，小小年纪就担任公职，七岁时做了"正字"的官职。关于他的事迹，《旧唐书》《新唐书》《开天传信记》《唐语林》《明皇杂录》等都有记载，说法不尽相同。

在刘晏改革盐法前，唐朝实施的是榷盐法。榷盐法存在诸多弊端。对食盐生产、运输和销售全面垄断，不得不增设相关的机构、官吏管理各个环节，导致机构庞大，经营和管理费用增加，又容易滋生腐败，损失食盐的垄断利润。

刘晏对榷盐法的改进，主要表现在全面调整盐业的管理、运输和销售。第一，在盐业管理方面。在产盐地区设立盐场、盐监、盐院，确保盐源的供给，精简管理机构，选派廉政又有实际业务能力的人充当要员，受中央直接领导，这样便减少了腐败的机会，降低了经营成本，提高了运作效率。这是从政治管理层面进行的改革与整治。第二，食盐运输和销售方面。由第五琦时期的官收、官运、官卖改成了官收、商运、商卖，食盐的生产、收购、储存等业务还归官府，官方掌握食盐的定价权，然后卖给商人，由商人们去运送和销售，"出盐乡因旧监置吏、亭户，粜商人，纵其所之"，即"国家榷盐，粜与商人，商人纳榷，粜与百姓"。这样，因有利可图，便提高了商人经营盐业的积极性，同时节减了官府在运销方面的开支和费用，减少了腐败营私机会。刘晏借用商人从事食盐运销，应该说是最有创意和效果的。第三，在缺盐或距离产盐区较远的地区设立仓储，运储食盐，在商人不至且盐价较贵之处，用平价出售，用以调节和稳定盐价，"江、岭去盐远者，有常平盐，每商人不至，则减价以粜民"，"常平"有长期平衡之意，即用平衡价格调节盐价，这样，便打击了私商，既增加了朝廷的财政收入，又稳定了市场。

总之，刘晏运用行政、财政和商业等手段及措施，把食盐的专利权收归朝廷，增加了财政收入。"晏之始至也，盐利岁才四十万缗，至大历末，六百余万缗。天下之赋，盐利居半，宫闱服御、军镶、百官禄俸皆仰给焉。"刘晏刚到任的时候，榷盐的总收入才40万贯，到了代宗大历末年，榷盐收入达到600多万贯，已占到国家财政总税收的一半，皇室、军费及官俸开支皆仰仗榷盐收入，可见其效果斐然。其中的关键因素，是刘晏能够让利给商人，调动商人的积极性，让其为官府服务，再加上行之有效的制度设计和行政措施，必然能达到增加财政收入的预期目的。

改编自：赵志浩. 评唐代刘晏对盐法的改革. 太原师范学院学报（社会科学版），2012，11（2）：30-33.

一、思考题

1. 试分析刘晏改革盐法依据的管理心理学思想。
2. 刘晏改革盐法给我们的管理心理学启示是什么？

二、参考答案

1. 刘晏改革盐法依据的是我国古代的财政管理思想。这项改革取得了经济增收和稳定人心的双重效果，深刻体现了古代经营和财政管理思想。刘晏改革盐法，扩大了征税范围，增加了政府收入，缓解了当时的财政危机和政治危机；刘晏改革盐法发生在安史之乱之际，政府垄断盐业，从中取利，而不是直接从农户手中获取布匹、粮食等食物税，造成表面上不增加农民负担的假象，这样就很好地缓和并化解了生产农户的一些不满情绪。

2. 刘晏改革盐法之时，立志廉洁自律、清廉为官、造福一方。对商人采取了扶植和保护政策，简化对盐商的税收，懂得增加财政收入的根本前提在于发展生产、安定人民的生活，反对掠夺和搜刮百姓。另外，刘晏以人为本、爱民为先的思想也值得我们学习。

三、思政切入点

◎ **关键词：廉洁自律、以人为本、发展生产力**

1. 青年人应学习刘晏公正贤良的品质。立志为官一任，造福一方。刘晏到任后，廉洁奉公，不准属下私自勒索百姓，他还深入乡里，尽力扶持农业生产，施行一系列惠民举措，不催征、加派赋税，深获民心。廉洁自律是我们党一贯倡导的优良传统和作风；是党员干部必须具备的优良品质，也是我们党强化自身建设，克服消极因素的重要举措。

2. 民本思想在我国历史上源远流长。明代丘濬的《大学衍义补》中说"其（指刘晏）理财以爱民为先"，也就是说，刘晏懂得增加财政收入的根本前提在于发展生产、安定人民的生活，反对掠夺和搜刮百姓。这样的思想，与以人为本、执政为民的思想不谋而合。

3. 解放和发展社会生产力是实现共同富裕的物质前提。刘晏特别强调赋税持平，反对横征暴敛，提出"常岁平敛之，荒年蠲救之，大率岁（丰收之年）增十之一"。就是通过"平敛"的方式调节赋税，缓和社会矛盾。现代的社会发展也是如此，我国正处于社会主义初级阶段，人民日益增长的美好生活需要和不平衡不充分的发展之间的矛盾，成为当代社会的主要矛盾。为了更好地解决这一矛盾，必须大力发展社会生产力，这也是社会主义的本质要求。

案例十一　美国零售业巨头的人性化管理

美国的沃尔玛百货有限公司是全球营业额最大的商品零售公司，居 2022 年《财富》世界 500 强排行榜第一位。它有沃尔玛购物广场、山姆会员店、沃尔玛商店、沃尔玛社区店等四种经营模式。

沃尔玛的用人、留人制度处处体现其人性化管理思想。它注重员工不同层次的心理建设需要，为那些具备潜质和才华的员工提供实现个人价值的途径与阶梯，并与任何在沃尔玛工作过的员工建立友好、和谐的关系。据《华尔街日报》报道，公司创始人山姆·沃尔顿有一次在凌晨两点半结束工作时，发现仓库的装卸工人还在加班加点工作，于是和他们攀谈了起来。在充分了解他们的需求后，沃尔顿为工人集体改善了沐浴设施，员工们都深为感动。沃尔玛公司还是一个敢大胆使用新人的企业，只要你有良好的职业道德和工作技能，能够管理好员工，并拥有超高的销售业绩，你就能通过 6 个月的培训坐上经理助理的位置，甚至能得到协助开设新店的机会，一展你的才能与抱负。不仅如此，沃尔玛公司还设有独特的离职面谈制度，在员工离开公司之前，公司管理者与离职员工进行面对面的交流，深入了解每一位员工离职的原因，进而试图挽留优秀的员工，并据此改善公司仍然存在的缺陷和漏洞，从而有效降低公司员工的离职率，提高员工工作满意度。

沃尔玛切实做到了"门户开放"，让员工积极参与到组织决策当中，认真听取员工的意见。所谓门户开放，就是指在任何时间、任何地点，任何员工都可以同公司管理者进行沟通，提出他们对公司的意见或建议。这些提议可以是员工对企业未来发展方向的希冀，可以是对目前存在问题的反馈，也可以是对所受不公平待遇的反映。如果接受他们汇报的管理者不认真听取意见，或者给予的答复让员工不满意，那么他们可以继续向上一层管理者反映。这项政策的好处在于，实现了企业全员参与、畅所欲言，保证每名员工享有充分的参与权与表达权。尽管企业与员工的短期目标可能会产生冲突，但是在朋友关系主导的工作环境中，有效的沟通与协调能够使二者都充分汲取对方意见，促使问题得到和平解决、双方目标达成一致，提升办事效率。

值得一提的是，沃尔玛让员工参与多样培训，也是出于增强工作积极性的考虑。轮岗制和终身培训制一方面解决了工作单一枯燥的问题，降低了离职率；另一方面增强了工人的工作技能，提高了生产率，降低了不必要的内耗。只有通过覆盖面广、个性化强、种类多样的培训，员工的潜能才能得到最大的开发与利用，其高层次的个人需求也会得到满足。有了培训通道作引，员工首先可以明确企业的发展目标所在，理性分析现状；在发现个人与组织目标要求的能力差距后，制定个人职业发展规划，并通过培训缩小这一差距，保证自身能力的提升在既定的发展轨道上；最后，在不断地调整和完善中，完成自我管理，使个人目标与企业价值目标相匹配，个人利益与企业利益相统一。

改编自：张丽. 企业人性化员工管理研究——以沃尔玛公司为例. 哈尔滨学院学报，2018，39（07）：52-56.

一、思考题

1. 试分析沃尔玛的人力资源管理取得成功的关键要素？
2. 沃尔玛的成功给了我们哪些管理心理学启示？

二、参考答案

1. 沃尔玛的人性化管理模式以企业与员工的合作关系为根本，体现了人本主义管理理念和思想。在最大程度承认员工价值的基础上，根据其竞争战略制定了选人、育人、留人的人力资源战略，并据此指导和协调各项员工管理的目标与活动，保障他们均以成本领先为核心优势展开，从而实现了员工管理、人力资源管理与战略管理的有效联结。

2. 人性化管理对企业的生存和发展十分重要。古语云：得人心者得天下！在企业管理中多点人情味，有助于赢得员工对企业的认同感和忠诚度。只有真正俘获了员工心灵的企业，才能在竞争中无往而不胜。

三、思政切入点

◎ 关键词：人本主义、民主自由、社会人

1. 企业更重视人性化管理模式的运用。人性化管理不仅是一套机制，更是一种管理理念和管理思想，是一门科学与艺术。以员工的利益为上，尊重员工的多样选择和多重需求，营造人人平等、好学上进、轻松愉悦的工作氛围，让员工真正感受到自己在企业中的重要地位，继而赢得他们的认同感和忠诚度。

2. 企业人性化管理原则应该坚持以员工为中心。尤其应该把优秀员工视为企业的重要资产，尊重、关爱员工及其家人，将员工视作自己的亲人和朋友，让他们感受到自己的主人翁地位，给予他们充分的认可与赏识。只有正确地运用人性观，才能够把企业中每个人的价值发挥到极致。

案例十二　格力集团的"军事化"管理模式

2023 年 7 月，格力集团位列 2023 年《财富》中国 500 强排行榜第 146 位。2021 年 7 月，格力集团正式收购珠海银隆，切入新能源车产业链、储能以及电池制造装备领域；同年底，格力集团收购盾安环境，以增强在空调核心零部件方面的竞争力和供应链的稳定性。至此，继从空调企业转型家电企业后，格力电器进一步向大型工业集团转型，业务进一步延伸至汽车空调、电机电控、智能装备、模具、铸件以及新能源汽车、储能和电池制造等领域。

著名销售女王、格力集团领军人物董明珠曾经在《开讲啦》谈到管理的时候说过这样一句话："我推崇军事化管理。没有人性化的管理，管理只有一种，只有制度，不分男女。"董明珠刚步入管理岗位的时候就说过"管理就是要不怕得罪人"。她在讲到她当部长的时候，即便是对她的哥哥也不例外，从来不会讲人情，更不会给开后门。当时，经销商为了能拿到更多的货便试图走后门，于是他们找到了董明珠的哥哥，并向其承诺拿到货后一定会给予其好处，当她哥打电话找她说明此事的时候，董明珠坚决反对，不讲人情，不留后门，没有亲疏远近之分，这就是董明珠的一把尺子管理风格。也正是因为这件事，所有经销商看到了跟格力集团合作的希望，并且坚信，格力会越做越好。董明珠今天的成功离不开坚持执行以"制度管理"为核心的发展方针，因为她坚信，只有制度完善才能更好地约束人的行为、规范人的行为，企业才能管理规范，并得到好的发展。

其实不只是格力集团，现代很多大企业都有一个共同点，那就是它们都推行制度为上的原则。无论是管理人员还是员工，犯了错就应该接受相应的处罚，超额完成业绩也应该得到额外的奖励，当月没完成业绩就拿不到绩效奖，无论你上班还是下班都要经过几道关卡，如打卡、签到、过安检等。恰恰是因为这些强有力的制度做支撑，企业才能得到更好的发展，企业不会因为各种混乱的关系而影响业务正常进行。这些制度带来的最大的好处就是能让企业做到相对的公平，达到一视同仁的效果。

改编自：网易 . https：//www. 163. com/dy/article/GAEUTI9Q05527YR2. html.

一、思考题

1. 格力集团的员工管理为什么能取得显著效果？

2. 格力集团的"军事化"管理模式给了我们哪些管理心理学启示？

二、参考答案

1. 格力集团采取制度管理的模式，即"硬性管理"，也就是以"规章制度"为中心，凭借制度约束规范员工的所作所为，依靠纪律监督、奖惩规则等方式对企业员工进行制度管理，进而实现组织目标。

2. 企业不仅需要人性化管理，而且需要制度管理。没有规矩不成方圆，没有制度管理就没有约束力。制度是透明而公开的，在制度化管理下，企业要做到每一件事情都是程序化、标准化的，这样做有利于员工迅速掌握工作技能，并进行短时高效的沟通。

三、思政切入点

◎ **关键词：规行矩步、一丝不苟、工匠精神**

1. 没有规矩不成方圆。古人说："欲知平直，则必准绳；欲知方圆，则必规矩。"董明珠认为管理就是效益，如果要做一个百年企业，就要有一个完整的管理体系。在格力，董明珠排斥用温情、用亲和力去感化别人，她始终相信，制度与纪律才是管理的核心。

2. 一丝不苟是一种工作态度。一丝不苟是对工作的认真负责和精益求精的追求。在工作中，我们要做到认真细致，精益求精，不断追求更高的标准和更好的质量，这样才能更好地完成工作任务，提高工作效率和产品质量。

3. 时代发展需要大国工匠。迈向新征程，需要大力弘扬工匠精神。在工作中，我们要学会"择一事终一生"的执着专注，"干一行专一行"的精益求精，"偏毫厘不敢安"的一丝不苟，"千万锤成一器"的追求卓越。用实干成就梦想，必将汇聚起推进高质量发展的坚实力量，在新征程上创造新的辉煌。

第 4 章　个性心理与管理

4.1　对应知识点：个性倾向性与管理

案例一　松下幸之助的用人之道

松下集团在推动所有企业活动的过程中，始终遵循创始人松下幸之助创建的经营理念，提倡"努力改善和提高社会生活，为世界文明的发展做贡献"，让每个人能够最大限度地发挥自身的技能，并思考出自身应有的理想状态。同时始终客观真实地看待眼前的状况，如果方向与社会现状不符，或是另有良策，则应毫不犹豫地选择更好的道路。松下的用人之道如下：

一是松下对人才的看法独特。第一，松下的人才观。他经营思想的精华——人才思想奠定了他事业成功的基础。松下先生说："事业的成败取决于人""没有人就没有企业""松下电器公司是制造人才的地方，兼而制造电气器具。"松下的心愿是这样的：事业是人为的，而人才则可遇而不可求，培养人才就是当务之急。"别家公司输给松下电器公司，是输在人才运用。"人才的标准：不念初衷而虚心好学的人，不墨守成规而常有新观念的人，爱护公司和公司成为一体的人，不自私而能为团体着想的人，有自主经营能力的人，随时随地都有热忱的人，能得体支持上司的人，能忠于职守的人，有气概担当公司重任的人。第二，松下的选才观。首先，他认为人才可遇不可求，人才的鉴别，不能单凭外表，对人才效应不能急功近利，领导者不能操之过急。其次，吸收人们来求职的手段，不是靠高薪，而是靠企业所树立的经营形象。再次，争取人才最好不要去挖墙脚。最后，人员的雇用，以适合公司的程度为好，程度过高不见得合用。只要人品好、肯苦干，技术和经验是可以学到的，即所谓劳动成果 = 能力×热忱（干劲）。第三，松下的人才培训观。松下的职工教育是从加入公司开始抓起的。首先，凡新招收的职工，都要进行 8 个月的实习培训，才能分配到工作岗位上。二是注重人格的培养。松下认为，造成社会混乱的原因，可能在于忽略了身为社会人所应有的人格锻炼。缺乏应有的人格锻炼，就会在商业道义上，产生不良的影响。三是注重员工的精神教育。四是要培养员工的专业知识和正确的价值判断。最后，训练员工的细心。并且要培养员工的竞争意识。松下认为，无论政治或商业，都因比较而产生督促自己的力量，一定要有竞争意识，才能彻底地发挥潜力。还要重视知识与人才相结合。同时，松下认为恶劣环境促使人才的成功。而且人才要配合恰当。一加一等于二，这是人人都知道的算术，可是用在人与人的组合调配上，如果编组恰当，一加一可能会等于三、等于四，甚至等于五，万一调配不当，一加一可能会等于零，更可能是个负数。所以，经营用人不仅是考虑他的才智和能力，更要注意人事上的编组和调配。第四，松下认为任用就得信任。松下说：用他，就要信任他，不信任他，就不要用他，这样才能让下属全力以赴。主张任用强过自己的人，认为员工某方面的能力强过自己，领导者才能有成功的希望。创造能让员工发挥所长的环境。不能忽视员工的升迁。松下认为要在精神和物质两方面激励职工。精神层面提倡"全员经营"。"如果职工无拘无束地向科长提出各种建议，那就等于科长完成了自己工作的一半，或者是一大半，反之，如果造成唯命是从的局面，那只有使公司走向衰败的道路。"职工提出的合理化建议，按成效分成 9 等，贡献大的给予重奖。在物质方面：推行周休二日制，采用按照工作能力确定报酬的新工资制度，不断提高职工的工资收入。规定"35 岁能够有自己的房子"；设立由松下幸之助赠给职工的私人财产 2 亿日元为基金的"松下董事长颂德福会"，实行"遗族育英制度"等。

改编自：https://wenku.baidu.com/view/03fd3dd449649b6648d74778.html.

一、思考题

1. 从管理心理学的动机角度入手，谈谈松下幸之助管理实践中运用了哪些管理手段？

2. 松下幸之助用人之道的管理心理学启示有哪些？

二、参考答案

1. 松下在管理实践中，运用多种手段培养职工的正确动机，引导职工在生产中发挥积极作用。第一，适当使用奖赏与惩罚；第二，合理开展学习竞赛活动；第三，对工作成败进行正确归因。

2. 松下有效激发了员工的成就动机。成就动机水平高的个体往往将成功的原因归为个人的能力水平高而将失败归为个人缺乏努力，这种归因属于积极模式；松下引导职工把成功归因于自身内部因素，使其体验到成功感和有能力感，进一步增强其今后进一步完成任务的自信心；如若职工把失败归因于稳定且不可控制的因素（如能力），会严重挫伤职工的工作积极性和自信力。松下的管理模式能够成功是因为他指导职工正确评价自己的能力，同时认识到努力对于取得成就的巨大作用。

三、思政切入点

◎ 关键词：成就动机、积极奋进、时代使命

1. 新时代年轻人具有高成就动机且积极奋进才能跟上时代步伐。企业通过不断培养员工提高能力来获得更高的收益，而在社会打拼的我们也要通过不断的学习来创造更高的

社会价值，只有自己有过硬的本领才能立于不败之地，才能拥有选择的权利。

2. 国不富则民不强，国泰则民安。过去，是人拉着国家走，现在是国家推着个人前行。党的十九大的顺利召开，标志者着我国正式进入了新时代。新时代的到来是来之不易的。新时代有新的使命，新时代呼唤新的担当。我们年轻人生逢其时，更应心怀感恩，顺应时代潮流，不辱使命。

案例二　中国德昌公司的"90后"员工关系管理

德昌公司是一家从事驱动子系统研发、生产、装配和销售的劳动密集型上市公司。公司目前员工超过 39000 人，其中包括 1500 人左右的工程研发技术型人才，为超过 2500 家客户提供电机及解决方案整个配套服务，公司的销售额逐年上升，由 1970 年的 170 万美元上升至 2017 年的 23.8 亿美元。德昌公司主要生产基地在深圳，生产制造部门员工超过 20000 人。德昌 90 后基层员工都是来自全国不同的地方，但他们的文化程度参差不齐，对社会和企业的礼节、认知度情况以及操作流程都不了解，造成性格上迥异。90 后员工已经超过公司直接员工的 60%。对于该特殊群体的员工关系管理，德昌公司和管理机制日渐完善，但仍然处在初级阶段。公司针对 90 后员工的管理方法如下：

首先，优秀员工评比以季度为单位，采用积分制，每获一奖项，得 5 分。从安全提案、品质提案、生产力改善个案、出勤、6S 以及上司对员工的评价等多个维度评选。获得优秀员工称号的员工名单将放入人力资源部建立的优秀员工资源库，并获得 300 元的现金奖励和生产部总经理亲笔签名的荣誉证书。对在一个财政年度内连续获得三次或以上的优秀员工的人员给予特别嘉奖，奖金 1000 元。

此外，公司还外聘了一位专门从事心理咨询的老师作为公司员工，深入生产车间，利用工余时间给员工培训压力释放、有效沟通等课程，解决了不少员工心里的困惑。这位老师长时间跟员工接触后，发现有一批性格开朗、乐于助人、无私奉献的员工。多次组织员工活动和他们一起，员工便会有说不完的乐、道不完的趣。他们可谓是员工身边的知心朋友。他们被称为身边最快乐的天使，"快乐天使"也因此而得名。为加强青年一代员工的团队合作，强身健体，丰富员工的业余文化生活，公司每年都会在工余时间举行各种体育赛事。一年一度的篮球赛，以部门为代表报名参加比赛，每年比赛队伍都达 40 支左右。一年一度的乒乓球赛和羽毛球赛，分单人赛、团体赛，每年参加人数各达 300 人以上，而且参加人数每年都在增加。为此，公司成立了篮球俱乐部、乒乓球俱乐部和羽毛球俱乐部，员工关系组负责统一管理，给俱乐部成员提供场地和器材，成员自发组织练习。当有企业联赛和政府组织的相关赛事时，他们则代表德昌公司参加，对外角逐，为企业增添色彩，让员工深切意识到他们就是德昌人。德昌公司还特别制定了员工晋升发展道路的规定和相应配套的培训体系，让员工掌握更多的技术知识和工作技能，与此同时也不断提高生产效率。

改编自：付聪娥 . 德昌电机公司 90 后员工关系管理研究 . 兰州大学，2018.

一、思考题

1. 德昌公司对 90 后员工的管理有哪些可取之处？

2. "快乐天使"项目为何会在企业中获得一致好评？

二、参考答案

1. 德昌公司针对 90 后员工的管理做出了一定的创新，意识到员工的需要，形成一种寻求满足的力量，驱使人朝着一定的目标去活动。其可取之处在于：第一，尊重员工自身的兴趣与需求，开展优秀员工评比以激励其努力工作；第二，关注员工心理健康；第三，积极开展培训工作，满足 90 后员工深入学习的需要。

2. "快乐天使"项目关注到了员工的心理需求，意识到了员工需求的发展性。员工心理需要随着外界环境的变化，已经从获得成就转化成了亟待缓解压力。该项目缓解了生产车间内较为压抑的工作氛围，使得员工能够舒缓工作压力、得以释放自我的内在负担与压力，为建构和谐的员工关系增添了活泼气息。

三、思政切入点

◎ 关键词：新时代员工管理、社会责任感、价值观

1. 每个企业都应高度重视员工关系及其管理。无论是高层管理还是基层管理都可以通过合法的规章制度、有效的沟通、完善的管理体系、有力的激励机制和招聘合适的人选，来建立企业良好的员工关系。如果我们坚持以人为本的管理理念对待企业的人力资源，用公平公正的态度对待员工、重视员工，那么建立良好的员工关系的目标一定能够实现。

2. 企业可以通过多种形式让员工真切体验社会责任感。通过贡献爱心或从事义工活动，为需要的国家或地区的人民尽一份绵薄之力，让员工意识到自己的社会责任感，为未来建设祖国、建设家乡、保家卫国、孝敬父母等奠定扎实基础。

案例三　西南航空公司凯莱赫的管理对策

2022 年 11 月 18 日，Insider Monkey 评出了全球最富有航司的前五名。西南航空位居最富有航空公司榜首，该航司收入水平可能不是最高，但西南航空是世界前 15 强中唯一一家没有任何净债务的航空公司。首席执行官凯莱赫采用独特的方式管理公司。为避免与大航空公司竞争，他制定的战略是低票价和在有限的几个西南部城市之间飞行（如凤凰城、洛杉矶和达拉斯）。

西南航空公司有独特的"斗士精神"。为保持西南航空公司的低价位，以降低成本、革新组织和领导员工的方式来完成这样的任务。在西南航空公司，每个员工（飞行员、机组服务员、行李托运员等）都有本职工作，但空闲时，必须帮助他人，合作工作。如有必要，飞行员可以帮助检票，乘务员可帮助托运行李。结果，这样的工作方式可使西南航空公司用 10~15 分钟的时间完成一架飞机的全部作业（其他航空公司需 1 小时）。因而，该公司一天可比其他航空公司多飞一些航班，增加了公司的收入。凯莱赫的领导方式

使其他 CEO 既羡慕又嫉妒。此外，凯莱赫在对待员工和顾客方面很富有人情味。

凯莱赫真心实意地让员工享受快乐，成为热爱和关心工作的"真正"的雇员。例如，设在达拉斯的公司总部，每周都组织郊外野餐，员工与凯莱赫一起庆祝公司的成就，还经常举行聚会，纪念公司历史上的标志性事件，祝贺某员工晋升等。凯莱赫的幽默感和爱开玩笑是人尽皆知的，实际上，他坚持认为员工应有幽默感。在他的影响下，员工都会在飞行中穿着别出心裁的服装，给乘客讲笑话。对于凯莱赫的这种人性化管理方式，员工们也给予回报，他们参与加班飞行，超时超额工作，支持公司实现目标。他们的心情舒畅、精神愉快也反映在高出勤率、低缺勤率和低离职率上。

凯莱赫对员工的高绩效和他们对组织的贡献都给予奖励。2022 年 12 月，西南航空旗下的客服部员工以压倒性多数通过了一项为期 5 年的新集体谈判协议。该协议包括 8300 名客户代表和服务代理人，西南航空将在四年内为其加薪 25.1%。协议还包括其他福利，如更高的奖金和强制性加班保护。凯莱赫很关心公司的绩效，这表现为他严格监督和控制成本和生产率。例如，所有超过 1000 美元的开支都要经他亲自批准。他坚持不懈地探索提高效率和服务顾客的新方法。员工们认识到，当其他航空公司都在裁员时，他们公司不断增长的绩效保住了他们的工作，因而更加努力提高工作绩效，创造满足顾客需要的新方法。西南航空公司设计的所有行动方案都是人性化地改进员工的工作态度和行为，同时提高员工的工作绩效和更好地服务顾客。《财富》杂志的一篇文章指出，凯莱赫可能是美国最出色的 CEO，因为他的管理使西南航空公司一直盈利。

改编自：1. 卢盛忠. 主编. 严进，杨持光. 副主编. 管理心理学实用案例集粹. 杭州：浙江教育出版社，2003；2. 民航资源网：http://news.carnoc.com/list/596/596469.html.

一、思考题

1. 凯莱赫的管理方式有什么特点？
2. 从管理心理学视角分析，为什么凯莱赫是一名成功的管理者？

二、参考答案

1. 凯莱赫的管理方式从人性化角度出发，尊重员工的不同个性和各项需求。为了提高员工的工作效率，凯莱赫制定了以下管理策略：第一，确立快乐型价值观；第二，领导层率先垂范；第三，组织结构和制度支撑；第四，创建有利于快乐的企业文化。

2. 凯莱赫了解员工的动机与需求并尽可能最大限度地满足他们的合理化需要，从而调动他们的工作积极性。同时还十分尊重员工个性，构建快乐的公司文化氛围，激发员工们的工作热情和工作效率。使员工热爱工作、快乐工作、忠于工作，工作效率提升后公司效益也随之提升。

三、思政切入点

◎ **关键词：人文情怀、乐观进取**

1. 新时代企业在员工管理时，不管何时何地都要有人文情怀。以人为本，尊重人的个性化需求。人只有在得到尊重后其潜力和能力才会被充分开发出来。在以后的工作中，在与他人合作或是管理团队时，首先要了解清楚团队成员们的真正需求和动机，在清晰知道员工的需求和动机之后，才能在合理的情况下满足他们的需求和动机，以利于提高员工的工作效率，增加团队的工作效益。

2. 青年一代无论在学习、生活还是工作中，都要乐观进取。一个乐观进取的人总是会不屈不挠地面对困难，那么成功就在眼前。积极健康的人总是可以通过最乐观的精神管理自己的人生；在漫长的人生道路上，总要经历各种各样的磨难，因此不管未来风雨有多少，都要保持积极乐观的昂扬心态。

案例四　赛仕公司如何赢得员工的心？

赛仕公司员工的工作环境是这样的：铺着大理石地面的豪华宾馆式大楼，大楼的四周是山峦、绿树与湖泊；每周工作 35 小时，休病假没有限制，还可以休假照顾患病的家人；使用让 NBA 教练都瞠目结舌的运动健身中心，定期参加高尔夫球、非洲舞蹈和太极拳学习班，每周按摩几次；享用免费洗衣房，孩子送到最好的幼儿园而费用却很低。该公司在美国《财富》杂志评选的"全美国人最乐意为之工作的 100 家公司"中，1996 年、1997年连续两年位居第三，在高科技公司中排名第一，超过了排名第 27 位的微软公司与第 49位的英特尔公司。大多数人会想，公司哪有这么多闲钱给员工谋福利？结论也许会令人吃惊：这样做反而节省了一大笔钱。赛仕公司对员工的高度注重换取了员工对公司的忠诚，与赛仕公司规模相当的一家软件公司每年约有 1000 名员工流动，而赛仕公司只有 130 人左右。这样，在招聘、面试、培训新人方面节省了大量开支，也大大避免了人才流失造成的职位空缺给公司带来的损失。据估计：重新雇一名新员工的成本是这份工作薪金的 1～2.5 倍。工作复杂性越高，成本也越高。公司员工的平均年薪是 5 万美元，仅此一项，赛仕公司一年就节省了 6750 万美元，这意味着每人可以拿出额外的 13500 美元来提高福利水平。用公司员工福利主管的话来说就是"我怎么也没法花掉我们节省下来的钱。"

赢得员工的心就等于留住了客户。1998 年美国《财富》杂志评选的全球 100 家最大公司中有 98 家都在应用赛仕软件，而且它们大部分会长期稳定地使用它。如果有人认为赛仕公司的制度宽松，那就错了，它有着严密的管理体制，在产品、工作伦理、标准方面绝对没有任何松懈。听听员工福利主管说的话："如果你连续生了 6 个月的病，你将会收到卡片和鲜花，就会有人来帮你做饭。如果你每一周的星期一都连续生病，你将会被公司解雇。"

改编自：https：//wenku.baidu.com/view/92bb616e3c1ec5da50e270ec.html？_wkts_=1688970898888。

一、思考题

1. 什么是工作满意度？试阐述工作满意度与绩效的关系。
2. 如何有效提高员工工作满意度而使其能力得到充分发挥？

二、参考答案

1. 工作满意度是指个体对他所从事的工作的总体态度。如果一个人拥有较高水平的工作满意度，说明他对工作持积极的态度；而对工作不满意的人，则对工作持消极态度。当人们谈论员工的工作态度时，更多指的是工作满意度。对于工作水平较高的员工而言，满意度和绩效之间的相关较高。因此，对于在专业技术、监督和管理岗位上的人来说，工作满意度和生产率之间的相关关系更加强烈。满意度和流动率、缺勤率二者之间则是负相关的。总之，员工的工作满意度越高，则其绩效也越高。

2. 提高员工满意度可以从以下几方面着手：第一是报酬结构。从中国的社会及体制来说，公平合理的报酬制度是员工满意的关键因素。第二是工作内容。一般来说，员工喜欢具有挑战性的工作、自己感兴趣的工作，不喜欢被督促，因而公司内部门分工要合理。第三是人际关系。处理好公司内部人际关系也是提高员工满意度的关键。第四是改善工作环境。从中国现行的工作条件来看，总体还不及美国等发达国家，工作条件尽量要提供较好的工作条件如适当的温度、湿度通风、采光等各项因素；第五是要给员工提供工作晋升机会，从根本上提高工人积极性。

三、思政切入点

◎ 关键词：人文关怀、合作共赢

1. 新时代企业必须注重人文关怀。企业人文关怀是指企业在管理和运营过程中注重员工的心理和情感需求，尊重员工的价值和尊严，关注员工的生活和发展，以及提供各种支持和关怀的做法和理念。企业人文关怀的实施可以构建积极向上的企业文化，增强员工的归属感和忠诚度，促进员工的个人成长与发展，进而提高员工的工作效能和企业的良性竞争力。

2. 企业与员工需要相互体谅，合作共赢。作为利益共同体的组织和员工，其关系应该是同甘共苦的。"以企为家"不能靠喊口号来实现，员工不能成为资本的"垫脚石"。要求员工"共苦"，必须以与员工"同甘"为前提。要真正通过科学系统的机制设计，把企业与员工的利益捆绑在一起，让员工既能为了企业发展而奋斗，又能分享企业发展的红利，让员工在工作中感受到干事创业的成就感和获得感，自动激发积极性，自愿与企业同成长、共进退。另一方面，企业是社会治理共同体的重要组成力量，践行"以人为本"理念、构建和谐劳动关系，是企业必须履行的社会责任。企业无论是为了经济利益还是社会利益，都必须以最大的真诚来善待员工。

4.2 对应知识点：个性心理特征与管理

案例五 UPS 常规性培训与个性化培训相结合

2023 年，UPS（United Package Service）——美国联合包裹速递服务公司，发布首份《工作与机会报告》。UPS 首席执行官 Carol Tomé 在报告中指出，"无论我的员工是想要可以报销学费的兼职工作，激发创业激情的额外资金，还是想要一个长期职业，UPS 的工作都可以改善生活和家庭。公司尊重 UPS 员工的期望，为其提供成长机会。"

UPS 成立于 1907 年，是世界最大的快递承运商和包裹运送公司，同时也是专业的运输、物流、资本与电子商务服务的领导性的提供者。UPS 总部位于美国亚特兰大，其商标是世界上最知名、最值得景仰的商标之一。UPS 于 1988 年进入中国市场，为中国客户提供全方位的物流解决方案：国际快递承运、国际货运（空运、海运）、仓储服务和物流咨询等。UPS 上海国际转运中心于 2008 年 12 月 9 日启用，坐落于浦东国际机场（PVG），是 UPS 全球第三大转运中心。UPS 在深圳宝安机场的航空转运中心在 2010 年 5 月 18 日正式启用，这是 UPS 在中国继上海之后的第二个转运中心。

UPS 公司招聘的新人进入公司伊始，要进行一些常规性的培训，如走一步要迈多大、如何娴熟地左手系安全带、右手插钥匙开启车门、与客户交流时怎样增强语气中的亲切感等。这样的培训自有其妙处。例如，培训中要求外务员递货时钥匙要挂在左手的小指上，因为这样开关车门可以节省两秒钟的时间。一个人一件货物节省两秒钟时间，每天 37 万UPS 人能节省多少时间？这是一笔多么巨大的财富。面对特殊货物的时候，UPS 员工还会接受个性化培训。一个比较经典的故事是这样的：UPS 受托递送一批吉他，但客户要求，吉他送到收件方手中时，音色不能发生任何变化。长途飞行中货物的颠簸是难免的，为了圆满地完成客户所托，UPS 专门送一些递送人员去学习调音。这样，等到收件人收到吉他、拨弄琴弦时，他会惊喜地发现，吉他的音色美妙如初。这种常规性和个性化相结合的培训，使新员工很快成为 UPS 的合格员工。

改编自：1. https：//about. ups. com/cn/zh/newsroom/press-releases/people-led/ups-releases-first-jobs-and-opportunity-report. html；2. https：//wenku. so. com/d/836b44bd22c83ded20bdbd3b5ca1c832.

一、思考题

1. UPS 在进行员工培训时，注重培训其哪些方面能力？

2. 试分析企业怎样进行能力管理才能做到科学管理？

二、参考答案

1. UPS 公司同时注重对员工一般能力和特殊能力的培养。一般能力是指大多数活动所共同需要的能力，适用于多种活动的要求。UPS 企业在培养员工一步要迈多大、如何娴熟地左手系安全带、右手插钥匙开启车门、与客户交流时怎样增强语气中的亲切感等，都属于一般能力。同时 UPS 企业还注重培养员工的特殊能力，特殊能力也称专门能力，是指从事某项专门活动所必需的能力，只在特殊活动领域内发生作用。UPS 专门送一些递送人员去学习调音，这即为培养特殊能力。

2. UPS 企业在进行能力管理时，做到在岗位设置时明确各职位的能力要求，不同的工种要求员工运用不同的能力。在员工安置时尽量做到人尽其才，管理者在进行员工选拔和工作安置时，尽可能考虑每个人的特长，做到用人之长、避人之短，尽力使员工所具有的文化水平、技术水平、能力水平与实际工作所要求的智力、体力相匹配。在员工录用时兼重实际能力和潜在能力的考察。员工培训时兼顾一般能力与特殊能力的提升。

三、思政切入点

◎ 关键词：德才并举、全面发展、五育并举

1. 企业在做人才培养时，要做到德才并举。不仅要重视能力培养，更要注重德育，做到立德树人。立德树人，既是一个永恒的主题，也是一个时代的主题。说它是一个永恒的主题，因为树人是培养人才的根本，只有立德，才能成人；说它是一个时代主题，因为当代社会需要立德，"国无德不兴，人无德不立"。

2. 新时代人的发展目标是要做到全面发展。不仅要做到兼顾发展一般能力和特殊能力，兼顾发展体力和智力，同时兼顾在德智体美劳各方面的和谐发展。在进行人才培养时，坚持"五育"并举，培养全面发展的人。在培养个体能力时要兼顾一般能力和特殊能力，为每一个有学习意愿的社会成员提供接受多层次、多形式的教育，从而全面提高劳动者素质。使劳动者都具有高度的科学知识、广泛的专业知识和高尚的道德品质。

案例六 风格独特的管理者们

Edwin Artzt（阿兹）是宝洁公司的前任总裁，他在公司销售产品方面进行过革命性的变革。也许是他在公司内部进行的不断变革使公司总是动荡不定，因而他得到了一个绰号——破坏者。

不断进行变革反映了阿兹的个人风格和管理方式，他对所谓的标准绩效毫无兴趣，公司中有许多关于他苛刻、粗暴对待下级的故事。阿兹对分公司的一条玉兰油生产线设置有异议时，他就说他们"愚蠢""无知""只配去扫厕所"等。当他对一种洗发液的国外销量不满时，他就责备经理们没有创造力。一位与这一事件有关的经理说，阿兹一定要他们增加这种洗发液的产量，使宝洁的产品打入全球市场。阿兹对自己的要求也像对下属一样苛刻。他在宝洁公司工作了 40 年，参与了公司的各种决策。他工作认真，废寝忘食，注重质量，关注细节，参与产品从广告到包装颜色的各个方面的策划。他会在深更半夜打电话给下属讨论工作问题，每月都阅读下属向他提交的 120 余份报告。经理们对他的反应各不相同。那些被他敲打得筋疲力尽的人离开了宝洁，另谋职位。留下来的人说，阿兹推动他们把工作做得更出色。一些害怕他的严厉的人说，他只敦促下属集中精力干他所要求的事情，而不注意培养下属自己的创造性思想。

对阿兹在宝洁公司进行的变革也是众说纷纭。一方面，他消除了一些产品无利润的状况，提高了宝洁化妆品的国际销量。现在宝洁公司的产品一半以上的销量不在美国而在国外，使宝洁成为全球性的公司。另一方面，他推行的日常低价策略也使许多人感到惊讶和不可理解，但他的营销能力是公认的。

阿兹退休时，他的职务被分解为两个职位，宝洁公司的两位资深的管理者裴波与加哥分别担任公司的总裁和首席执行官。裴波和蔼可亲，跟下属能和睦相处，做决策之前经常征求下属意见，经常考虑他的决策对别人，如员工和股东有什么影响，有时还略显腼腆。加哥则更像阿兹，他缺乏耐心、态度粗暴，让别人感到害怕。许多人怀疑，这两个个性完

全不同的主管是否能融洽相处，使公司正常运作。但奇怪的是两人相处得很好。裴波负责公司的长远规划和成长，而加哥负责公司日常的实际运作。当加哥缺乏耐心时，裴波温和的个性可填补他的缺陷，使他更容易与人相处。

改编自：卢盛忠，主编. 严进，杨持光，副主编. 管理心理学实用案例集粹. 杭州：浙江教育出版社，2003.

一、思考题

1. 请分析裴波和加哥的气质特点。

2. 尽管裴波与加哥个性迥然不同，为什么他们还能够协同完成管理工作？

二、参考答案

1. 根据个体在感受性、反应敏捷性、可塑性、情绪兴奋性、内/外倾向性等特性方面的不同，可把气质分成多血质、胆汁质、黏液质、抑郁质四种类型。裴波性格比较随和，考虑别人的想法和感受，有时还有些腼腆，偏黏液质特征；加哥性格缺乏耐心，性格暴躁，偏胆汁质气质特征。

2. 气质本身并无好坏之分。在评定气质时，不能认为某种气质类型是好的，另一种气质类型是坏的。每一种气质都有其积极和消极的方面。两个气质互补，根据不同的气质特征负责的工作内容侧重点也不同，互补的气质可以弥补彼此间的缺陷，其协同活动效果更好，反而能够一起成长，共同为公司盈利。

三、思政切入点

◎ **关键词：反思自我、气质与性格、扬长避短、合作共赢**

1. 人无完人，我们要懂得反思自我，向新而行。不仅是在过往成绩基础上的自我反思与完美追求，更是理念上的智慧开拓与实践。要了解自身的优缺点，知道自身的优点和长处，也要明白自身的不足和缺点，在工作生活中要懂得扬长避短。

2. 合作共赢是指交易双方或共事双方或多方在共担一项任务的过程中互惠互利、相得益彰，能够实现双方或多方的共同收益。合作才能发展，合作才能共赢，合作才能提高。在这个竞争十分激烈的时代和互联网时代，仅靠单个人的力量是不够强大的。合作共赢才是时代的选择，很多事情的成功核心在于合作，合作才能凸显共赢，携手共进。

案例七 垓下之战

项王军壁垓下，兵少食尽，汉军及诸侯兵围之数重。夜闻汉军四面皆楚歌，项王乃大惊曰："汉皆已得楚乎？是何楚人之多也！"项王则夜起，饮帐中。有美人名虞，常幸从；骏马名骓，常骑之。于是项王乃悲歌慷慨，自为诗曰："力拔山兮气盖世，时不利兮骓不逝。骓不逝兮可奈何，虞兮虞兮奈若何！"歌数阕，美人和之。项王泣数行下，左右皆泣，莫能仰视。

于是项王乃上马骑，麾下壮士骑从者八百余人，直夜溃围南出，驰走。平明，汉军乃觉之，令骑将灌婴以五千骑追之。项王渡淮，骑能属者百余人耳。项王至阴陵，迷失道，问一田父，田父绐曰"左"。左，乃陷大泽中。以故汉追及之。项王乃复引兵而东，至东城，乃有二十八骑。汉骑追者数千人。项王自度不得脱。谓其骑曰："吾起兵至今八岁矣，身七十余战，所当者破，所击者服，未尝败北，遂霸有天下。然今卒困于此，此天之亡我，非战之罪也。今日固决死，愿为诸君快战，必三胜之，为诸君溃围，斩将，刈旗，令诸君知天亡我，非战之罪也。"乃分其骑以为四队，四向。汉军围之数重。项王谓其骑曰："吾为公取彼一将。"令四面骑驰下，期山东为三处。于是项王大呼驰下，汉军皆披靡，遂斩汉一将。是时，赤泉侯为骑将，追项王，项王瞋目而叱之，赤泉侯人马俱惊，辟易数里。与其骑会为三处。汉军不知项王所在，乃分军为三，复围之。项王乃驰，复斩汉一都尉，杀数十百人，复聚其骑，亡其两骑耳。乃谓其骑曰："何如？"骑皆伏曰："如大王言。"

于是项王乃欲东渡乌江。乌江亭长舣船待，谓项王曰："江东虽小，地方千里，众数十万人，亦足王也。愿大王急渡。今独臣有船，汉军至，无以渡。"项王笑曰："天之亡我，我何渡为！且籍与江东子弟八千人渡江而西，今无一人还，纵江东父兄怜而王我，我何面目见之？纵彼不言，籍独不愧于心乎？"乃谓亭长曰："吾知公长者。吾骑此马五岁，所当无敌，尝一日行千里，不忍杀之，以赐公。"乃令骑皆下马步行，持短兵接战。独籍所杀汉军数百人。项王身亦被十余创。顾见汉骑司马吕马童，曰："若非吾故人乎？"马童面之，指王翳曰："此项王也。"项王乃曰："吾闻汉购我头千金，邑万户，吾为若德。"乃自刎而死。

改编自：张新科，尚永亮. 先秦两汉文观止. 西安：陕西人民教育出版社，2019.

一、思考题

1. 请从管理心理学的角度分析刘邦和项羽的性格特点。
2. 请分析该案例对现代管理方式带来哪些启示？

二、参考答案

1. 基于管理心理学的视角分析：第一，项羽过于"耿直"，而刘邦则过于"圆滑"。第二，项羽的性格有点"双重分裂"，走极端，刘邦则是"多面派角色"，性情不定。第三，项羽比较感性，刘邦则较为理智。

2. 俗话说："尺有所短，寸有所长。"作为一个领导，不论是至尊帝王，还是只拥有几个员工的小管理者，都既要有自知之明，更要能知人善任。知人善任，方可人尽其才。管理团队时，根据员工不同性格特征，匹配其合适的工作岗位，才能够"对症下药"，这样工作效率方能事半功倍。

三、思政切入点

◎ 关键词：正念、性格、谦虚谨慎、砥砺奋进

1. 多数人为两种或三种气质的混合，虽说气质对我们个人会产生巨大影响，但并不起决定作用。无论自身属于什么特质，都要扬长避短，发挥特长，改善自己气质中的不足之处。内观己心，外察世界，正心正举，要拥有并养成多元思维和思辨思维看问题的习惯。科学地提升思想，认知生命本质和事物规律，乐观地面对问题，形成科学认知体系，才能更好地指导实践活动。

2. 我们要懂得认清自身的优缺点，谦虚谨慎，切勿刚愎自用。自负自大只会害了自己，对自己的未来发展没有丝毫帮助。常言道，"虚心使人进步，骄傲使人落后"。时常保持一颗谦虚谨慎的心，虚心请教他人，只有虚怀若谷才能不断成长进步。

3. 当今社会全球经济一体化进程日益加速，市场竞争愈益加剧，中国的企业都要砥砺前行。在竞争中得到发展是每一个中国企业，特别是中小型民营企业领导者都无法回避的问题。这就要求管理者要勇于挑战，不惧艰难，奋勇争先。

案例八　《西游记》里的团队管理

《西游记》描述的唐僧师徒四人历尽艰险、降妖除魔前往西天取经的故事。《西游记》中的唐僧团队，虽然是虚拟的，但是师徒历经艰险、求取真经的故事，不仅家喻户晓，而且是中国文化的集中代表。这个团队最大的好处就是互补性，领导有权威、有目标、有坚定的毅力；员工有能力，但是自我约束力差，目标不够明确，有时还会开小差。但是总的来看，这个团队是个非常成功的因队，虽然历经九九八十一难，但最后修成了正果。

唐僧——"秋风落叶"。有一次，唐僧的白马被鹰愁涧里的孽龙吃掉了，于是唐僧便抱怨哭了起来，道："既是他吃了，我如何前进？可怜啊！这万水千山，怎生走得？"说着话，泪如雨落，唐僧之忧愁，有着"秋风落叶"般的无奈。在取经途中遇到种种女妖的美色诱惑，他不为所动：唐僧被女妖蝎子精抓到妖洞，唐僧不为所动，不忘初心，取经信念坚如磐石，唐僧恪守戒律清规，面对美色不为所动，有着很强的自制力。

孙悟空——"夏天里的一把火"。孙悟空被玉皇大帝封了一个"齐天大圣"的虚职，整日无所事事，便与天庭上的九曜星官、二十八星宿、四大天王、普天星相、河汉群神以兄弟相称，天庭之中，不论高低，俱称朋友，由此可见，孙悟空的开朗、热情、坦率。同时，孙悟空被封为弼马温，起初兴高采烈，一心养马，后得知弼马温在天庭只不过是一个不入流的芝麻小官，便在天庭大闹一番，回花果山去了。后来孙悟空成了唐僧的大徒弟，保护唐僧西天取经，取经途中，每次斩妖除魔都是他首当其冲，可以看出，孙悟空对于自己的工作有着极大的热情，富有激情与活力，同时孙悟空不惧艰险，敢拼敢闯。但是，悟空有时也是缺乏耐心的，正是因为他缺乏耐心，脾气火爆，不服师父管教，才使得他头戴紧箍。

猪八戒——"开心果"。猪八戒虽然好吃懒做兼好色，但事实上，他在团队中最有人情味。猪八戒是饿了就要吃饭，累了就要休息，看到美女就会流口水，不装不忍不闷在心里。他豪爽直率、幽默大气、心胸坦荡、毫无心计，常常充当给团队释放压力的角色。孙悟空因经常戏耍猪八戒，多次遭到师父的呵斥，但猪八戒从不会真生气。正是因为有了猪八戒，这个团队才有了笑声、有了活力和热情。显然，猪八戒就是团队的"开心果"和

"调和剂"。

　　沙僧——"后勤部长"。沙僧不引人注目，他勤勉、老实、敬业，让人信赖。取经路上，他挑担、喂马，从不停歇，哪里需要他，他就奔向哪默默地工作，是团队中坚实的一块"砖"。他挑的担子里装有他们的全部家当，既消耗体能，也考验毅力，但他从不叫苦叫累，从不偷奸耍滑，工作态度极其认真。作为团队优秀的"后勤部长"，沙僧是功不可没的。

　　改编自：王金华.《西游记》团队的人力资源管理. 经营与管理，2012（09）：49-51. DOI：10. 16517/j. cnki. cn12-1034/f. 2012. 09. 045.

一、思考题

　　1. 试根据案例分析《西游记》团队四人的气质类型分别是什么？

　　2.《西游记》团队中师徒四人气质迥异，若要使得团队取得成功，该如何对四位成员进行管理与激励？

二、参考答案

　　1. 孙悟空是胆汁质气质。案例中可以看出孙悟空热情、坦率，行动利落敏捷，但不懂得隐忍，脾气暴躁，好争论。猪八戒则是多血质气质，乐观、好动，喜欢与人交往，有种"自来熟"的本事，像春风一样，富有朝气。沙僧是典型的黏液质气质，他不易受外界刺激的影响，刻板、不灵活，但具有稳定性。唐僧是抑郁质气质，他细腻，多愁善感，给人以温柔怯弱的感觉。抑郁质气质的人情绪体验深刻、细腻而又持久。

　　2. 针对师徒四人截然不同的气质，所采取的激励与管理方式如下：

　　第一，对唐僧——赋予使命并授权。对一个德行高洁的人，要调动其积极性，使命激励是一种有效的方式。第二，对孙悟空——恩威并施。孙悟空追求高成就感，实现自我价值欲望强烈，但是他有好动和易冲动的缺点。对他的激励和管理，唐僧采用了恩威并施的方式。第三，对猪八戒——管制和言论自由。第四，对沙僧——信任和自我管理。

三、思政切入点

　　◎ **关键词：人尽其才、人才管理**

　　1. 企业管理者要通过有效的管理和激励，使团队中的每位成员都能够一展所长，做到人尽其才。这些成员的长处最后就构成了整个团队的价值和内生能力。十全十美的人才是不存在的，在生活中要接纳自身的缺点，正视自身的个性，发现自身的长处，做到扬长避短。只要能够为人才提供能够充分发挥其才能的舞台，就能实现组织和人才的"双赢"。

　　2. 得到人才并不意味着就能做到人尽其才，企业更需要做好对人才的管理。如果人才不能得到有效的使用和管理，"虽有名马，只辱于奴隶人之手，骈死于槽枥之间，不以千里称也。"现代人力资源管理不仅要懂得做"伯乐"，善于识别人才，更要懂得如何管理和经营人才，否则"大材小用"反而会造成人力资源的巨大浪费。

案例九 北京华联印刷有限公司的个性化管理

北京华联印刷有限公司（以下简称"华联印刷"）成立于 2002 年，地处北京经济技术开发区，由中华商务联合印刷（香港）有限公司、中华商务联合印刷（广东）有限公司、中国印刷总公司分别以 30%、30%、40% 的投资比例共同兴建，投资总额 2.35 亿元人民币，是我国加入 WTO 以后政府批准成立的最大的、现代化程度最高的合资印刷企业。

北京华联印刷有限公司成立时，借鉴了中华商务联合印刷（香港）有限公司的管理模式和方法，完成了最初的组织建设和制度建设。中华商务（香港）有限公司具有悠久的历史，经过不断的发展、完善形成了比较科学的管理体系。华联印刷正是在其基础上，结合北方的经营环境以及人力资源状况，经过不断的调整、改善，形成了现在的管理体系。可以说，华联印刷自成立之初就有比较健全的基础管理体系。以张林桂为核心的经营团队凭借丰富的企业管理经验以及对市场的敏锐和超前的洞察能力，不断进行管理、技术、市场营销以及品牌创新，实现了公司的高速发展，树立了精品印刷的品牌形象，得到了北京市场的普遍认可，形成了书刊印刷的综合优势。

企业的发展方向是由高层管理者来主导的，其个性、价值取向、精神特质等会通过一系列的管理策略和方法表达出来，进而影响整个组织的价值取向。华联印刷的董事总经理张林桂先生是一位精于管理的职业经理人，已相继出版《立即行动——林桂管理文集》《5%成败论——一位经理人对成功的感悟》两本管理学著作，并发表管理方面论文数十篇，在业内引起了巨大反响。张林桂总经理十分重视管理创新，积极倡导人力资源、生产工艺、管理流程、客户服务、企业文化等各个方面的创新，重视所有员工的创造力，并努力在公司内营造一种有利于创新的人文环境。

华联印刷不提倡用一种制度、一种方法来管理所有的员工，而是根据每一个员工的不同个性、经历、问题，采用对症下药的办法管理，以增强员工的归属感，在公司发挥最大的工作和劳动效率。而且，华联印刷坚持任人唯贤的原则，不论学历高低、不分男女老少，近年来公司部门经理尤其从年轻营业人员中培养并提拔到经理岗位甚至是助理总经理岗位就是一个很好的佐证。

华联印刷高度重视诚信问题，并将"廉洁忠诚"写进公司企业文化的十六字口号中。从每个员工入职第一天起，就在培训课程中讲述诚信，教育员工以诚信为荣，不诚信为耻，提高员工的道德修养，加强公司的道德建设。

改编自：胡蕾. 论书刊印刷企业的个性化管理. 曲阜师范大学，2009.

一、思考题

1. 华联印刷实施个性化管理的策略和方法有哪些？
2. 高层管理者的个性特征如何影响组织的进程与价值取向？

二、参考答案

1. 华联印刷实施个性化管理的策略和方法有以下四点：第一，把握产品与企业特性；第二，建立健全企业的基础管理体系；第三，建构有利于个性化管理的人文环境；第四，系统性个性化管理。

2. 高层管理者位于企业层级组织的最高层，对整个组织负责，负责确定组织目标，制定实现既定目标的战略，并对外部环境及影响整个组织的问题进行决策。在高层管理者的所有职责中，最重要的就是构建组织的共同愿景，塑造形成公司文化及培育有助于公司更快发展的企业家文化。

三、思政切入点

◎ 关键词：人尽其用、敢于创新、道德建设

1. 管理者应有识人之能、用人之才，善于发现别人的长处即个性化的优势而予以重用，人尽其用。人的能力是有方向和层级的，企业在安排使用员工时应充分考虑到这一点，尽量做到人尽其用，不能大材小用，也不能小材大用。为员工提供能充分发挥其能力、激发其潜能的工作环境和晋升机制，激励其愿意努力工作、承担更多社会责任。

2. 企业管理要敢于创新。创新内容包括企业制度建设、组织职能管理、人力资源管理、战略管理、技术创新管理等。管理人员应重视所有员工的创造力，并努力在公司内营造一种有利于创新的人文环境。

3. 企业对于员工的管理应加强道德建设。企业道德建设与企业文化建设相互交融、相互渗透、共同发展，企业文化建设是企业道德建设的最直接路径。企业应加强企业文化建设，尤其应着重于培养员工的正确价值观、正确的经营观、正确的职业道德观和文明行为。

案例十 每一个小群体都不该被放弃

"你们是不是已经尽到最大的努力了？""你们确认尽最大努力了？""希望你们再努力一下"……12 月 3 日以来，一段关于国家医保目录药品谈判现场的视频引发热议，国家医保局谈判代表、福建省省医保局药械采购监管处处长张劲妮再现"灵魂砍价"。

罕见病患者的用药一直是国家医保药品目录调整过程中重点关注的品种，从 2019 年国家医保药品目录常态化调整以来，每年都会有罕见病用药品种通过谈判的方式进入医保目录，累计已经达到 45 种。治疗罕见病脊髓性肌萎缩症的药物诺西那生钠注射液，就在今年的谈判品种中，在这场谈判中，双方用了一个半小时，与企业谈判代表进行了 8 次商量。全过程回顾下来可谓异常艰难。

张劲妮提到，"我们希望企业在第一轮报价，就要拿出最大的诚意""每一个小群体都不应该被放弃""我们的目标是一致的，而且我们也不希望套路"。中途她还说过，"谈判组对底价的可以调整的空间是 0，我们就是按照这个底价，你们踩进来我们相遇，踩不

进来我们就是'平行线'。真的很艰难,其实刚才我觉得我眼泪都要掉下来了。"

谈判现场,药企代表数次外出打电话请示。最后,用于治疗脊髓性肌萎缩症的诺西那生钠注射液 5 毫升 12 微克每支的报价从 53680 元经过两轮 9 次报价最终降到了 33000 元左右,按这个数字计算,前后降幅接近 40%。

"刚才我觉得我眼泪都快掉下来了",国家医保局谈判代表的这句话让人动容。为国"出征",为民尽责,不辱使命,值得感佩。越是"锱铢必较"越显责任,越是动之以情越让人共情,比如"每一个小群体都不该被放弃"这句话,就让人看到了谈判代表的人文关怀。

"灵魂砍价",意义深远,这是对"人民至上、生命至上"的生动诠释。特别在疫苗费用占了医保基金较大支出的背景下,每砍掉一分钱,就能节省相当可观的医保基金,从而让更多人受益。

国家医保局谈判代表,不负重托,兢兢业业,令人心生敬意。应该说,他们敢于跟药企博弈,既出于深重的责任感,也出于强大的底气,因为中国市场庞大,需求量大,这是无可取代的优势,正如谈判代表张劲妮所称,"如果这个药能进入医保目录,以中国的人口基数、中国政府为患者服务的决心,很难再找到这样的市场了。"

改编自:https://baijiahao.baidu.com/s? id=1718715725691312091&wfr=spider&for=pc.

一、思考题

1. 试分析张劲妮的性格特征。

2. 上述案例彰显了怎样的大民生观?

二、参考答案

1. 张劲妮用温柔又坚定的声音进行谈判,这样既自信又不压制对方。她的谈判方式既营造了礼貌尊重、自然轻松、友好合作的氛围,也能起到接触摸底的作用。张劲妮有难过,但也胸有成竹,这是做足了成本核算的功夫,是精心准备的结果。她凭借自身高超的谈判技巧为广大人民群众争取到了最大利益,她是人民的好公仆。

2. 大民生就是关注公共利益、关注国民生计,把民生福祉牢牢记在心上。习近平总书记关于民生工作的重要论述,构建了"五位一体"的大民生观,分别是体现在经济、政治、文化、社会和生态五个领域。上述案例彰显了社会领域的大民生观,即群众利益无小事。要不断提高社会治理水平,通过系统性、全覆盖的民生工程,将全体人民的利益实现作为我们一切工作的出发点,作为实现社会发展和社会和谐,实现新时代中国特色社会主义治理的具体而有效的目标。

三、思政切入点

◎ **关键词:未雨绸缪、责任心、家国情怀**

1. 不打无准备的仗。不论是生活、学习还是工作都要提前制定计划,未雨绸缪,这样才能保证遇事时能够胸有成竹、临危不乱，有条不紊地处理生命里遇到的每一件事情。

2. 我们应有责任心，有家国情怀。没有国就没有家，我们要明白自己努力读书的目的是什么，作为祖国的栋梁，要主动承担起建设国家的重任，怀揣着报效祖国和社会的雄心坚定地走下去。

第5章 心理过程与管理

5.1 对应知识点：知觉过程与管理

案例一 "钢铁大王"卡耐基

卡耐基（Carnegie）作为美国第一代钢铁大王，起家时两手空空，但到他去世时已拥有 20 亿美元的资产。人们对这位半路出家的钢铁大王的成功感到迷惑不解。其实，卡耐基身上除了具有可贵的创造精神之外，还有一个非常关键的因素，那就是他善于把握人心、善于识人和用人。卡耐基本人对钢铁制造和生产的工艺流程知之甚少，但他能够对手下的 300 多名精兵强将大胆起用、委以重任，从而极大地激发他们的工作积极性、主动性和创造性，最后的结果是，卡耐基登上美国钢铁大王的宝座。卡耐基自己这样总结道："我不懂得钢铁，但我懂得制造钢铁的人的特性与思想，我知道怎样去为一项工作选择适当的人才。"这就是他一生事业发达兴旺的"万能钥匙"。

卡耐基认为，在以人为核心的管理科学中，激励理论受到格外的青睐不是没有道理的。人的需要结构和动机体系都是在一定的社会环境中建立起来的，环境对人们心态的影响常常表现为一种刺激，如果这种刺激是一种良性刺激，不论是来自内部或外部，都会对需要结构的调节和需要层次的提高产生良好作用，这便是激励。不满足于现状，是人的心理常态。当别人向你指出，或是通过自己的学习思考发现，"我"有可能改变现状，有可能干得更好，有可能获得更大的成果时，激励便有了立足之地。需要无止境，激励在各个层次上发挥作用的机会便也层出不穷。西方科学家在试验中发现：人的能力在一般情况下，只发挥了很少一部分，而在受到激励的条件下有可能几乎全部发挥出来。这说明大多数人自身还没有意识到自己的能量简直就是一个处于潜伏期的活火山！和卡耐基一样，美国通用电气公司前 CEO 杰克·韦尔奇（Jack Welch）也把物色人才、追踪人才、培养人才放在他工作的重要位置。他说："一旦我们把人都调动起来了，我们的事业就做完了。"在当今管理"以人为本"的时代，如何像卡耐基、韦尔奇一样，把握人的心理特征、尊重人的创造人格，将是未来管理的重中之重和必然趋势。

改编自：罗海燕. 管理心理学. 北京：中国工商出版社，2013.

一、思考题

1. 请简述知觉的概念和特征，并结合案例分析知觉在管理中的作用。
2. 请简要说明激励的作用。

二、参考答案

1. 所谓知觉（consciousness），是客观事物直接作用于人的感官时，人脑产生的对事物整体的反应。一般来说，感觉到的事物的属性越丰富，知觉就越完整。因此，感觉是知觉的基础，知觉是感觉的深入。

通过知觉人们可以认识到事物的名称、性能、作用、因果关系等意义。可见，知觉不是对事物外部形象的简单反映，而是包含了思维和理解的成分。管理中要善用知觉的统合性和完整性。

2. 激励就是组织通过设计适当的外部奖酬形式和工作环境，以一定的行为规范和惩罚性措施，借助信息沟通，来激发、引导、保持和规范组织成员的行为，以有效地实现组织及其个人目标的过程。作用：第一，为企业吸引优秀人才；第二，开发员工的潜在能力，促进在职员工充分发挥其才能和智慧；第三，留住优秀人才；最后，造就良性的竞争环境。

三、思政切入点

◎ **关键词：以人为本、幸福感、获得感**

1. "以人为本"是一种价值观和原则，强调企业要将人类的需求、权益和福祉放在首要位置。它是一种倡导关注人类个体和集体的观念，同时强调人类的尊严、平等和尊重。企业只有尊重员工、关怀员工、增强员工的工作动力，才能更好地促进企业进步。

2. 将员工置于企业运营的核心位置，关注并满足他们的需求和福祉，可以提升员工的幸福感和获得感。在社会和企业中，人的重要性不能被低估。人是任何组织的核心和驱动力，他们的思想、能力和创造力对于社会和企业的繁荣和发展至关重要。关注员工的幸福感与获得感有助于建立积极的员工关系和良好的工作环境，增强员工的忠诚度和归属感。员工会感受到他们在组织中的价值，从而更愿意长期留在企业、为企业做出更大贡献。

案例二　"神仙企业"胖东来

在河南，有一家非常出名的本地商超——胖东来。据说当年许昌每周只有一天不堵车，那天就是胖东来的员工休息日。甚至有不少人不远千里跑到河南，只为逛逛胖东来

"取取经"。

如果你来许昌，就一定要逛胖东来，而且大概率进去就不想空着手出来。冬天进商场会有工作人员帮忙扫雪，顾客不满意就退货，每层楼都设置饮水点，就连下雨也不用担心商场外露天停放的自行车座会被淋湿，因为胖东来的员工会第一时间用塑料袋帮你套住座椅。对于顾客而言，面对成熟的市场环境，其实选择哪家进行消费，其价格差异并不会很大，此时体验感就显得尤为重要，而胖东来恰好有极致的服务。超市提供改裤边、停车等服务，还会在货架边挂上放大镜方便老年顾客……当种种细节展现在顾客面前时，只要主营业务并不拉胯，胖东来做大做强就是一种必然，因为到店顾客不仅通过消费交换了商品价值还获得了情绪价值，而后一种价值不仅能够影响顾客忠诚度，还能降低他们的价格敏感度。

河南许昌居民 2020 年月均可支配收入不到 2500 元。胖东来获得了一年 50 亿的业绩，这得益于胖东来的营销策略。针对不同客群，胖东来有着精准定位，且做到了服务兼顾。例如水产销售，胖东来的水产在晚间 7：30 后进行打折处理且商品品质无问题。很多中老年顾客就会挑这个时间段去捡便宜，而这也并不会影响有消费能力的顾客在早间购买新鲜商品。胖东来这种打折策略，其实在我们生活中非常常见，很显然，许多商家都深谙此道。

在商品集采方面，胖东来也有可取之处。胖东来采取的是"自采模式"，即超市内大部分货物都是自采，将议价和定价的能力掌握在自己手里，从而争取"卖货钱"。从 2001 年开始，胖东来就开始布局自采模式，它联合河南本地其他三家零售企业在采购上形成"四方联采"，使得采购商品价格降低了三至五成。除此之外，胖东来也积极开发自有产品，这些自有产品以高性价比为卖点，但利润也很可观。比如胖东来曾经推出的白酒。这种白酒由于是和本地酒厂合作，又是自有品牌，一开始定价 39 元一斤，后来在实际销售中将价格压至 28 元一斤，由于限量销售、物美价廉甚至一度断销。在别人都在想方设法挣更多钱时，胖东来选择了"仗义疏财"。胖东来的利润分配是"三三三"制，即每年的利润，3 成捐献，3 成垫付下一年的成本，3 成回馈员工。胖东来不仅拿出"真金白银"让利给员工，在管理权上也实实在在地进行了"下放"。近十年来胖东来的经营策略是"弱总部强门店"，

于东来也强调，管理层要信任下属，学会放权。在胖东来，员工的晋升通道是不设限的。所有入职满一年的正式员工都有资格提出晋升申请，在申请批准后，会有员工投票，这个环节是由全体员工主导的，管理层禁止参与。于东来的想法很简单也很纯粹，自己没啥文化，不会管理公司，但是既然开店了，就管好一个店，既然做企业了，就把员工当家人。为此，他不仅给员工高工资待遇，还会经常组织生日聚餐、全体旅游、集体婚礼等活动，让员工真正能在"胖东来"收获幸福。2021 年，当"996 是福报"刷屏网络时，胖东来的一条休假制度让众网友惊叹：带薪年假 40 天，强制执行！各行各业内卷不已，于东来反而鼓励员工"休养生息"。很多人笑他傻，没挣到什么钱而且 20 多年还没"走出"河南。不过于东来却不这么认为。他的企业不算大，但能给员工以尊重，给顾客以温暖。

不仅如此，胖东来的企业文化手册上，从行为准则到婚姻家庭，都给出了指导。很显然，胖东来是有一套以于东来主导的企业文化的。相比于企业家，于东来似乎更像个倡导

者。他建的不是企业，而是自己的"乌托邦"。也正因如此，胖东来很难被复制。于东来以最贴近普通人、最了解普通人的角度做事，最终成就了自己的梦想，打造了属于自己的"乌托邦"，还深深地影响着身边的每个人。

改编自：钟楚涵，蒋政. 胖东来的"生意经". 中国经营报，2023-04-10（D03）. DOI：10.38300/n.cnki.nzgjy.2023.000808.

一、思考题

1. 胖东来的成功归因于哪些要素？
2. 员工对胖东来企业会产生怎样的情感？试用管理心理学知识加以分析。

二、参考答案

1. 第一，胖东来的主导经营思路。据悉胖东来的前台毛利可以做到 25% 以上，远超绝大多数的民营零售企业（即便外企也很难），究其原因是注重店面的运营管理，反映了其经营策略"弱总部强门店"的优势。第二，胖东来的企业文化。胖东来的"人"文化浓厚，从于东来到保洁员始终如一地贯穿企业文化宗旨，加之严格的奖罚制度，日复一日形成习惯并落实到行动上，造就出内外一致的企业正能量文化，从而影响了所有人，对每一个胖东来人在工作、生活中都有深远的意义和影响。

2. 第一，胖东来愿意培养人，致力于提高员工获得美好生活的能力，员工在企业中受到更多重视，福利待遇也非常不错，让员工产生积极情绪，对企业的依赖和认同更多。第二，该企业也为员工提供学习和提升自我的机会，企业给予了人文关怀和情感支持，使得企业和员工的结合更加密切。胖东来有高端图书区，里面多为实用书籍和人文类图书，以帮助提高员工能力和个人修养。员工品位提高，有更广的知识、见识和阅历后，会更有底气、更有自信。员工成为和消费者对等的人，能更好地服务于消费者。关于这一点，创始人于东来也有说法，胖东来最大的价值，就是用理性的方法改变员工的"奴性"。

三、思政切入点

◎ **关键词：知行合一、心怀大爱、诚信**

1. 企业管理需做到知行合一。企业是道场，自己是传道者：深刻地理解和践行胖东来的愿景、信仰、使命、价值观，懂得企业存在的价值和意义，与企业目标一致。

2. 企业心怀大爱对企业和社会都有深远意义。它不仅体现了企业的社会责任，也是一种可持续发展的战略和道德选择。通过积极参与社会事务和回馈社会，企业能够获得更广泛的支持和认可，为社会创造积极的影响，并有助于自身的长远发展。

3. 诚信是企业成功和可持续发展的基石。它能够建立起信任、声誉和良好关系，并赢得客户和员工的忠诚，履行商业道德和社会责任。诚信对企业的长期成功和社会的繁荣稳定具有重要意义。

案例三　谷爱凌摘金：人生不设限

2022年北京冬奥会上，谷爱凌凭借出色的表现、优秀的成绩赢得了很多人的关注和喜爱，也让人们看到了一种不设限的人生。在她成长过程中与冰雪竞赛有关的经历，给她带来了许多关于性别平等的思考。她是滑雪队里唯一的女孩，如今被称为"天才少女""学霸""青蛙公主"的世界冠军谷爱凌，也曾是滑雪队里的"异类"。

2003年9月3日，谷爱凌出生在美国旧金山。她的爸爸是美国人，妈妈是中国人。2012年，9岁的谷爱凌首次参加全美青少年自由式滑雪锦标赛。那场比赛中，同年龄组的参赛者里只有她一个女孩。在美国南北联盟滑雪队中，她也是队里唯一的女生，还时常被冷落。她说，那时甚至没人想和她一起坐升降椅。后来，凭借自己的不懈努力，她从低水平组逐步升至主力队。但她真正被认可和接纳，还是花费了差不多3年的时间。在后来的自由式滑雪比赛中，她注意到，男子组冠军的奖金平均是12000美元，而女子组冠军的奖金仅有600美元。这些现象让她很早就意识到，在竞技体育的世界里，存在着巨大的性别不平等。这也让她想要为更多女性发声。她12岁那年，在学校组织的一次演讲中，她的演讲主题是：运动中的女性。她如此描述这种不平等："在当今世界，男性比女性更有机会去参与运动相关的职业。许多人认为，这仅仅是因为男性的肌肉天生比女生的肌肉更大、更强，所以随着时间的推移，性别刻板印象逐渐发展成对女性运动员的负面定义，女性经常因为性别，而被剥夺合适的运动机会。"

在2022年的北京冬奥会，我们也看到了"最性别平等"的一届冬奥会。为确保运动员们更平等地参与，本届北京冬奥会修改了运动员配额，女性运动员占全体运动员的45.4%，创下历届冬奥会女性运动员人数和比例的历史新高。在比赛项目方面，本届冬奥会迎来有史以来最多的女子项目，新增了两个女子项目和四个混合团体项目，其中新增的女子项目为女子单人雪车和自由式滑雪女子大跳台，后者正是本次谷爱凌夺冠的项目。比赛中，谷爱凌最后一跳完成了自己之前未挑战过的1620抓板动作，夺得冠军。她的成功激励了很多女性，让人们看到女性一样可以不断突破自我、挑战极限。

她曾说："体育提供了将观点截然不同的人民和国家团结起来的最大希望，因为体育可以对种族、性别、宗教和国籍视而不见，只是为了挑战人类的极限。"谷爱凌多次在采访中提到一个愿望：希望自己能带动更多的中国女孩参与滑雪这项运动！她希望以自己的力量鼓励更多女性参与到自由式滑雪中。这几年，她也用自己在滑雪运动中的精彩表现，让更多人感受到冰雪运动的魅力，让人们看到女性在体育中的无限可能。她曾在一部纪录片中说："我并不像个男孩，因为体育运动本来也属于女孩。"是的，每一项体育运动都可以是女性的运动。一位网友对今天谷爱凌摘金后留言道："我觉得谷爱凌的出现说明一件事，只要女性力量不被贬低和质疑，女性将会多么的令人惊奇。"一起关注女性运动员，看到她们的能量。一起打破性别刻板印象，推动体育中的性别平等。

改编自：全国妇联女性之声 https：//ms.mbd.baidu.com/r/11RRiYgfnvq? f=cp&u=e7a0b4dfe7aa99ec.

一、思考题

1. 简述刻板印象的含义。
2. 运用管理心理学知识并结合案例讨论：如何克服刻板印象？

二、参考答案

1. 刻板印象是指对特定群体或个体的普遍化、固定化的看法、评价或信念。它是人们对某个群体的成员持有的一种固定、片面、歧视性的认知和判断。刻板印象往往基于社会和文化中存在的偏见、刻板观念和常见的社会标签，而不是个体的实际特点和多样性。它是一种简化和一般化的认知方式，它使人们倾向于对特定群体的人做出预设和推断，而忽视他们的个体差异。通常建立在片面和不准确的假设之上，因而这种认知模式经常导致歧视、偏见和不公平对待。

刻板印象可以涉及多个方面，包括性别、种族、民族、年龄、职业、外貌等。它们可能导致对特定群体的负面评价，甚至限制其发展机会，以及对他们产生偏见和假设。刻板印象对个体和社会都具有负面影响，阻碍了平等和包容的发展。

2. 谷爱凌的故事是一个很好的例子，展示了如何克服刻板印象。首先，要有自信并坚定地相信自己的能力和价值。谷爱凌通过自己的努力和成就，成为一个榜样，向他人展示了女性在运动中的潜力。她改变了人们对女性运动员的刻板印象，让他们意识到性别不应成为限制和判断的因素。教育和宣传是消除刻板印象的重要途径。谷爱凌利用自己的知名度和影响力，积极参与公众活动和媒体报道，向大众传递积极的信息和观念，从而改变对女性的认知。需要勇于打破界限和挑战偏见。谷爱凌不怕困难和挑战，证明自己的实力和价值。克服刻板印象需要个人的努力和外部环境的支持。重要的是坚信自己的价值和能力，并采取积极的行动来改变他人对自己的看法。

三、思政切入点

◎ **关键词：打破偏见、平等观念、超越自我**

1. 打破偏见和培养平等观念可以消除歧视和不公正对待，推动社会的公正和包容。偏见和歧视会导致人与人之间的冲突和矛盾。培养平等观念和超越自我可以建立积极和谐的人际关系，增强互信和合作，创造一个友善和平等的社交环境。

2. 超越自我意味着不被自身的局限所束缚，追求个人的成长和发展。当我们能够超越对自己的刻板印象和限制性思维时，我们就可以开拓新领域、挑战自我，并实现个人梦想和目标。培养平等观念和超越自我可以打破旧有的思维模式和固有局限，鼓励创新和进步。研究表明，当人们不再受制于刻板印象和偏见时，他们才更能充分发挥其创造力和才能，为社会带来新思想、解决方案和跨越式进步。

案例四 蜜雪冰城"土"出圈

"你爱我，我爱你，蜜雪冰城甜蜜蜜"，一首有一点点土味的主题曲，让蜜雪冰城迅速走红，也让蜜雪冰城成为一个有热搜性质的品牌。蜜雪冰城在前几年还是个名不见经传的奶茶店，然而，现在不仅在国内十分火爆，甚至已经制定了国际化的战略，走向全球，在其他国家也可以看到蜜雪冰城和可爱的雪王。

在新品牌层出不穷、老品牌激烈厮杀的茶饮行业，蜜雪冰城是如何掌握流量密码，运用前瞻性的运营操作，火爆全网的呢？首先它的声音宣传十分到位，在奶茶市场趋于饱和的状态，蜜雪冰城这次提升品牌声量，选择了声音传播形式，以美国乡村民谣《哦，苏珊娜》曲调为背景，节奏轻快，搭配一句话的土味歌词，朗朗上口，循环洗脑，一经官方推出就火遍全网。一直以来，各品牌就喜欢利用"声音记忆"做宣传，无论是"今年过节不收礼，收礼只收脑白金"，还是前段时间喜茶椰椰产品的"好椰好椰好椰"，都是在用声音做宣传，潜移默化地加深在顾客心中的印象，增加知名度，达到触达用户心底的效果。其次蜜雪冰城会打造自己的独特形象，更有趣味地宣传自己。曾经蜜雪冰城借河南高温、暴晒这一网友都在吐槽的、已有一定关注度的天气现象之"势"，打造雪王被"晒黑"的事件，制造出"雪王黑化"的话题而后自问自答，给出雪王因准备新品、采摘桑葚被"晒黑"的答案。比起普通的新品宣传而言，更能引发高温下网友的共鸣，亦以轻松愉悦的方式增加了宣传力度。蜜雪冰城品牌还通过打造 IP"雪王"，以实现品牌人格化，并让雪王以"劲歌热舞""组团炸街"的形式出现在公众视野，以打造雪王活泼、"贱萌"甚至是鬼畜的"人设"特点。这样的雪王符合当前年轻受众不愿拘泥于传统、追求个性的特点，圈粉无数。

蜜雪冰城深知互联网时代只有掌握了各大媒体平台的宣传方式，才能得到大量用户的关注。蜜雪主题曲在某音收获了 60 亿+的播放量。亲近音乐创作、以趣味内容为主的天然属性，让与蜜雪冰城相关话题一直保持着热度。"蜜雪冰城社死现场"等热门话题激发了全民的创作热情。网友自发改编了主题曲版本，其中包括俄语版、鬼畜版、Rap 版，甚至还有京剧版……

蜜雪冰城每出一季新品，都会在各大媒体平台发布种草推文，或是运用节日宣传手段，发布优惠活动，这样顾客可以第一时间得知它的最新消息。通过发布软文、视频来维护品牌形象，让用户对品牌产生好感。软文以新闻性的方式或侧面的方式进行宣传，更能抓住目标消费者的眼球，同时在不知不觉中激发起消费者的心理共鸣，产生坚定的购买欲望。软文更能够揭示企业灵魂，创造消费理念，让产品一炮打响。

改编自：中国青年网 https：//mi. mbd. baidu. com/r/11RJ5vn5aMg？f＝cp&u＝0fc8fffb9761a968.

一、思考题

1. 结合管理心理学知识分析蜜雪冰城的出圈运用了哪些策略？
2. 在品牌效应中，知觉起到了什么作用？

二、参考答案

1. 蜜雪冰城的出圈可以归功于以下几种策略：第一，创新产品和体验。蜜雪冰城通过推出独特和创新的产品和体验，吸引了消费者的注意力，满足了年轻消费者对个性化和创新的追求。第二，社交媒体营销。蜜雪冰城善于利用社交媒体平台进行营销推广，还与网红合作，借助其影响力扩大品牌的知名度。第三，品牌故事和情感共鸣：强调品牌的年轻、时尚、活力和创新的形象，与年轻一代消费者的价值观和生活方式相契合，有助于消费者建立品牌忠诚度。

2. 知觉在品牌效应中扮演着重要角色。它影响着消费者对品牌的认知、形象、购买决策、品牌价值和忠诚度，对品牌的市场地位和成功发展起着至关重要的作用。消费者通过对品牌的感知和认知形成对品牌的印象和观点。通过感知和认知，形成对品牌的知觉，从而对品牌产生偏好或忠诚度。品牌效应还涉及消费者的情感和信任。消费者的情感与品牌的联想和情感连接相关。品牌可以引发消费者的情感共鸣，产生积极的情感体验。消费者对品牌的情感态度和体验也会影响他们对品牌的购买决策和忠诚度。

三、思政切入点

◎ **关键词：创新精神、品牌文化、诚信经营**

1. 蜜雪冰城企业鼓励创新精神，积极推动产品、服务和管理方面的创新。鼓励员工提出新想法、尝试新方法，并支持创新项目的实施，注重品牌文化的塑造和传承。强调品牌的价值观和文化传统，通过内部培训、活动和沟通，让员工深入理解和共同传播企业的品牌文化。

2. 创新和品牌文化都是企业成功的重要因素。创新可以帮助企业获得竞争优势、拓展市场份额并提高效率，而品牌可以建立信任、提高产品附加值、建立竞争壁垒并提供市场定位。企业需要在创新和品牌建设方面注重投入和策略，从而在激烈的市场竞争中取得优势。

3. 诚信经营是企业可持续发展的基础，对于企业的声誉和品牌形象至关重要。企业诚信经营是指企业在商业活动中秉持诚信原则，遵守法律法规和商业道德，与各方建立良好的信任关系，以诚实、公正和透明的方式开展业务。

5.2　对应知识点：情绪情感过程与管理

案例五　脸书：探索社交媒体的辉煌与挑战

脸书（Facebook）是全球最大的社交媒体平台之一，以其创新和开放的文化而闻名。有一天，脸书的 CEO 马克·扎克伯格（Mark Zuckerberg）在公司的全员大会上宣布了一个重要的倡议：建立一个多元化和包容性的工作环境。他强调，脸书相信每个人都应该有平等的机会，无论他们的背景、种族、性别或文化。马克分享了他的亲身经历，他回顾了自己在创办脸书初期面临的困难和挑战。他意识到，多样化的团队能够为公司带来更广泛的视角和创新的力量。他相信，只有在一个包容性的环境中，员工才能真正发挥他们的潜力，并为脸书的成功做出贡献。

为了实现这一倡议，脸书采取了一系列具体措施。首先成立了一个多元化招聘团队，吸引更多具有不同背景和经验的人才加入公司。他们致力于消除不同背景下的就业障碍，确保招聘和晋升过程的公正性。除了招聘，脸书还注重培训和教育。他们开展了一系列的培训课程，旨在提高员工对不同文化和背景的理解和尊重。这些培训帮助员工认识到自身的偏见，并提供工具和策略来促进包容性和平等的工作环境。脸书还设立了内部资源组织，如"Black@ Facebook"和"Women@ Facebook"等，为特定群体的员工提供支持和机会。这些资源组织鼓励员工互相交流、分享经验，并提供发展和成长的平台。在脸书的团队中，包容性成为一种文化。每个人都被鼓励分享自己的观点和经验，无论其背景如何。开放的沟通和建设性的反馈被视为推动团队协作和创新的关键要素。

脸书的多元化和包容性倡议在全公司范围内得到了广泛的认可和支持。脸书意识到，多元化和包容性不仅仅是一项管理倡议，更是一种价值观和文化的体现。他们积极推动这一理念贯穿于整个组织的方方面面。脸书加大了对多样化人才的招聘力度，与各大学和社区组织建立了紧密的合作关系，积极参与招聘活动和职业展会。此外，脸书还倡导内部员工推荐制度，鼓励员工推荐具有多样背景和经验的候选人。

脸书还致力于打造一个支持多元化和包容性的工作环境。他们重视员工的声音和反馈，设立了反馈渠道和匿名反馈机制，以便员工能够自由表达意见和关切。脸书的管理团队经常与员工进行开放式的讨论和沟通，共同探讨如何更好地实现多元化和包容性的目标。除了内部倡议，脸书还积极参与社会责任活动。他们与各种社区组织合作，支持教育项目、公益活动和社会创新项目。脸书认识到，作为一个全球性企业，他们有责任为社会做出积极的贡献，并推动社会的多元化和包容性发展。脸书的多元化和包容性倡议在整个公司范围内产生了积极的影响。员工之间的合作和创新能力得到了增强，员工满意度和幸福感也有所提升。同时，脸书在外界也树立了积极的形象，成为行业中的榜样和引领者。

改编自：新华网 http://www.xinhuanet.com/world/hwzxycch/zhuanti/20183/iframe_1384_m.html.

一、思考题

1. 在脸书的多元化和包容性倡议中，员工是否将其成功归因于领导层的决策和管理措施，而忽视了员工的贡献和努力？是否存在归因偏差？

2. 脸书如何帮助员工管理情绪并处理可能的情绪冲突？是否提供了情绪管理培训或资源，以帮助员工应对工作中的压力和挑战？

二、参考答案

1. 归因偏差是指在解释和归因他人行为或事件原因时，个体倾向于给予某些因素过多的重要性，而忽视了其他可能的因素。归因偏差可能导致人们对他人行为的解释和评价出现错误或不完全的认知。

在脸书的多元化和包容性倡议中，员工可能倾向于将公司的成功归因于领导层的决策和管理措施，而忽视了员工个人的贡献和努力。这种归因偏差可能会对员工的士气和动力产生负面影响。当员工感到自己的贡献被忽视或被低估时，他们可能会感到沮丧和不被重视。这会降低员工的工作满意度和投入程度，甚至可能导致员工流失和团队的凝聚力下降。

2. 脸书在帮助员工管理情绪和处理情绪冲突方面采取了一系列措施，以支持员工应对工作中的压力和挑战。以下是一些脸书可能提供的情绪管理支持和资源：

第一，情绪管理培训。帮助员工了解情绪的本质、如何识别和理解自己的情绪，以及如何应对和管理不同情绪状态。这些培训可能包括情绪调节技巧、应对压力的方法和建立情绪韧性的训练。

第二，心理健康资源和支持。例如提供员工心理咨询服务、指导员工寻找专业心理健康支持的途径，以及分享心理健康知识和资源的平台。

第三，有效的冲突解决机制，以帮助员工处理潜在的情绪冲突。这可能包括提供沟通和协调技巧的培训、设立中立的冲突解决渠道和机构，以及鼓励员工主动寻求解决方案和提供反馈的文化。

第四，职业发展支持，包括帮助员工设定目标、规划职业道路、提供培训和学习机会，以增强员工的能力和自信心，减少职业压力和焦虑。

三、思政切入点

◎ **关键词：多元化、包容性、创新**

1. 脸书倡导多元化和包容性，致力于创造一个包容各种群体和观点的平台。在管理中如何确保不同群体的声音被听到，如何处理和解决潜在的冲突和偏见，以及如何推动平等和公正的机会，都涉及思政中的多元化、公平正义等价值观。

2. 脸书作为社交媒体平台更具包容性与创新性。如何鼓励用户积极参与社会事务，推动社会进步和正面变革，涉及个体责任、社会参与等思政议题。脸书作为科技公司，不断推动技术创新，引领社会的变革和发展。如何在技术发展与社会变革之间找到平衡点，确保技术进步与人类福祉相结合，涉及科技伦理、人机关系等思政领域的讨论。

案例六　创造快乐的麦当劳

从小镇到全球的快餐帝国，麦当劳充满了冒险、创新和成功。它始于一个普通的小餐馆，由两兄弟理查德和莫里斯·麦克唐纳创办。他们的梦想是提供快捷、美味和经济实惠的餐饮服务。

随着时间的推移，麦克唐纳兄弟改进了他们的经营模式，引入了标准化的运营模式。他们精心设计了每个餐厅的布局和流程，确保每个餐厅提供相同的产品和服务，无论在哪个地方都能品尝到相同的美味。为了保持产品的品质和新鲜度，麦当劳注重供应链管理。他们与可靠的供应商建立了长期合作关系，确保每个餐厅都能获得优质的食材。他们引入了先进的物流系统，使得食材能够迅速送达，确保了食品的新鲜和安全。

麦当劳明白，员工是他们成功的关键。因此，他们投入大量资源进行员工培训和规范化操作流程。麦当劳大学成为员工培训中心，每位员工都接受系统化的培训，熟悉操作流程、产品质量标准和客户服务准则。这使得每个餐厅都能提供高效、友好和一致的服务。然而，麦当劳并不满足于仅仅提供快餐。他们深知市场营销的重要性，因此推出了创新的策略。通过定制化产品，麦当劳满足了不同地区和消费者的口味需求。他们创造了可爱的吉祥物麦当劳叔叔，吸引了无数孩子和家庭前来用餐。同时，他们也积极参与各种社区活动，为顾客带来更多的快乐和惊喜。

麦当劳不仅是一家快餐公司，更是一种文化现象。麦当劳的成功得益于其在全球范围内建立的庞大网络。他们在世界各地开设了数以千计的餐厅，成为人们熟悉的品牌。通过对当地市场的深入了解和适应，麦当劳不断调整和改进其产品和服务，以满足不同文化和消费者的需求。另一个让麦当劳与众不同的因素是其持续的创新。麦当劳不仅推出了经典的汉堡和薯条，还根据市场需求不断推出新产品和菜单选择。他们尝试了各种新口味、健康食品和素食选项，以迎合日益关注健康和多样化饮食的消费者。此外，麦当劳还引入了自助点餐机、移动点餐和外卖服务等创新技术，提供更加便捷和个性化的用餐体验。

麦当劳深知自己的社会责任，他们致力于可持续发展和社会贡献。他们推出了多项倡议，如使用可再生能源、减少包装浪费、支持可持续农业等。麦当劳也提供多样性和包容性的工作环境，为员工创造发展和成长的机会。通过持续的努力和创新，麦当劳发展成为一家全球快餐巨头。他们不仅提供美味的汉堡和薯条，更创造了一个快乐的社交场所。麦当劳的成功离不开标准化运营、供应链管理、员工培训、市场营销和可持续发展等方面的卓越管理实践。

改编自：MBA 经典案例：麦当劳. 中国 MBA 网. http://www.mba.org.cn/anliku/7097.html.

一、思考题

1. 如何进行有效管理以缓解员工的压力，提高其工作满意度？
2. 麦当劳的管理团队如何与员工进行有效的沟通并及时回应员工的需求和关切？

二、参考答案

1. 第一，为员工提供必要的培训和发展机会，以提高他们的技能和知识水平。这可以帮助员工更好地应对工作压力，增加自信心和能力，并提升工作满意度。

第二，建立有效的支持和反馈机制，使员工可以向上级领导或同事寻求帮助和建议。鼓励员工分享工作上的困惑和压力，及时给予积极的反馈和支持。

第三，及时表达对员工工作的赞赏和认可，给予他们积极的反馈和奖励。这可以提高员工的工作动力和满意度，增强他们的归属感和忠诚度。

第四，与员工保持开放和透明的沟通，定期举行团队会议、员工反馈会议或开展问卷调查，了解员工的需求和意见。鼓励员工参与决策过程，让他们感到自己的声音被听到和重视。

通过以上措施，麦当劳可以有效管理员工的压力，提高他们的工作满意度。这有助于增强员工的工作动力和忠诚度，提高团队的整体绩效和服务质量。

2. 第一，定期组织员工意见调查或开展员工满意度调研，以了解员工的想法、意见和需求。可通过在线调查、面对面访谈或匿名反馈机制等方式进行。通过积极倾听和关心员工的意见，能够更好地了解员工的需求和关切。

第二，建立开放式的沟通渠道，让员工可以随时向他们提出问题、意见和建议，包括开设员工反馈信箱、建立员工在线论坛或使用即时通讯工具进行沟通等。通过提供多样化的沟通渠道，管理团队能够更容易及时接收员工的反馈和建议。

第三，及时回应员工的需求和关切，并采取行动解决问题，包括回复员工的反馈、提供解决方案、改进工作流程或提供必要的支持和资源等。通过快速回应和实际行动，表达对员工的重视和关心，增强员工的参与感和工作满意度。

通过以上做法，麦当劳的管理团队可以与员工建立起有效的沟通和反馈机制，倾听员工的意见和建议，并及时回应员工的需求和关切，提升员工参与感、满意度和工作积极性。

三、思政切入点

◎ 关键词：领导力、团队合作、幸福感

1. 麦当劳的管理团队在案例中展示了有效的领导力与团队合作。通过指导、激励和支持员工，推动组织发展和目标实现。领导力在思政中是重要的议题，涉及领导者的道德品质、领导风格和影响力。企业应重视领导力的培养和发展，以提升组织的领导力水平和员工的工作满意度。企业应重视建设良好的企业文化，以促进员工的认同感、团队合作和个人成长。

2. 企业应关注员工的福利和幸福感，提供良好的工作环境、培训发展机会、合理的薪酬和福利待遇，以提高员工的工作满意度和幸福感。思政中关注个体的幸福和全面发展，企业应将员工的幸福纳入管理考量，注重员工的心理健康和个人成长。

案例七　京东：创变与无界

在中国电商行业的激烈竞争中，京东（JD.com）作为一家知名的电商平台，以其独特的企业管理和创新策略脱颖而出。京东的创始人刘强东在 2004 年创建了京东，最初只是一个小小的在线书店，凭借着创始人的才智和决心，最终将京东发展成为如今中国最大的综合电商平台之一。

创业的旅程并不容易，京东面临着激烈的竞争和种种困难。然而，刘强东没有放弃，他带领着团队不断创新和探索。京东不仅致力于提供优质的商品，还注重优化客户体验。他们建立了自己的物流网络，投资大量资源于仓储设施和配送中心，确保商品能够及时送达客户手中。京东在物流领域的创新可谓引人注目。他们实施了仓储自动化和机器人技术，大大提高了仓库操作的效率和准确性。此外，京东还引入了无人机和无人驾驶配送车等先进技术，以缩短配送时间和提升配送效率。这些创新举措不仅为京东带来了商业竞争优势，也为整个物流行业树立了标杆。

随着时间的推移，京东迅速发展壮大，成为中国电商行业的领军企业之一。刘强东和他的管理团队深知，要保持竞争力，他们需要不断创新。为此他们深入研究大数据和人工智能，通过分析海量的用户数据来了解客户的需求和购物习惯。通过个性化推荐和定制化服务，提供更符合客户需求的良好购物体验。京东也注重员工的发展和培训，为员工提供全面的培训计划，帮助员工提升技能和专业知识，支持员工的个人成长和职业发展。通过激励员工的创新思维和团队合作精神，不断推动企业的进步和发展。同时，京东鼓励员工发表意见和提出建议，建立了多个沟通渠道，包括内部社交平台和定期的员工反馈机制，为员工提供一个开放、平等的工作环境。除了商业发展，京东还注重社会责任的承担，积极推动可持续发展，致力于减少包装浪费和环境污染。发起了"京东绿色包装计划"活动，鼓励供应商和消费者共同参与环保行动。关注公益事业，积极参与慈善活动，回馈社会。

京东以其卓越的企业管理和创新精神，迅速成为中国电商行业的领军者之一。他们通过不断优化客户体验、推动技术创新和重视员工发展，赢得了广大客户的信赖和支持。京东的故事不仅是一部成功的企业发展史，也是中国商业领域的一个生动的优秀案例，激励着更多的企业家追求卓越和创新。

改编自："京"益敏捷 京东公司 案例分析研究 | DevOps 案例研究_搜狐网. https：//mbd. baidu. com/ma/s/Db0KJ8rB.

一、思考题

1. 领导者如何通过积极的情绪传递激励员工，营造良好的工作氛围？
2. 试分析在电商行业，客户的知觉和满意度对于企业发展的重要性。

二、参考答案

1. 领导者通过积极的情绪传递可以激励员工、营造良好的工作氛围。明确传达组织的目标和愿景，并与员工分享共同的愿景，将激发员工的积极情绪，使他们感到自己是实现组织目标的一部分；领导者应该与员工建立互信的关系，倾听员工的想法和意见，并及时回应他们的需求和关切。通过关心和支持员工，可与之建立积极的情感联系，进而有效提高员工工作满意度和团队效能；领导者应该确保员工在工作中得到必要的支持和资源，以便他们能够有效地完成任务。这包括提供培训机会、设立合理的工作目标和提供必要的工具和设备等。通过提供支持，能够增强员工的自信心和满意度；鼓励团队合作与协作，营造积极的团队氛围；帮助员工应对压力和挑战；提供培训和资源，帮助员工发展情绪管理和应对压力的技能。

2. 客户对于企业的知觉会直接影响其对品牌的认知。客户的知觉形成了他们对品牌的印象和评价，从而决定他们是否选择购买企业的产品或服务。管理者需要了解客户的知觉，以塑造积极的品牌形象，提高客户对企业的认可度和好感度。客户的满意度与忠诚度密切相关。如果客户对企业的产品或服务感到满意，他们更有可能再次购买或推荐给其他人。满意的客户更倾向于成为忠诚客户，为企业带来长期稳定的收益。因此，管理者需要关注客户的满意度，通过提供优质的产品和服务来提高其满意度，并建立长期的客户关系。

客户的知觉和满意度会对企业的口碑和社交影响产生重要作用。满意的客户往往会通过口碑传播企业的好处，带来更多的潜在客户。相反，不满意的客户可能会通过口碑传播负面的评价，对企业形象造成损害。管理者需要关注客户的知觉和满意度，以提供卓越的客户体验，积极影响口碑和社交影响。

三、思政切入点

◎ **关键词：团队合作、创新、公平正义**

1. 团队合作是企业内部各部门和员工之间紧密协作的过程。通过良好的团队合作，员工可以追求共同的目标，分享知识和资源，提高工作效率和质量。团队合作还可以促进信息流动和沟通，加强协调和协作，提高问题解决能力和创新能力。

2. 创新是企业持续发展和保持竞争优势的重要驱动力。鼓励员工在工作中提出新想法、新方法和新解决方案，促进创新思维和创新文化的培养。企业可以建立创新团队或创新实验室，提供创新资源和支持，鼓励员工的创造性思维和探索精神。

3. 公平正义是指在企业内部建立公正和公平的工作环境和制度。企业应确保员工享有平等的机会、公平的薪酬和晋升机制、公正的评估和奖励体系。公平正义还包括遵守法律法规和道德规范，防止腐败和不正当行为，维护员工的权益和尊严。

案例八　EAP 化解裁员风波

国内企业对 EAP 已有所了解，但面对这个新鲜事物，国内企业的管理层很容易三心二意。当公司面临转型的时候，必须考虑裁员问题。企业在处理这种事情时通常会出现这样几个行为：隐瞒、遮掩、躲闪……直到最后一刻才公布裁员名单。公司高层一直压着裁员名单不公布，结果小道消息盛行，令人人自危，本来裁员只涉及数百人，但现在数千人都感到了危机，每个人都想方设法打探"确切消息"无数人送礼、求情以图为自己争取机会。最后，公司的工作效率大大削弱，几近瘫痪。无奈之下，公司高层决定学习外资企业，请来了 EAP 专家组为员工做心理辅导。

一般说来，怀疑自己将被裁员后，一个人可能会出现以下四种不良情绪：愤怒——"为什是我？我做了那么多的贡献！"恐慌——"被裁了后，我还能找到什么工作？"内疚——"我上有老，下有小，我怎么跟家人说？"焦虑——"到底是怎么回事？到底我会不会被裁掉？"针对这些情况，专家组为这家公司提供了一套完整的 EAP 方案。专家组在给工人做辅导前，先给公司管理层做了辅导工作，目的是帮助他们理解员工的情绪。专家组向高层强调，"补偿不是问题，情感才是问题"。因为人性化管理，工人对厂子的认同感非常强，他们对自己能在这个厂子里工作一直引以为傲，而且一直努力为工厂做贡献。所以，工厂对他们来说不只是提供了工资、奖金等生计保障，满足了他们低层的安全需要，也满足了他们高层的归属需要和尊重需要。所以厂子要关了，对他们来说，像是亲爱的人要死亡；而被裁员，则像是被亲爱的人抛弃。工人的情绪反应，绝不只是从利益出发。在集团看来，关掉这个厂子像是对集团的否定。但在员工看来，这是对自己的否定，他们会因此失去价值感、尊严感等，而容易觉得自己一无是处。所以，管理层在做安抚工作时，必须学会"否定的转移"，必须向员工强调"不是你们干得不好，不是要否定你们，而是集团的战略调整，是集团对自己的一次否定。"这个重要的铺垫工作很快得到管理层的认可。专家组花了三天的时间，做了大量的集体培训，以化解员工的消极情绪。等做完这些准备工作后，公司迎来了最关键性的时刻：集团召开大会，宣布裁员的消息。大会的演讲稿，EAP 专家组事先审阅，并提出了许多修改意见，其终极目标是，这篇演讲稿一定要让工人们感受到，老总是站在他们的角度上，设身处地地为他们考虑。

这篇演讲稿的效果远远超乎了大家的预料，等"裁员演讲"结束后，被裁和即将被裁的员工们一起热烈鼓掌，许多人热泪盈眶。工人们纷纷表示，"老总为我们考虑得太多了"。原来，自我否定占了上风，员工会因为被裁而感到绝望。但现在，自我肯定占了上风，员工们发现，原来自己被裁后还有这么多的资源。

公司曾做了最坏的准备，额外多请了几十名保安，还准备好了车辆，如情况失控，起码要保证公司的高层能"逃出"工厂。但这一切都派不上用场了。

改编自：崔光成. 管理心理学［M］. 北京：人民卫生出版社，2013.

一、思考题

1. 根据案例回答什么是 EAP。

2. 根据 EAP 的相关知识，请分析该公司为什么能成功地平息裁员的风波？

3. 员工在公司中获得了哪些需要？员工焦虑情绪产生的原因有哪些？请从管理心理学角度进行阐释。

二、参考答案

1. 这个缩写自"Employee Assistant Program"的词，直接表明了服务的对象及目的——员工帮助计划。在诺基亚中国有限公司，它被更具体地称为"Live Life Assistant"（生活援助）。对于员工来说，EAP 的出发点其实是企业对其雇员的全方位的人本关怀。

2. 第一，在 EAP 专家眼里，裁员绝不仅是做出裁员决策和通知员工走人这么简单。专家对员工首先进行了心理疏导，尽量消除员工的消极情绪。第二，EAP 专家也分析了员工不良情绪产生的原因，从员工角度出发，让他们学会"否定的转移"，裁员不是员工能力的问题，只是企业做出的一次决策。

3. 第一，运用马斯洛的需要层次理论，员工在公司工作获得了生存需要、安全需要、社交需要、尊重需要和自我实现需要。所以，员工对公司是有感情的，是他们赖以生存和发展的重要所依。第二，员工焦虑的原因可能来源于他们将会失去实现这些需要的条件，他们将裁员的原因归结为自己能力不行，表现不好，从而产生自我怀疑，担心因为自己能力差，而不能更好地生存发展。

三、思政切入点

◎ 关键词：心理疏导、自我肯定、以人为本

1. 每个人的生活都可能面临一些困难，心理疏导以及自我肯定对人的身心健康至关重要。在遭遇挫折的时候，不要过度消耗自我，否定自我，减少内耗。事物的发展是曲折式前进和螺旋式上升的，困难总会被解决，事情一定会向好的方向发展。保持积极乐观的态度，只有自信才能让人豁然开朗。

2. 以人为本对一个企业来说至关重要。企业的发展会面临诸多问题，员工对公司也做出了许多贡献，管理层在做决策时应充分考虑到员工的情绪和他们未来的发展，以人为本，与员工互帮互助才是一个真正有高度又有温度的企业。

5.3　对应知识点：意志过程与管理

案例九　"杂交水稻之父"袁隆平

袁隆平是我国当代杰出的农业科学家，享誉世界的"杂交水稻之父"。他参加工作 50 多年来，不畏艰辛、执着追求、大胆创新、勇攀高峰，使我国杂交水稻研究及应用领先世界，推广应用后不仅解决了中国粮食自给难题，也为我国及世界粮食安全做出了杰出贡献。

学习袁隆平，就要学习他热爱祖国、一心为民的坚定信念。袁隆平对祖国和人民始终怀有深厚的感情，他常说，"科学研究是没有国界的，但科学家是有祖国的，不爱国，就丧失了做人的基本准则，就不能成为科学家。"自年轻时他就立志献身杂交水稻事业，并为之不懈拼搏、顽强奋斗，始终把为国家解决好"民以食为天"问题当作自己的重大责任和崇高使命，50 多年如一日，意志坚定、锲而不舍。

学习袁隆平，就要学习他求真务实、勇于创新的科研作风。"我不在家，就在试验田；不在试验田，就在去试验田的路上。"这充分体现了他潜心实干的本色和求真务实的作风。"水稻是自花授粉作物，没有杂交优势"，这曾经是世界经典著作中的"金科玉律"。袁隆平不迷信权威和书本，20 世纪 60 年代初，他从对"鹤立鸡群"稻株的观察中悟出天然杂交水稻的道理，从而勇敢承担起杂交水稻研究的课题，不畏艰难，反复试验，终于研究成功三系杂交水稻。袁隆平不满足已取得的成就，不断创新，带领我国杂交水稻科技工作者又研究成功两系法杂交水稻，使我国的杂交水稻研究一直保持世界领先水平。

学习袁隆平，就要学习他淡泊名利、乐于奉献的崇高品德。20 世纪 70 年代，他曾把自己研究小组发现的相关材料毫无保留地分送给全国 18 个研究单位，从而加快了协作攻关的步伐，使三系配套得以很快实现。20 世纪 80 年代，他带领"863"项目组开展攻关，提倡团结协作，很快获得了成果。他没有把政府拨给的数千万元作为自己的研究专款，而是组织起全国的协作单位共同研究、共同分享。他还将所获联合国教科文组织颁发的科学奖和世界粮食奖等奖金全部捐献出来，设立奖励基金，奖给为科研做出贡献的农业科技工作者们。袁隆平不仅倾心解决中国粮食问题，而且长期关注世界粮食安全。在他眼中，杂交水稻研究成果既属于中国，也属于全世界。他把"发展杂交水稻，造福世界人民"作为毕生的追求，并为之做出了极大努力。

改编自："杂交水稻之父"袁隆平．央视网．http://news.cctv.com/special/C18407/05/.

一、思考题

1. 意志结构主要包括哪些心理成分？

2. 袁隆平身上有哪些优秀的意志品质？

3. 我们可以从袁隆平身上学到什么精神？

二、参考答案

1. 意志结构主要包括的心理成分：一是期望。期望是主观上希望发生某一事件的心理状态，期望的结果就是意志行动所要达到的目标。袁隆平一直把解决粮食问题当成自己的目标。二是抱负水平。所谓抱负水平是指个人在做某件实际工作之前估计自己所能达到的成就目标。三是决断。决断过程中的意志力表现在目标追求时的执着，选择和做决定时的信心和勇气，以及执行和监督时的毅力等方面。

2. 意志品质主要指独立性、坚定性、果断性和自制力等。袁隆平先生主要具备以下意志品质：一是独立性，表现为一个人自己有能力做出重要的决定并执行这些决定，有责任并愿意对自己的行为所产生的结果负责。二是坚定性，表现为长时间地相信自己决定的合理性，并坚持不懈地克服困难，为执行决定而努力。袁隆平在杂交水稻事业中奉献了自己的一生，令人敬佩。三是果断性，袁隆平不迷信权威和书本，从对"鹤立鸡群"稻株的观察中悟出天然杂交水稻的道理，从而勇敢承担起杂交水稻研究的课题，不畏艰难，反复试验，终于研究成功三系杂交水稻。四是自制力，即善于统制自我的能力。袁隆平持之以恒多年从事杂交水稻的研究展现了极强的自制力。

3. 我们应向袁隆平学习，努力学习科学文化知识，培养创新精神。磨砺坚强意志，艰苦奋斗。做任何事情都要有耐心、自制力，坚持不懈，不怕困难。

三、思政切入点

◎ **关键词：信念坚定、淡泊名利、矢志不渝**

1. 企业应树立坚定的信念和核心价值观。这些价值观可以是企业的使命、愿景和核心原则，指导企业的决策和行为。坚定的信念可以帮助企业在面临挑战和困难时保持坚守，为员工和利益相关者提供明确的方向和信心。

2. 淡泊名利是指企业在追求商业成功的同时，不过度追求个人荣誉和物质利益。企业应该注重长远利益和可持续发展，而不是短期的利益追逐。淡泊名利的态度可以帮助企业保持理性和客观的思考，不受功利主义的影响，更好地服务社会和利益相关者。

3. 矢志不渝是指企业在实现目标和愿景的道路上始终保持坚定和执着。无论面临什么样的挑战和困难，企业都应坚定地追求自己的目标，并持续努力不懈地追求卓越。矢志不渝的精神可以激发企业的创新和进取心，推动企业不断超越自我。

案例十 大山的女儿：黄文秀

2021 年，黄文秀考入山西长治学院思想政治教育专业。随后又考取了北京师范大学硕士研究生继续深造，攻读哲学学院硕士。黄文秀从北京师范大学毕业后，放弃了城市的工作机会，决定重回大山，到家乡最贫困的地方去。同年，黄文秀考取了百色的选调生，进入百色市委宣传部工作。

黄文秀积极响应组织号召，到乐业县百坭村担任驻村第一书记。她也是村里首位女第一书记。扶贫"新手"踏上"长征"路，黄文秀用了 2 个月的时间走访全村所有贫困户，并绘制了一张百坭村地图，把所有贫困户的名字、居住位置、家庭情况一一记下。她上山下地跟群众一起干活，努力学讲当地话，遇到群众总是面带微笑，时间长了，当地群众也渐渐把这位女书记当作自家人对待。黄文秀请来技术员改造全村 2000 亩将近荒废的沙糖桔果树，引进专业公司，建起规范化的沙糖桔产业园，群众以土地入股，公司负责沙糖桔的技术和管理，全村沙糖桔产量由原来的 6 万多斤增产到 50 多万斤，她四处奔走，引来了四川、贵州、云南、海南等多地的果商，销路终于打开了。她还带着大家修路、安路灯、建蓄水池，在村里走夜路不再需要打手电筒，原来的"空壳村"实现村集体经济收入 6.38 万元，百坭村村民的生活越来越有盼头了。

2021 年 3 月 26 日，黄文秀更新了一则朋友圈："我心中的长征，驻村一周年愉快。"那天她的汽车里程数正好增加到 25000 公里，这条扶贫长征路，她默默地走着。2021 年 6 月 16 日晚，百坭村里的灌溉水渠被连日来的暴雨冲断，为了尽快了解灾情，黄文秀独自一人开车回村子，临走前她还仔细地叮嘱父亲"记得吃药"。2021 年 6 月 17 日凌晨，黄文秀在从百色返回乐业途中遭遇山洪不幸遇难，那个年轻的生命永远消失在雨夜里……

扶贫长征路上，黄文秀用双脚走遍百坭村的每一片土地，她的心中全是对百坭村群众沉甸甸的牵挂。30 岁，斯人已逝，馨香永存。我们相信，她只是换了一种方式守护这一片红色热土。

改编自：黄文秀生前最后的信息曝光，字字泪目 . 人民日报 . https：//me. mbd. baidu. com/r/ Mu2bGRIWQg？f＝cp&rs＝1422818629&ruk＝Lx4SddCViiTthEOuaSqr-Q&u＝5b46dcf0bb30b2c1&urlext＝%7B% 22cuid%22%3A%22luSuagPSvu_Biv8rguHQigul-agBav8l0OHf8_uhS80NuvaT0i2r8ltsSa5m83OCabnmA%22%7D.

一、思考题

1. 是什么让黄文秀放弃大城市的工作，决定回到乡村扶贫？

2. 结合意志品质谈谈黄文秀的事迹，意志在我们的生活和工作中起到哪些作用？

二、参考答案

1. 毫无疑问，是为民服务的初心，舍我其谁的担当。黄文秀说过："我也来自贫困农村，从上高中到读研究生已经享受过好几次助学贷款。""我能有今天的成绩，离不开国家对我的培养。所以我要回到农村来，在这片土地发挥作用。"她是一个懂得感恩和回报国家的人，将自己所学所得都投入祖国需要的地方去，实现自己的人生价值。

2. 意志是人自觉地确立目的，并根据目的支配和调节行动，克服困难，实现预定目标的心理过程。意志是人类特有的心理现象，它实现了人的内部意识向外部行动的转化。意志是成才的决定性因素。意志对人的认识具有激励和调控双重功能。第一，激励人的认识行为。第二，约束人的认识行为。一个人心中有信仰，生活有榜样，才会更加坚定，脚下的路走得才更踏实。

作为新一代的我们，更要学习黄文秀同志的勇于担当、甘于奉献的精神，为建设伟大富强、繁荣昌盛的国家做出新的更大贡献。意志力对于个人的成就追求和职业发展起着关键作用。它使我们能够设定远大的目标并付诸行动,以克服困难、不断学习和成长。在职业领域中,意志力可以帮助我们推动自己的职业发展,追求更高的成就。

三、思政切入点

◎ 关键词:意志坚定、饮水思源、心系群众

1. 黄文秀在百色村一心为了村民和村庄的发展而努力,她一直坚守在基层,她的意志坚定值得我们学习和尊重。她在毕业后积极响应党的号召,在脱贫攻坚一线尽职尽责,青春无悔扎根基层,深情奉献回报乡土,铭党恩、听党话、跟党走,以实际行动诠释饮水思源、不改本色的赤子之心。

2. 事业任重道远,心系群众责任重于泰山。黄文秀驻村当第一书记期间,一心为民,把扶贫路当作长征路,短短一年,她就从"扶贫新手"转变成群众最信赖的人,用一腔热血、一片赤诚践行着共产党人共同的誓言。我国正值全面建成小康社会的关键时期,唯有恪尽职守、扎扎实实、一步一个脚印地干下去,才能不负时代重托、不负人民期待,在平凡的岗位上创造出不平凡的业绩。

案例十一 "黑马"全红婵,不只是天才!

10 米跳台决赛,五个动作三跳满分!东京奥运会上,14 岁少女全红婵一鸣惊人。作为中国奥运代表团最年轻的运动员,以创纪录的成绩夺得 10 米跳台冠军,让五星红旗高高飘扬在东京水上运动中心上空。全红婵是幸运的,凭着天赋与努力,绽放青春的光彩。而这成功的背后,是一个团队体系多年不辍的培养,是一家人温暖而坚定的支持,更是一个重视体育、珍惜人才的强大祖国。

2014 年 5 月,麻章镇迈合小学,正在和同学们做游戏的一年级学生全红婵吸引了湛江市体育运动学校跳水教练陈华明的目光。无论是跳皮筋还是跳格子,她的身形轻盈、动作灵活。对孩子们进行了弹跳和柔韧性方面的测试后,陈华明初选了几个苗子,其中就有全红婵。4 个月后,全红婵到湛江市体校报到,开启了她的体育生涯,离家时她依稀记得爸爸说:"要为国争光。"2018 年 2 月,位于广州二沙岛的广东省跳水队训练基地迎来了全红婵,她在试训中锋芒初露,教练何威仪至今记忆犹新。"别看她身形小,身体素质远胜同龄女孩甚至男孩,跑得最快,30 米 4.5 秒,肋木举腿 10 个用时 13 秒,身体里蕴藏着与体型不相称的能量。"何威仪说,想家、会哭、畏惧是每个孩子的必经之路,但全红婵目标明确,经过鼓励后,没有再退缩过。2020 年底全红婵进入国家队,由于疫情期间阵容精简,队里特意指派专人在生活中引导她,由经验丰富的广东籍队医负责康复,再加上教练的专业指导,全红婵渐入佳境。

全红婵向记者提起了"感恩"。的确,如果不是陈华明教练长年坚持"一个都不能漏"的搜寻,她的人生必定与 10 米跳台无缘。在全国星罗棋布的基层体校中,有一批经验丰富、慧眼独具的教练默默无闻、孜孜不倦、为国选材。在全红婵问鼎奥运冠军的背后,是体校、地方队和国家队环环相扣、层层递进,是多位教练科学训练、悉心呵护,让

天赋与努力最终完美结合，成就那一方碧池里惊艳世界的水花。东京奥运夺金后，回国隔离期间，全红婵依然一丝不苟地在房间里做着练习，为即将举行的第十四届全运会做准备。"三年后，我还想代表中国，站在巴黎奥运会的冠军领奖台上。"她说。

改编自：《人民日报》（2021 年 08 月 23 日第 01 版）、新华社.

一、思考题

1. 如何理解意志的含义？

2. 全红婵身上有哪些优秀的意志品质，给我们带来哪些管理心理学启示？

二、参考答案

1. 意志是人自觉地确立目的，并根据目的支配和调节行动，克服困难，实现预定目标的心理过程。意志是人类特有的心理现象，它实现了人的内部意识向外部行动的转化。人对客观世界的反映并非是消极被动的，而是积极能动的。人在反映客观世界的过程中，不仅接受内外刺激的作用，产生认知和情绪情感，而且要采取行动，反作用于客观世界。

2. 全红婵身上的优秀意志品质如下：

第一，独立性。全红婵年龄虽然很小，但是自己努力照顾自己，为家庭分担压力，照顾母亲。独立性表现为一个人自己有能力做出重要的决定并执行这些决定，有责任并愿意对自己的行为所产生的结果负责。

第二，坚定性。坚定性表现为长时间地相信自己的决定的合理性，并坚持不懈地克服困难，为执行决定而努力。全红婵选择了跳水，没有停止过训练，坚持不懈。

第三，自制力。全红婵坚持跳水训练，她期待和其他小朋友一样拥有丰富多彩的生活，但也深知自己所处的环境和家庭的情况，一直在努力提升自己，希望能为家庭带来改变。

为我们带来的管理心理学启示有：要有明确的目标并坚持追求，保持自我控制和延迟满足，勇敢面对挑战和困难，以及保持持之以恒的毅力，不断进步和成长。

三、思政切入点

◎ **关键词：乐观开朗、持之以恒、为国争光**

1. 全红婵乐观开朗，即便家庭条件一般，她也非常乐观，对待生活积极向上。她持之以恒，十多年如一日坚持跳水，才能在奥运会一举夺冠，台上三分钟，台下十年功，她在日常训练中付出了非常多的努力。在东京奥运会夺冠，为国家争得了荣誉。

2. 热爱祖国、为国争光是中国人的坚定信念，也是激励我们奋发图强、勇往直前的强大力量。信念是奋斗的思想基础，信念越坚定奋斗的脚步就越坚定。我们只有好好地把握住今天，努力奋斗，才会离自己的梦想越来越近。

案例十二　最美公务员：恰尔恰别克

雪水泡馕成了他的生活日常——记全国"最美公务员"恰尔恰别克。"一个农牧民就是一个哨兵；一座毡房就是一座哨所；一个村庄就是一座堡垒。"恰尔恰别克的笔记本扉页上写着这样一句话。他深知，在守边护边路上，每一个人、每一个家庭都发挥着不可替代的作用。

2011年，恰尔恰别克·瓦黑提别克从部队复员后来到哈拉布拉克乡，从2016年起负责巡边和护边员管理工作。5年多来，哈拉布拉克乡负责的168公里边境线未发生过一起边境安全事件。2021年，恰尔恰别克·瓦黑提别克被中央组织部、中央宣传部评为"最美公务员"，中央组织部同时为他记一等功。

为了做好工作，恰尔恰别克一头扎进了边境山区。一年365天，他至少有300天在边境地区忙碌，跋山涉水、雪水泡馕成了他的生活日常；上山一去就是两三天，有时要连续在执勤点工作一个月。哈拉布拉克乡边境山区是一个风口地区，每年有280天左右刮5级以上的大风，到了冬季，大雪封山是常事。恰尔恰别克经常顶风冒雪前往执勤点，边境线上每一个通外的山口、每一条沟、每一道坎都留下了他的足迹。"虽然我复员了，但我可以在工作岗位上继续为保卫祖国、保卫人民出力。"每月1日、15日，恰尔恰别克会准时出现在执勤点，因为这两天要开乡护边员组长会议。5年多来，他从未缺席。"每次组长会议，除了了解巡边工作情况，我会在会后和护边员聊天谈心，了解他们的生活状况和思想动态。"恰尔恰别克说。"护边员是守边护边的重要力量，我必须替他们守好'大后方'。"他从不忽视和护边员有关的任何问题，即便是聊天时的一句抱怨、一句玩笑，都会认真对待。每次到执勤点，他都会带一个小本子，本子里密密麻麻地记录着护边员家里遇到的问题，谁家的大米快吃完了、谁家的牲畜缺草料了、谁家的孩子生病了……下山以后，他会一一落实解决。几年下来，他梳理汇总出护边员反映的100余条困难诉求，并全部予以解决。

哈拉布拉克乡有1600多户村民，虽然居住在不同的村，但大家都知道乡里有个"热线电话"，不管什么时候，只要拨打这个号码，问题一定有回应。这个电话号码，便是恰尔恰别克的手机号。

改编自：中华人民共和国退役军人事务部 http：//www. mva. gov. cn/xinwen/mtbd/202205/t20220525_60965. html.

一、思考题

1. 请简要说明意志的作用。

2. 恰尔恰别克是如何将意志贯彻到自己的管理工作中的？在生活和工作中应如何培养良好的意志品质？

二、参考答案

1. 意志的作用：第一，意志给人的认识活动以巨大影响；第二，意志对人的情绪、情感以及情商的培养有很大作用；第三，意志对人的整个个性的形成和发展有着重要作用；第四，意志在人的实践中起着关键作用。

2. 恰尔恰别克为了做好工作，一头扎进边境山区。一年365天有300天在边境地区忙碌，跋山涉水、雪水泡馕成了他的生活日常；他经常顶风冒雪前往执勤点，边境线上每一个通外的山口、每一条沟、每一道坎都留下了他的足迹。这些事迹体现了他坚忍的意志品质，他长期保持充沛精力，面对恶劣的环境不惧怕，战胜各种困难，不屈不挠地向着既定目标前进，值得我们钦佩和学习。

培养良好的意志品质需要坚定的决心、自律的行动和积极的心态。通过设定明确的目标、分解任务、培养自律、增强自我控制、养成坚持的习惯、寻求支持、积极处理压力、勇敢面对逆境，以及持续学习和成长，你可以逐步培养出良好的意志品质，并在生活和工作中取得成功。

三、思政切入点

◎ 关键词：为民服务、公而忘私、坚韧不拔

1. 将全心全意为民服务的理念融入企业，可能涉及建立更紧密的客户关系、提供创新的产品或服务，以满足人民的需求，并确保企业的运营以人为本。

2. 干事业就得公而忘私，牺牲个人利益，不怕吃苦，不怕吃亏，不怕得罪人，一心一意为公，全心全意为人民服务。有了这样的决心才能排除一切干扰秉公办事，执纪严明，治理有方，管理有序。

3. 企业需要树立坚韧不拔的精神。看准了的事就坚决干，不干则已，干就干到底，不管前进道路上遇到多少拦路虎，都要一个一个把它们消灭。有了这种意志和毅力就能克服各种困难，使企业管理真正落到实处。

第6章 群体心理概述

6.1 对应知识点：群体的定义及发展阶段

案例一 "星星港"和"月亮湾"公益组织

上海是全国最早出现失独群体自组织的地方，而且失独群体的组织参与活跃程度较高。上海先后形成了"星星港""月亮湾""无奈的呐喊""上海失独QQ群"等四个失独群体自组织。自从失独问题引起重视之后上海各区县以街道、乡镇为单位成立了一些官办失独群体组织。其中，"星星港"是实体的失独群体自组织，"月亮湾"是虚拟的失独群体自组织。

"星星港"全称为上海星星港关爱服务中心，是全国第一个失独群体自组织。其形成源于10个失独家庭的一次聚会。据介绍，福寿园公司将失独者联系在一起搞了一次聚会，这些参会的失独者"非常有共同语言和感受"，于是互留联系方式相约以后聚会，之后经常开展集体联谊活动。在相互安慰和鼓励中，这些家庭逐渐走出痛苦的阴霾，致力于帮助其他失独家庭，成立了"星星港"。"星星港"在青浦区民政局注册，成为福寿园公司下属的民办非企业组织，专门从事失独群体精神援助服务，为失独者提供自助互助平台。之后，上海市慈善基金会旗下的"星星港慈善关爱专项基金"正式启动。"星星港"从最初自发的松散型民间组织发展成为国内第一家以提供精神支持为主的哀伤辅导机构。"星星港"秉承"跨越苦难、自助助人、重塑人生、奉献社会"的宗旨，不仅为遭遇不幸的家庭在第一时间里送去心理抚慰，还通过在失独群体中展开一系列自助、互助及社会公益活动，激活积极心理能量，回归社会生活。星星港实行理事会决策、干事执行的工作模式，之后又成立一支由失独父母组成的特殊志愿者队伍，下设精神救援、老年关爱、文艺活动、异地疗伤和信息宣传若干支援小组。随着该组织获得的关注度升高，越来越多热心的社工师、心理学家等社会志愿工作者参与帮助指导。"月亮湾"是上海第一个失独群体 QQ 群。其产生于星星港的内部分裂。2010 年 5 月，参与星星港活动的几位负责精神救援和组织集体活动的理事，在养老和维权主张上观点一致，一起脱离与其理念不同的"星星港"，成立了一个与"星星港"相对的"月亮湾"QQ 群，并迅速发展壮大。"月亮湾"为失独群体自助互助提供了组织平台。在这些爱心人士的帮助下，大量失独家庭和个人逐渐走出阴霾。

改编自：陈恩 . 重建社会支持网：失独群体自组织形成机制探讨——基于上海的两个案例 . 北京社会科学，2014，0（11）：55-60.

一、思考题

1. 结合案例材料谈谈该群体经历了哪些发展阶段。
2. 案例材料给我们的管理心理学启示有哪些？

二、参考答案

1. 第一，形成阶段。成员进入群体并相互了解，当成员感受到自己是群体中的一员时，形成阶段结束。第二，规范阶段。群体真正意义上地整合在一起。"星星港"组织正式被批准成立，成为民办非企业单位。成员在发展方向上达成共识。第三，执行阶段。群体的注意力集中到完成当前的工作任务上，并且群体不断适应外界的变化和挑战。

2. 第一，群体成员之间必须有共同的目标，促进成员间相互理解和认同。第二，群体成员之间存在相互影响和相互作用，存在依存关系和认同感。第三，明确每个成员的角色和责任，确保他们了解自己在群体中的定位和职责。第四，培养领导力。一个好的领导者能够提供指导和支持，鼓励成员积极参与群体的发展和决策过程。

三、思政切入点

◎ **关键词：群体、群体发展、社会责任**

1. 群体是为了实现某一特定目标，由多个相互作用、相互依赖的个体组成的集合体。群体的发展具有多个阶段，包括形成、规范、执行阶段，有的还包括震荡和解散阶段。无论是企业还是个人，都应该了解群体形成和发展的过程，促进群体成员快速成长，将注意力集中到问题解决上。

2. 群体承担社会责任是企业和组织长期发展的重要组成部分。通过积极履行社会责任，群体可以获得声誉，得到大众认可，获得成就感。同时，群体积极承担社会责任也会对建立和谐社会、促进可持续发展做出贡献。

案例二　民航网络售票及资金结算系统项目小组

为了能全方位优质服务顾客，在日趋激烈和残酷的市场竞争中保持一定的竞争优势，中航浙江航空公司与中国建设银行浙江省分行合作，在"资源共享、优势互补、互惠互利"的原则下，利用其网点多、分布广的优势，加强直销力度，扩展分销渠道，建立更先进的、不受时空限制的网上售票及资金结算系统。

在团队初建期，项目组主要由三方的项目负责人、核心业务人员、技术开发主管构成，主要完成前期调研、方案提出及可行性分析、签订协议、正式立项、组织构建、人员配备等任务。由于此阶段项目小组刚初步组建形成，其成员大都来自不同的单位，彼此都还不太熟悉，整个团队的凝聚力、归属感都还不强。因此，项目组总负责人要通过各种活动（自我介绍、建立个人主页、聊天等）来增进项目组成员之间的相互了解和沟通，从而使项目组成员彼此间更快地熟悉起来，建立信任感，创造良好的团队氛围和工作环境，充分调动起项目组成员参与、完成项目的积极性。在团队磨合期，业务人员对民航售票的具体业务流程进行资料收集、整理；技术开发人员熟悉、了解、消化具体业务流程的原始资料，并在此基础上与业务人员进行充分沟通、分析、设计、综合，最后形成最可行、最优化的业务流程文本材料或具体操作手册。总体设计任务要求技术人员和业务人员一起配合，对整个系统的总体结构框架和功能模块进行初步的、总体的设计和划分，找出技术实现的难点并初步提出可能的解决方案，按功能模块对技术开发人员进行总体分工，制定具体的项目开发进度计划。在团队规范期，团队成员主要完成各系统功能模块的详细设计、程序编写以及各模块的内部测试、组装。其中项目负责人主要负责总体协调；业务人员在技术人员需要时为其提供业务知识的支持；技术开发人员主要负责各自功能模块的代码设计、程序编写、内部调试以及模块间接口程序的设计、编写。在这个阶段，技术人员要根据分工，保证技术相关设计和功能得以实现。为了达成这一目标，技术主管要充分为团队提供技术支持，并且促进开发人员之间的充分交流，实现知识和技术共享。

最后一个阶段是团队解散期，团队完成最后一次产品组装、系统测试、运行环境搭建并最终解散小组。项目负责人主要负责测试工作的总体组织和协调，以及项目正常运行后项目小组的后期解散工作；一线业务人员负责编写测试用例、进行全面测试并提供测试报告；技术开发人员主要负责协助业务人员进行测试并提供有关的技术操作指导和培训，对测试中发现的问题及时提供技术支持并尽快有效地解决问题。

改编自：卢盛忠. 管理心理学实用案例集粹. 杭州：浙江教育出版社，2003.

一、思考题

1. 案例材料中包含群体发展的哪些阶段？
2. 结合管理心理学知识，试分析：群体发展中会遇到哪些问题？应如何解决？

二、参考答案

1. 案例材料包含了群体发展的形成阶段、震荡阶段、规范阶段、执行阶段和解体阶段。群体成员从不熟悉不认识，到相互达成共识，形成凝聚力，到共同努力完成任务，再到结束任务。

2. 第一，在形成阶段和震荡阶段，群体成员之间相互不了解，凝聚力和归属感不强，成员对于群体目标和分工不熟悉。面对这种情况，群体成员需要进行有效的沟通，增进感情，提升团队凝聚力。群体领导者需要明确目标，合理分工，让群体成员快速进入工作状态。第二，在规范和执行阶段，群体成员之间可能出现分歧和矛盾，这就需要领导者促进成员沟通，化解分歧，并做出正确的决策，确定解决问题的路径和方法，让群体走向成熟，完成任务。

三、思政切入点

◎ 关键词：群体发展、责任分工

1. 通常情况下群体发展将会经历五个典型的阶段，即形成、震荡、规范、执行、解散。每个阶段群体的特点、面临的问题都不相同。领导者在群体发展的不同阶段，需要针对不同阶段的特点，采取相应的手段和措施解决问题，使群体能够顺利过渡到下一阶段，并顺利完成任务。

2. 责任分工是组织管理的重要内容之一。一家企业如果做好责任分工，明确每个成员或部门的职责和任务，就可以提高工作效率，提升员工责任感，促进合作。明确的责任分工能够提高工作透明度和责任追踪，有助于监督和评估工作的完成情况，有助于及时发现和解决问题，确保工作按计划进行。所以，企业在开展项目之前要做好责任分工，才能起到事半功倍的效果。

案例三　从爱迪生实验室和"曼哈顿工程"看"1+1>2"效应

爱迪生是人们所熟悉的大发明家，一生中有 2000 多项发明，平均 13 天一项。这么多发明对于一个人有限的精力和生命来讲，实在是不可思议的。但是，爱迪生却把它变成了现实，这其中的奥秘就是爱迪生实验室。爱迪生实验室充分体现了"1+1>2"的效应，可以说，出自爱迪生实验室的研究成果要远远多于在其中工作的人员独自努力成果的总和。

爱迪生的发明，离不开他的几个得力助手：美国人奥特，奥特在机械方面独具专长，甚至超过爱迪生；英国人白契勒，白契勒沉默寡言，肯钻研，常常提出一些古怪离奇的问题，给爱迪生以极大的启发；瑞士人克鲁西，克鲁西擅长绘图，爱迪生的一切草稿，无论多潦草，他都能照着绘制成正式的机械图纸，让奥特原原本本地把爱迪生的设想做成实物。此外，还有几个埋头苦干的实干家做爱迪生的手下。这就是爱迪生实验室相得益彰的组织结构。也许没有人想过，如果爱迪生不是把奥特、白契勒、克鲁西三个人组织在一起，而是在他身边笼络了 100 个在机械方面都超过他的"奥特"，那么结果会怎么样呢？也许，爱迪生实验室就不会取得那么辉煌的成就了。没有了白契勒、克鲁西，100 个"奥特"有什么用呢？而有了白契勒和克鲁西，一个奥特就已足够了。

"曼哈顿工程"也是一个非常典型的例子。造原子弹是爱因斯坦带头建议的，他又是当时世界科学界的泰斗，似乎"曼哈顿工程"的技术领导人非他莫属了。可是当时美国政府为了寻觅这项工程的领导人却是费尽心机，最后选中了奥本海默。奥本海默当时只不过是一位一流物理学家，但他因"知识面广，善于团结人，有组织才能……"而被选中。

事实证明选对了，几年之后原子弹爆炸了，人类从此进入原子能时代。爱因斯坦虽有卓越的科研才能，但生活都不能自理。当然，爱因斯坦也深知自己只是一个实干家而非领导者，他自知是不能胜任的。原子弹没有爱因斯坦不能爆炸，没有奥本海默也不能爆炸，可以说是爱因斯坦和奥本海默的合理组合才促使原子时代诞生。

在现实生活中，人可分为不同的素质类型。一个人既要多谋，又要善断，还要善于组织动员下属有效实施决策，善于对决策和执行结果进行监督，这样的"全才"是没有的，而一个好的组织正是善于履行这些不同职能、不同类型人才的互补组合。

改编自：百度文库. https://wenku.baidu.com/view/b390df62a300a6c30d229f72.html？_wkts_=1687161697631.

一、思考题

1. 案例材料中体现的影响群体效率的因素有哪些？
2. 结合管理心理学知识，谈谈群体应采用同质结构还是异质结构？为什么？

二、参考答案

1. 案例材料中体现的影响群体效率的因素是成员多样性。依据成员多样性，群体结构可分为同质性群体和异质性群体。其差别在于群体成员在背景、专业知识、经验、能力、性格等方面是否有明显差异。

2. 群体采用同质性群体或者异质性群体取决于具体的工作性质。同质性群体中成员特点相似，能够快速建立良好的关系，培养默契，减少冲突。因此，在需要高度协作和配合的工作中，适合采用同质性群体。而异质性群体具有一定的差异，每一名成员都有不同的专业背景，所以适合面对复杂和创新性的工作。比如案例中的科学家团队，就需要异质性群体。

三、思政切入点

◎ **关键词：成员多样性、同质性群体、异质性群体**

1. 现代企业中群体成员多样性是基本特征。企业领导者必须意识到，成员的多样性可以带来更多方案和想法，有效促进企业创新。但同时，具有显著差异的人聚集在一起，又可能会发生冲突和矛盾，导致群体效率下降。作为领导者，应学会综合考虑这些问题，在制定统一目标、打造和谐氛围的同时，鼓励不同声音的表达，实现更高水平的多样性和包容性。

2. 同质性群体和异质性群体各有优劣，要根据工作性质和内容采用不同特征的群体。同质性群体在构建和谐群体关系方面更简单，相互协作也更容易。但在面对复杂任务时，则会受到制约。异质性群体能快速提出创新性的想法，适合解决复杂问题，但成员间的相互合作包容较为困难。所以，企业领导者要充分了解不同工作的性质、特点，采用合理的群体结构。

6.2　对应知识点：群体效率的基础

案例四　企业人才培训与群体效率

是什么造就了西门子 150 多年的辉煌？高效的人才培训被认为是西门子成功的关键。在人才培训方面，西门子创造了独具特色的培训体系。西门子对员工进行培训的根本目标是使他们能够从容应付来自各方面的挑战。为此，西门子为员工设计了各种各样高效的培训。这些培训从内容上看，主要分为三种：新员工培训、大学精英培训和员工在职培训。

新员工培训，又称第一职业培训。在德国，一般 15 至 20 岁的年轻人，如果中学毕业以后没能进入大学，要想工作，必须先在企业接受 3 年左右的第一职业培训。在第一职业培训期间，学生要接受双轨制教育：一周工作 5 天，其中 3 天在企业接受工作培训，另外 2 天在职业学校学习知识。因此，第一职业教育证书在德国经济界享有很高的声誉。西门子早在 1922 年就拨专款设立了专门用于培训工人的"学徒基金"。公司在全球拥有 60 多个培训场所，如在公司总部慕尼黑设有韦尔纳·冯西门子学院，在爱尔兰设有技术助理学院，他们都配备了最先进的设备，每年培训经费近 8 亿马克。

大学精英培训。西门子计划每年在全球招收 3000 名左右的大学生，为了利用这些宝贵的人才，西门子也制订了专门的计划。西门子注意加强与大学生的沟通，增强了对大学生的吸引力。公司同各国高校建立了密切的联系，为学生和老师安排活动，并无偿提供实习场所和教学场所，举办报告会等。此外，西门子还从大学生中选出 30 名尖子进行专门培训，培养他们的领导能力。大学精英培训计划为西门子储备了大量管理人员。

员工在职培训。西门子公司认为，在世界性竞争日益激烈的市场上，在革新性、颇具灵活性和长期性的商务活动中，人是最主要的力量，知识和技术必须不断更新换代，才能跟上商业环境以及新兴技术的发展步伐，所以公司正在努力走上一条"学习型企业"之路。为此，西门子特别重视员工的在职培训，在公司每年投入的培训费中，有 60% 用于员工在职培训。西门子员工的在职培训和进修主要有两种形式：西门子管理教程和西门子员工再培训计划，其中管理教程培训尤以独特和有效闻名。这样的培训方式增强了企业和员工的竞争优势，是西门子强大竞争力的来源之一。

改编自：陈迎雪，陈小华. 团队建设与管理. 成都：电子科技大学出版社，2015.

一、思考题

1. 结合管理心理学知识，谈谈西门子为什么重视员工培训？
2. 你认为在群体建设中应如何提高员工能力？

二、参考答案

1. 群体的效率受群体成员特征的影响，包括群体成员的知识、技能和能力因素。一个高效的群体往往需要具备不同能力的成员，包括熟练掌握某项技能的成员，能够与他人共事的成员和能够发现并解决问题的成员。高能力的群体能够比低能力群体更好地完成任务。西门子注重员工培训，正是为了提高员工能力，以此提升群体效率。

2. 第一，提升员工能力要让员工掌握工作相关知识，注重培养员工的基础工作技能。只有熟练掌握工作方法，才能高效地完成任务。第二，培养员工与同事相处的能力，让员工能与同事相互交流，解决人际关系问题。第三，提升员工能力要求、员工能够自主发现问题并解决。这样，员工的能力才得以提高，群体效率才能提升。

三、思政切入点

◎ 关键词：群体效率、员工能力、人才培养

1. 提升群体效率与员工能力对一个企业至关重要。群体效率是一个群体实现目标的关键。当代企业家应该以提升群体效率作为工作的重点，优化群体环境条件，提升群体成员能力，实现群体目标。而群体建设中通常需要三种不同能力的成员，分别为：一是技术能力，即具有从事某一职务或工作的能力和技术专长；二是人事能力，即在群体中与人共事的能力；三是概念能力，即发现、分析、诊断和解决复杂问题的能力。

2. 人才培养对企业至关重要，因为它不仅有利于提升员工的专业能力和技能水平，还有助于建立强大的团队，推动创新，提高员工满意度，最终增强企业的竞争力和可持续发展力。

案例五 西安杨森制药的成功

西安杨森制药有限公司（简称西安杨森）是由比利时杨森制药有限公司与陕西省医药总公司、陕西汉江药业股份有限公司、中国医药工业公司和中国医药对外贸易总公司合资兴建的大型现代化制药企业，是最早成立的跨国制药企业之一，是强生公司在华的最大制药子公司，也是目前我国医药工业规模最大、品种最多、剂型最全的先进技术型合资公司之一。

西安杨森非常注重员工激励。在成立初期，公司通过调查研究发现，在中国员工尤其是较高层次的员工中，价值取向表现为对高报酬和工作成功的双重追求。所以，优厚的待遇是西安杨森吸引和招聘人才的重要手段。在创建初期，西安杨森通过高额的个人激励，激发销售代表的工作热情，提升工作效率，并且吸引医药大学应届毕业生和已有若干年工作经验的医药代表加入公司。为了满足员工对工作成功的追求，西安杨森学习了比利时杨森的管理模式，制定了严格的劳动纪律，在员工逐步适应新的管理模式的同时，培养对企业和社会的责任感。此外，西安杨森注重企业文化塑造，创造积极向上的工作环境条件。西安杨森大力宣传以"鹰"为代表形象的企业文化，因为鹰是强壮的、果断的，鹰是敢于向山巅和天空挑战的。企业领导者希望以此激励员工像老鹰一样，勇攀高峰，争做出头鸟，将西安杨森打造成全世界优秀公司中的雄鹰。除了塑造积极的工作环境，西安杨森一直注重员工的爱国主义教育和传统文化教育。公司经常组织员工参加公益活动和爱国主义教育活动，曾组织过新员工攀登长城，塑造民族自豪感和团队精神。公司负责人认为，这样能够明确企业员工的社会责任，用爱国精神鞭策员工。

西安杨森的管理实践，充满了浓厚的人情气息。每当逢年过节，总裁即使在外出差、休假，也不会忘记邮寄贺卡，带给员工一份祝福。在员工过生日的时候，总会得到公司领导的问候，这不是形式上的、统一完成的贺卡，而是充满领导个人和公司对员工关爱的贺卡。员工生病休息，部门负责人甚至总裁都会亲自前去看望，或写信问候。员工结婚或生小孩，公司都会把这视为自己家庭的喜事而给予热烈祝贺。公司的有些活动，还邀请员工家属参加，一起分享大家庭的快乐。西安杨森办的内部刊物，名字就叫《我们的家》，以此作为沟通信息、联络感情、相互关怀的桥梁。员工感受到了来自公司的关怀，自然会全心全力为公司付出。

改编自：百度文库，https://wenku.baidu.com/view/b404f54be518964bcf847ce8.html _ wkts _ = 1687097720198? _wkts_ = 1687158611554.

一、思考题

1. 结合案例材料，分析哪些变量会影响群体效率。
2. 运用管理心理学知识，谈谈如何保持群体高效率。

二、参考答案

1. 案例材料中，会影响群体效率的变量有：第一，群体外部环境，包括员工激励机制、企业文化、企业规章制度和企业领导。合理的激励机制、积极的企业文化、严格的规章制度和优秀的领导能够提升群体的效率。第二，群体成员特征。不同成员的性格、能力和追求的目标都不相同。作为跨国公司，杨森公司的中国员工和外国员工的特征是不同的，制定有针对性的管理方法才能提升群体效率。

2. 第一，构建合适的群体外部条件。群体的效率依赖于组织的环境条件。要想保持群体高效率，就要制定统一目标，制定合理的奖惩机制，优化沟通与协作，为员工提供必要的资源和支持。第二，提高成员知识、技能和能力。鼓励群体成员持续学习和提升自己的技能和知识，提供培训和发展机会。

三、思政切入点

◎ 关键词：群体效率、外部环境、企业文化

1. 在企业、政府等群体中，群体效率直接影响到工作和生产的绩效，是提高竞争力的重要因素。群体效率有助于增强团队的合作和凝聚力，高效的群体能够更好地管理和利用资源，减少不必要的浪费和成本。所以，提高群体效率在当今企业和政府工作中均至关重要。

2. 外部环境是影响群体效率的变量。群体如果想提升效率，就必须将该变量加入考虑因素范围内，塑造有利于群体发展的外部环境，提升员工能力和技能水平。具体而言，主要方法有制定正确战略、完善奖惩机制、优化组织结构、塑造组织文化、培养员工能力等。

3. 新时代企业要把企业文化与爱国精神有机结合。爱国主义是民族精神的核心，是

建设中国特色社会主义新长征的不竭动力，是推动中华民族伟大复兴的精神资源。企业要让员工在工作中不畏艰难险阻，时刻顾全大局，严守纪律，紧密团结。

案例六　老乡鸡的成功秘诀

老乡鸡——中式快餐全国榜首品牌，其门店布局广阔，深入消费市场，迎合消费者需求。公司自成立以来，努力进取，不断完善，坚持创新，影响力不断扩大。老乡鸡一直以绿色、健康、安全为核心理念，并将这一理念贯彻到员工的工作中，收获大量消费者的信任。截至2023年6月，老乡鸡成为中国单品牌门店数量最多的中式快餐。

老乡鸡的商标主体呈现淡绿色，给人以绿色、安全、健康、卫生的形象，让人眼前一亮，也符合当代人追求产品品质的需求特点。在视觉上升级后，老乡鸡以鲜活的"绿"作为主题，其主要门店都以绿色为主基调，塑造干净清新的氛围。其后厨的工作环境和工作中的员工都通过透明的橱窗展示在消费者眼前，看得见的品质让消费者更放心，也让老乡鸡正在向成为老百姓的"家庭厨房"迈进。老乡鸡在战略制定上突出绿色性，强调产品的"安全、健康、营养、快捷"。注重保护消费者的切身利益，迎合了消费者的心理。老乡鸡秉持原材料安全卫生的宗旨，对原材料采购和员工的工作环境、工作规范要求都十分严格。与此同时，突出展示老乡情结，力争打造高端、文明的快餐氛围。老乡鸡在企业运行中，慎重选择原材料中间商，长期保证产品质量的优质、环保、卫生。其主材料来自大别山生态土鸡，原材料采取统一配送的方式，很好地保证了原材料的品质。同时，一体化的运营模式加强了各门店之间的联系，有效加强了老乡鸡的市场管理和运转，使资源合理配置，降低成本。

在产品研制上，老乡鸡紧跟拓店速度，实现"月月上新"。持续创新迭代，不断强化品牌心智，提升消费者体验，这也为其带来良好的口碑和持续复购，赢得深度的客户黏性。老乡鸡很好地通过自身的努力，完善了自身的产品品牌，打造了属于自己的快餐模式，即以"土鸡为主要产品，以套餐、糕点、饮料、蒸菜为辅"的菜系选择，品种多，品质好，自然受消费者喜欢。老乡鸡也满足了不同人群对餐饮的要求，扩大了消费者的年龄范围，满足了不同人群对饮食的要求，增加了客流量，促进了消费需求的增加。

改编自：https://www.docin.com/p-2894541806.html.

一、思考题

1. 结合管理心理学知识，谈谈老乡鸡取得成功的原因。
2. 结合案例材料，谈谈如何改善群体外部环境条件。

二、参考答案

1. 群体能否取得成功取决于群体的工作效率，而群体的工作效率依赖于组织的环境条件。老乡鸡能取得成功，主要是因为其制定了切实可行的营销策略，并且将其理念融入员工的工作环境和工作内容，时刻提醒员工朝着绿色、健康、创新等目标前进，提升了群体效率。

2. 第一，制定合理的整体战略、规章制度、营销策略等，让员工清楚群体目标。第二，工作环境空间布局是影响群体效率的一个重要因素。群体的理念和战略应该与群体成员的工作环境相结合，对员工起到激励和监督的作用。第三，组织应给予工作群体充足的资源支持，提升员工的积极性和工作效率。

三、思政切入点

◎ 关键词：工作环境、营销策略、创新精神

1. 企业领导者应当注重员工的工作环境建设，将企业理念融入工作环境之中。工作环境可以给予员工更大的驱动力，促使员工注重工作细节，向企业的核心目标奋斗。

2. 企业应制定合理的营销策略。这有助于满足消费者需求，树立企业形象，提升企业竞争力，提升市场收益。只有顺应市场潮流，才能深入人心，企业才能不断发展壮大。

3. 企业应具有创新精神，不断追求产品创新、服务创新。随着市场竞争的不断加剧，企业要日益完善自己的产品和服务，提升消费者的使用体验，塑造优秀的品牌形象，助力企业长远发展。

案例七　eSoft 公司的高层

eSoft 公司经过 10 多年的发展，已经成为国内软件行业的龙头企业。公司总经理田海山一手创立公司，并且把公司培育成国内一流的民营软件企业。随着国内软件企业竞争加剧，eSoft 公司开始从企业外部引进高层管理人员。原 D-Prog 公司首席工程师田乐、海洋计算机有限公司总经理杨荣等高级职业经理人、原 SAS 中国区总裁执行助理黄庆相继跳槽到 eSoft 公司，其管理团队基本建立。

在总经理田海山眼中，三个高级经理各有特点。黄庆做事快，不拘小节。他到 eSoft 公司工作的主要目的是把自己在其他企业学到的管理经验带到企业，并且做出一番事业。这正是田海山所需要的。黄庆崇尚开放式的目标管理，希望员工能积极、主动地以一种团队执行的方式去工作，而不是仅依靠一些规章制度，或者依靠领导天天盯着他去干活。不过，田海山很快发现，黄庆的这种管理风格在 eSoft 公司有些行不通。原因是，目标管理的前提是目标执行者必须有很高的素质，每个人都能明白自己应做什么事，这件事应如何做，另外也需要管理者对目标定义明确并加以指导，岗位责任明确，目标才能贯彻。结果，黄庆的管理方式尽管使手下工作起来很轻松，但在落实上却打了折扣。田乐认真务实，提倡激情管理，重视员工的冲劲。田乐的到来所形成的互补，就是通过重视平时的培养，使员工的"冲劲"有持久的生命力。太讲究会僵化，没规矩也难成方圆。杨荣做事讲究、系统，喜欢构筑严密的体系、完整的制度。"以前 eSoft 公司比较小，管理流程比较简单，多属'人治'。现在，公司已是一家有 50 多家分公司的企业，且在境外上市，就需要一个大架构下的管理，需要建立一个'法制'的规则。"杨荣说。他对 eSoft 公司服务体系进行了整体的管理改革。从服务总部一直到全国的服务分部，进行了体系的重新规

划、建章、建制、建流程。

由于手下诸将的管理理念和企业文化背景不统一，双边或多边交流出现问题在所难免。田海山对管理层讲求沟通管理。"在一些牵涉部门与部门之间的合作上，或者对事情不同的看法上，会有问题出现。关键是问题出现后，应迅速地得到解决。我们管理层很重视通过一个会议来解决问题。大家在会上畅所欲言，广泛地交流与沟通，问题迎刃而解。"在手下看来，总经理宽容开放，没有距离感，经常会组织员工探讨内部管理、产品规划、市场策划等，大家完全可以畅所欲言。在管理方面，田总认为，管理不能错位，不能向上也不能向下错位，一个大的公司，需要很多的经理人去构建一个整体的构架，然后各司其职。田海山这样解释道："软件公司是知识型企业，这就要求员工敢想敢做，充满工作热情，有充足的精神动力。"

改编自：卢盛忠．管理心理学实用案例集粹．杭州：浙江教育出版社，2003.

一、思考题

1. 案例材料中，eSoft 公司高层管理组合有什么优势？

2. 结合管理心理学知识，谈谈企业管理者应如何引导成员合作。

二、参考答案

1. 该公司的管理团队成员各有各的特点和优势。总经理经验充足，知人善任；三个高级经理管理方法虽然不同，但是优势互补。开放式的管理风格能给予员工自由度，激情管理能提升员工的工作热情，而构建完整的结构和系统能够明确分工和流程。这样企业运行效率大大提升，遇到问题可以快速解决。

2. 第一，建立开放的沟通渠道。鼓励成员之间进行开放诚实的沟通。管理者可以提供各种沟通工具和平台，定期组织会议、团队建设活动，以增强团队合作和相互了解。第二，创建一种积极的团队文化，强调协作、信任和互相支持。设定团队价值观和行为准则，并确保这些准则得到遵守和体现。第三，及时处理团队内部的冲突和问题，以防止其对合作产生的负面影响。鼓励成员主动解决冲突，提供必要的支持和指导。

三、思政切入点

◎ 关键词：群体成员、优势互补、沟通管理

1. 群体成员多样性及群体成员优势互补是影响群体效率的关键变量。企业管理者在制定政策时，应当考虑群体成员的特质，合理安排工作，充分发挥每一个成员的长处，做到优势互补，提升群体效率。保证群体成员的多样性，在遇到问题时可以获得更多的观点和建议，高效解决问题。

2. 管理者要注重沟通管理，可以以会议讨论等形式促进群体内部沟通交流来解决问题。当代企业成员很多都有不同的教育、专业、文化背景，这就导致他们对一些问题存在分歧和矛盾，要通过管理沟通及时化解。

案例八 三九集团的管理制度

三九集团是以生命健康产业为主业，以医药业为中心，以中药现代化为重点的大型企业集团。经过制度创新、管理创新、技术创新已发展成为拥有总资产 150 亿元，下属企业 100 多家的以医药为主、多业经营的大型企业集团。999 最新品牌价值 49.18 亿元。

三九集团的管理制度随着企业的发展不断变化。在创业之初，三九集团采用了相对集权化的组织和领导方式，实行的是领导个人负责制，管理上的最大特点是机构精干。集团创始人赵新先一人身兼四职（党委书记、董事长、总裁和首席执行官），集 4 套班子责任于一身。总经理下面不设副总经理，配有 3 个党委副书记，副书记分别兼任一个二级公司的总经理。三九集团总部的行政管理人员一般保持在 30 人左右，最少的时候只有 15 人。三九集团领导者认为，在发展初期，个人负责制有三个好处。第一个好处是决策快。在进行商务谈判的时候，由一个人进行拍板决定，能够提高效率，避免众多领导班子议而不决，结果一无所获。第二个好处是有人负责，出了问题能直接找到责任人。个人负责制给予主要领导人相当大的压力，这就迫使其在做出决定的时候，深思熟虑，规避风险。如果出现问题，能有人负责解决。第三个好处是没有内耗。如果一直强调集体领导，下设大量副职，参与决策的人数过多，反而降低了企业工作效率。

随着集团规模不断扩大，业务逐渐增多，造成了原来相对简单和集权化的组织管理方式很难适应组织的进一步发展。三九集团开始追求分权管理。为了确保决策的正确性，三九集团先是建立著名专家学者组成的战略决策指导委员会，并规定重大决策必须征求专家、学者和企业顾问的意见。之后，在原先的管理体制基础上，建立了一套按专业化分工原则设立的参谋职能系统。职能管理人员作为指挥人员的参谋和助手，根据指挥人员的命令，对下一层次机构的工作进行业务指导。这种组织结构形式可以避免多头领导，同时也实现了管理工作上的职能分工，更有利于协调不同部门之间的合作。在强化经营阶段，三九集团分权化更加强烈，成立了很多部门子公司，分别负责不同产品的开发和销售，随着组织机构的完善，进一步的分权也适应了企业在强化经营阶段企业的发展规模、多元化的发展方向的要求。在企业逐渐走向成熟稳定后，三九集团也开始积极探索医药产业以外的区域，企业的组织管理形式更加趋向于分权和专业化。

改编自：汪晓春. 中国著名企业管理案例评析. 广州：广东经济出版社，2002.

一、思考题

1. 为什么三九集团要改变管理制度？
2. 运用管理心理学知识，谈谈群体结构是如何影响群体效率的。

二、参考答案

1. 企业在发展的不同阶段拥有不同的群体结构，这就要求采取相应的管理制度。在发展初期，三九集团采用了个人负责制，主要目的是提高效率，明确责任，减少内耗，让企业尽快步入正轨。在发展成熟阶段，需要适当分权，群体决策，以此减少风险，保证决策准确性，促进多元化发展。

2. 群体结构包含群体规模、成员多样性、群体规范和角色等要素。第一，群体规模会影响群体效率。当群体规模超过一定数量时，群体惰化就会发生，群体效率会显著下降。第二，成员多样性会影响群体效率。在决策层和领导层，异质性结构可以提高决策的准确性。第三，群体规范。它规定群体成员的行为范围，进而影响群体效率。第四，群体成员能否认清自身角色也会影响群体效率。

三、思政切入点

◎ 关键词：**群体结构、效率意识、顺应发展**

1. 群体结构是影响群体效率的重要变量。在企业实际运行中，管理者要保证群体规模处在合理范围，保证合适的成员多样性，制订适合群体的成员规范，明确角色责任，以此来实现群体效率达到最高。

2. 当代青年学生应当树立时间意识和效率意识，有的放矢地开展工作，珍惜时间，制订明确计划，在学习中集中精力，全身心投入到学习中，减少内部消耗。

3. 企业在发展过程中要根据自身情况顺应时代发展。制定符合实际的管理制度，主要目标是提升群体效率，实现群体目标并提升群体成员满足感。

案例九　大学生群体中的社会惰化现象

社会惰化现象作为社会群体合作中普遍存在的现象，可以被概括为哪里有群体合作，哪里就有可能出现社会惰化。当代大学生作为一个被要求培养成为一个懂创新、懂合作的特殊群体，他们内部相互之间的合作必不可少。可以说大学生和自己同学的合作是他们的必修课，是他们学业甚至整个人生发展过程中重要的一部分。既然存在着相互合作，便面临着团体成员的责任分散，就会出现惰化现象。

在生活上，就宿舍生活处理而言，既有合作，又有社会惰化现象的出现。宿舍里的卫生是需要宿舍几个人共同保持的。然而相比一个人在家居住的房间卫生保持来说，宿舍住了更多的同学，按理说，人多力量大，宿舍应该更加清洁，但事实上，大多数大学生宿舍的卫生程度远不如一人独住的卧室卫生程度高。在大学生宿舍中，大家对于打扫卫生的事情相互推脱，以各种理由拒绝参与宿舍的卫生清洁，当大家都在找各种理由拒绝的时候，每一个人都是心安理得的，且一致认为，即使自己不去打扫，也一定会有其他人去打扫。

在学习中，社会惰化也很常见。在一些公共课上，参与课程的学生人数众多，但是愿意回答问题的人数反而非常少，因为每一个学生都认为，这个问题一定有人会解答出来，自己就失去了思考问题、回答问题的动力。在小组学习活动中，小组成员在被要求代表小组表达看法或观点时，在中国传统的追求低调、才不外露的中庸之道的社会氛围下，各组员即使有一些自己的想法要表达，但依旧会羞于表达。最终小组成员相互推脱，勉强情况下，一位小组成员"挺身而出"，小组其他组员的观点可能就会被掩埋。当然，出现这样的现象，还有可能是小组成员对于问题讨论没有足够的兴趣或注意。小组发言的难度和紧张度都要远小于个人发言，但在责任分散的情况下，小组成员更寄希望于其他组员能"挑大梁"似地关心讨论的主题，最后代表小组发言。就这样，在小组成员们身上出现了社会惰化现象后，进行讨论学习的初衷被违背，也使得讨论学习没有取得实质性效果，讨论也形同虚设。在进行一些团队项目时，项目主题基本是由小组内某两人确定的，他们清楚项目的主要流程，是项目的主导力量。在某些情况下，一部分团队成员会出现懈怠情绪，认为在整个项目组中，自己不干还有别人，况且无论怎样，自己最后还是能拿到一份成果，因此以各种理由不参加项目组的任务。所以最终在一些项目组中，真正从头到尾参与项目的成员只有两三位，成员越多，责任越分散，责任的界定越不明晰，甚至会出现项目组的人数为三人时的成果要好于五人时的成果。

改编自：百度文库. https：//wenku. baidu. com/view/4dd55b4b0740be1e640e9a18. ? _wkts_ = 1687158550479.

一、思考题

1. 根据案例材料，谈谈社会惰化出现的原因是什么。
2. 运用管理心理学知识，谈谈如何避免社会惰化现象。

二、参考答案

1. 第一，奖励的机制不公平或者让团体成员体验到了不公平感。如果在一个团体中，只有部分成员在辛勤付出，而劳动成果却为集体共享，在这种情况下，付出的成员内心难免会觉得不公平，从而让他们变得不愿意付出。第二，责任分散。如果出现了不好的结果，群体中的成员可以一起承担。在这种想法的驱使下，个体就会倾向于出现偷懒行为。

2. 第一，精简群体规模，小群体中成员的个人绩效会更加明显。第二，明确分工，任务专门化。第三，增加工作挑战性和吸引力。第四，加强群体成员沟通，使群体成员关系更加密切。

三、思政切入点

◎ 关键词：社会惰化、明确责任、合理分工

1. 在实际工作和学习中，并不是完全"人多力量大"，群体中往往会出现社会惰化现象。个体在群体中的努力程度会比独自工作时更低，导致群体效率下降。这种现象在大学生活和教学中较为普遍。教师和学生应注意此类现象，避免社会惰化给教学或生活带来的负面影响。

2. 企业管理者应明确每一位成员的责任。当代大学生应积极承担自身责任，主动面对更具挑战性的问题和任务。群体中的主导者也应明确每一成员的责任，督促成员完成各自既定任务，做到赏罚分明，从而提升群体效率。

3. 当代大学生在合作时要学会群体合理分工。领导者可以根据每位群体成员的特长和专业分配任务，充分利用专业知识和技能，提高工作效率和产出，并促进大学生集中精力发展自己的专长，从而在相应领域中取得更好成绩。

6.3 对应知识点：群体内聚力

案例十 领导典范哈罗德·杰尼

在人格魅力方面，国际电话电报公司（ITT）总经理哈罗德·杰尼绝对是一个表率。杰尼在 ITT 的总经理位置上稳坐了 20 年之久。在杰尼任职期间，ITT 创造了连续 58 个季度利润上升的纪录，不论是经济萧条还是上升时期，每年都以 10% 的增长率上升。这样的业绩一次又一次震惊了华尔街。ITT 拥有 250 家分公司，遍布全球 115 个国家，有 37 万雇员，是世界上最大最盈利的多行业联合企业。哈罗德·杰尼也成为美国企业管理界最有影响力的人物之一。

杰尼成功的因素有很多，但很重要的一点就是：用热情感染员工。在杰尼的心中有一个目标，就是要建立一个世界上创利最多的公司，而他的行动也证明了他的热情和干劲。他有着惊人的精力、天生的热情、敏捷的头脑，一天在办公室工作 12 ~ 16 小时是常事。不仅如此，而且杰尼回家还要看文件。他废寝忘食，不遗余力地工作，使公司所有的人都受到了感染，大多数经理人员工作都非常努力。杰尼说："作为一个领导，激发部下干出好成绩的最好方法在于平时用一言一行使他们相信你全心全意地支持他们。"为此，他把难度极高的工作分派给下属，激励他们挑战原本可望而不可即的高峰。一旦下属出色地完成任务，杰尼一定会不吝惜钱财，对下属大加奖励和赞赏，而且总是称赞得恰如其分：如果下属是因为聪明而完成任务的，杰尼就会赞赏他的才智；如果下属是靠苦干而成功的，杰尼就会表扬他的刻苦精神。同时，如果员工在工作中遇到不可逾越的困难，他希望能及早求援，并给予力所能及的帮助。作为一名优秀的总经理，杰尼一点都不高傲，他鼓励公开、自由、诚实的交流，欢迎来自下属的批评。杰尼认为，只有开诚布公，才能激励大家发挥创造力。这种卓尔不凡的领导力似乎有一种不可抗拒的力量，激发着每位员工勇敢超越自己的极限。

就是这样一位出身平平、做过会计、半工半读 8 年才取得大学文凭的杰尼，以非凡的领导力影响了一大批有才华的人。到杰尼退休时，曾经担任过 ITT 的经理，之后又到其他公司担任要职的总经理已有 130 人。这些颇有建树的人谈起杰尼时，都是恭之敬之，钦佩之至。因为杰尼培养了他们，并影响了他们的一生。从这个意义上讲，杰尼是他们的一面镜子，更是美国企业界成功的领导典范。

改编自：吴学刚. 凝聚力. 北京：中国致公出版社，2009.

一、思考题

1. 结合案例材料，谈谈杰尼为什么能够成功。

2. 运用管理心理学知识，谈谈领导方式对群体内聚力的影响。

二、参考答案

1. 杰尼的成功源于拥有较强的人格魅力和正确的领导方式。对于管理者来说，人格魅力可以获得下属的认可和追随，当员工充满工作热情时，可以提高工作效率，形成良好的工作氛围。正确的领导方式能够激发员工的潜力，提高员工满意度和工作动力。

2. 第一，亲和力高的领导者能与下属构建良好的人际关系，倾听、理解和关心他人，积极与团队成员进行互动和交流。这种亲和力可以促进沟通和信任，提升群体内聚力。第二，注重激励的领导方式可以激发员工的内在动力和积极性。员工能够感受到自己的工作价值和重要性，从而提高群体内聚力。第三，勒温的群体实验表明，不同的领导方式对于群体工作绩效和群体氛围的影响不同。在实行民主式领导的群体中，成员之间的关系更为亲密，群体思维更活跃，群体内聚力更高。

三、思政切入点

◎ **关键词：领导方式、成员激励、工作热情**

1. 领导方式是影响群体内聚力的因素。开放、民主、公平的领导方式对于群体内聚力的提高有促进作用。当代企业领导者必须采用合适的领导方式，激发群体使命感，促进群体沟通和协作，虚心听取员工的意见，并且及时改正自身错误。

2. 企业领导者必须重视激励对于提升群体内聚力的作用。注意公平性，将物质激励与精神激励、个人激励与群体激励相结合，增强群体成员的集团观念和内聚力。

3. 工作热情能够提高工作绩效，也是成就感与幸福感的来源。员工应当保持工作热情，勇敢面对工作中的难题，以积极的心态面对困难。企业领导者要设定明确的目标，塑造积极的工作环境和团队文化，提供正反馈和认可，从而激发员工的潜力，提高工作绩效和团队的整体表现。

案例十一　再优秀的个人不如团结一心的团队

拥有 NBA 历史上最豪华阵容的湖人队在总决赛中的对手是 14 年来第一次闯入总决赛的球队活塞队。赛前，很少有人会相信活塞队能够坚持到第七场。从球队的人员结构来看，湖人队是一个由巨星组成的"超级团队"，每一个位置上的成员几乎都是全联盟最优秀的，再加上由传奇教练菲尔·杰克逊对其的整合，在许多人眼中，这是 20 年来 NBA 历史上最强大的一支球队，要在总决赛中将其战胜只存在理论上的可能性，更何况对手是一支缺乏大牌明星的平民球队。然而，最终的结果却出乎所有人的意料，湖人几乎没有做多少抵抗便以 1∶4 败下阵来。湖人的失败有其理由：成员相互争风吃醋，都觉得自己才是球队的领袖，在比赛中单打独斗，全然没有配合；而马龙和佩顿只是为争夺总冠军而来的，根本就无法融入整个团队，也无法完全发挥其优势，团队如同一盘散沙，其战斗力自然也就会大打折扣。

相似的情况也出现在第 16 届世界杯决赛场上，决赛双方是东道主法国队与如日中天的巴西队。巴西素来有足球王国之称，而在这一年中，巴西队更是拥有包括罗纳尔多在内的一众球星。而法国队是第一次打入世界杯决赛，就要直接面对上一届冠军。在赛前，人们普遍看好巴西队能够夺得此次冠军。然而结果却出乎所有人的预料。法国队以3：0的比分完胜巴西队。决赛中，巴西队当家球星罗纳尔多表现低迷，巴西队没能打出配合，组成有效的攻势。反而是法国队紧密团结在球星齐达内周围，相互配合，最终拿下比赛。

明星员工的内耗和冲突往往会使整个团队缺乏内聚力，在这种情况下，1+1不仅不会大于或等于2，甚至还会小于2。在工作团队的组建过程中，管理层往往竭力在每一个工作岗位上都安排最优秀的员工，期望能够通过团队的整合使其实现个人能力简单叠加所无法达到的成就。然而，在实际的操作过程中，众多的精英分子共处一个团队之中反而会产生个人英雄主义的思想，从而降低了群体的内聚力，最终的效果还不如个人的单打独斗。相反，如果是一些能力普通的员工，他们在自己解决问题时往往会力不从心。但是如果有一个能力较强的人站出来，作为这个群体的领导，普通的员工紧密团结在领导周围，提升团队的内聚力，向一个共同的目标奋进，那么就能发挥出强大的力量。

改编自：搜狐.https：//www.sohu.com/a/191658555700084.

一、思考题

1. 结合案例材料，谈谈为什么拥有更多球星的球队反而会失败。
2. 群体内聚力的影响因素有哪些？

二、参考答案

1. 第一，目标不一致。团队中每个人都想当领导者，无法相互合作，团队没有秩序；有些人不是为了群体的胜利，而是将个人利益置于集体利益之上。第二，团队成员搭配不当。一个团队中，每个成员应该有自己擅长的领域，各司其职，分工合作。如果成员的能力是相同或相似的，便会产生竞争关系。综合这些原因，群体内聚力低下是他们失败的最主要原因。

2. 第一，群体规模。群体规模越小，且刚好能够分配完所有任务时，群体内聚力才能达到最大。第二，成员相似性。有着相似背景和价值观的群体在实现群体目标和维持群体行为规则上更容易达成一致；而在完成复杂的任务时，异质性更高的群体工作绩效更高。第三，外部竞争与挑战。群体成员面对一项具有挑战性的任务时，群体内聚力趋于增强。第四，成员相互作用越密切，群体内聚力越强。

三、思政切入点

◎ 关键词：群体内聚力、目标一致、集体利益

1. 群体内聚力是决定群体目标能否高效完成的重要因素。领导者在实际管理行为中应当认真考虑哪些因素能够提高群体内聚力，让群体成员之间保持融洽的关系，相互合作完成任务。

2. 群体中，目标一致性非常重要。只有保证群体的目标一致，才能共同努力和合作，从而达到团队预期的目标。每一个管理人员都需要统一群体目标，领导群体成员向同一个

目标迈进。只有这样，才能够保证团队的相互作用和协作，从根本上提高群体的整体质量和水平。

3. 集体利益与个人利益是相互依存的。集体利益为实现个人利益奠定了现实基础，只有维护好集体利益，个人利益才有保障。集体要充分尊重个人利益，个人也应该关心和维护集体利益。

案例十二　安利公司的激励制度

安利（中国）日用品有限公司（以下简称安利公司）是中美合作的大型生产性企业，是世界知名的日用消费品生产商及销售商，目前业务遍及 80 多个国家和地区。经过多年发展，安利（中国）在各方面均取得了长足进步，综合实力大大增强。谈到安利（中国）公司的成功，最值得关注的应当是安利公司有着先进的销售人员激励制度，由此产生的销售人员忠诚度使它的全球化市场战略的宏伟目标得以实现。

安利公司销售人员的奖励制度是提升员工忠诚度和工作效率的保证。帮助销售人员相信自我、挑战自我和成就自我使得安利公司的骨干销售队伍固若金汤，并由此提升了顾客满意度。安利公司销售代表只要付出努力，就可按产品销售业绩取得顾客服务报酬及销售佣金。为鼓励员工设定事业目标，安利公司经常推出各项奖励计划。如果员工取得优异的业绩，安利公司还会给予精神上的嘉奖，授予一系列荣誉奖章，以肯定其在事业上取得的骄人成就。

安利公司注重员工个人发展，为员工提供培训，以此帮助员工实现自我价值。公司通过多种文字及音像媒介，提供产品及企业资料，让销售代表充分了解公司的最新产品信息及业务动态，充分掌握市场脉搏，洞悉商机。此外，安利公司也定期举办产品说明会和销售技能培训会，由资深营销人员及专业人士讲解产品知识，进行产品示范，交流销售心得，帮助销售人员提高从业技能及专业水平。安利公司每年都会在世界各地举办各类旅游研讨会，员工只要达到指定的业绩标准，便可获邀免费出席，可直接与公司高层管理人员沟通，交流业务心得与经验，学习营销技巧，增进团队精神。在研讨学习之余，可顺道游览，增长见闻。历年来安利公司营销人员的足迹已遍及东南亚、美国及欧洲等地。旅游形式的销售技能研讨会使销售人员既丰富了知识，增加了阅历，又陶冶了情操，放松了身心。而在安利公司团队旅游中享受的那份尊荣，有着独自旅游无法体验到的快乐。每个参加过这种活动的销售人员，回来后无不更加勤勉地工作。

安利公司给予销售代表的不仅仅是他们对于物质上的渴望，更给了他们事业和精神上的追求。从事安利公司营销工作，可发挥个人所长，获得经营个人事业的满足感，结识一群有共同目标的事业伙伴。安利公司对于销售代表忠诚度的维护，不只是单纯依赖加薪和升职，而且通过公司独有的凝聚力及人文气息感染他们。公司为员工提供了非常优厚的福利待遇，包括免费健身、医疗、牙科、眼科和护理等服务，这让他们觉得公司不再是为了薪金和职位而拼杀的战场，而是关怀他们成长的"家庭"。

改编自：卢盛忠. 管理心理学实用案例集粹. 杭州：浙江教育出版社，2003.

一、思考题

1. 案例材料中安利公司是如何提升群体效率的？
2. 结合管理心理学知识，试分析如何实现有效的激励。

二、参考答案

1. 第一，注重群体内部奖励制度，通过激励促进员工积极工作。第二，注重员工个人发展。让员工学会更多技能和工作技巧，以实现个人价值。第三，关注员工身心健康。营造和谐友爱的企业氛围，增加员工的归属感。

2. 第一，了解员工需求、动机和目标。第二，设定具体和有挑战性的目标，为员工提供明确的方向，并激发他们的工作动力。第三，提供发展机会，员工渴望不断学习和成长。提供培训、跨部门轮岗、参与项目等发展机会，可以激发员工的积极性和动力。第四，适当的奖励和认可可以增强员工的工作动力和满意度。奖励可以是物质上的，如工资增长、奖金或福利待遇，也可以是精神上的，如表彰或特殊待遇。关键是确保奖励与员工的表现和贡献相匹配，并且保证公正透明。

三、思政切入点

◎ 关键词：员工激励、个人发展

1. 激励可以激发员工的内在动机和工作热情。通过满足员工的需求、提供挑战性的任务和目标，并给予适当的奖励，可以增强员工的积极性和主动性，使其更有动力去追求卓越的工作表现。激励可以提高员工的满意度和工作投入度，使他们更愿意留在群体中并做出贡献。有效的激励可以促进群体效率的提升。当员工的动机和表现得到充分激发时，他们的工作质量和效率将提高，整个群体的绩效也会相应提升。

2. 企业应该注重员工的个人发展，包括员工个人能力的提升和员工的身心健康。员工个人发展是满足员工成长需求的重要途径。当员工感受到企业关注和支持他们的个人发展，他们更有动力去工作，并保持忠诚。个人发展机会可以激发员工的内在动机和工作热情。当员工有机会发展自己的技能、知识和能力时，他们更有动力去追求卓越的表现。此外，通过注重员工个人发展，企业可以培养和提拔内部的领导人才。

第 7 章 群体心理与管理

7.1 对应知识点：群体沟通

案例一 医学检验专业人员的群体沟通

在医学发展的大背景下，医学检验工作显得越来越重要，几乎在医疗的各个环节都能看到医学检验工作人员的身影。随着科技日新月异的发展，各种新的技术和原理应用于检验项目中，检测项目越来越多，检测精度也越来越高，要想使医生和患者都能够了解新技术下的检测结果，医学检验专业人员必须具备较强的沟通能力。

沟通在医学检验工作中具有重要意义。沟通是人与人之间、人与群体之间思想与感情的传递和反馈的过程，其关键点在于"信息"的传递和接收。在医疗方面，这种"信息"主要包括患者的病症信息和医生的治疗信息。在当今纷繁复杂的医患关系、同行关系中，因沟通不畅而导致的矛盾和冲突不在少数。沟通是检验工作中非常普通的环节，却能使检测结果发挥不同的作用。有效的沟通不仅可以提高检验报告的质量，还可以减少误诊率，为临床医生挽救患者生命提供及时可靠的数据。此外，良好的沟通能力不仅可以提高医学检验专业工作者在医患心目中的地位，同时还可以塑造良好的口碑效应。医学检验人员在医患沟通过程中处在关键的位置。为了改善医学检验科人员与相关群体的沟通，医学部门应当采取以下对策。第一，加强与临床医生的沟通力度。在日常医疗工作中，医学检验科工作人员要保证将精准的检测结果有效地提供给临床医生做参考，满足临床科室的工作需要；通过会议、讲座等方式向临床医生介绍新的检验项目及检验结果的临床意义，为其提供相应的疾病治疗手段和针对性的药物指导意见。第二，改善与护理人员的沟通效果。定期对护理人员进行样本采集的技能培训，这不仅可以快速提升新上岗护理人员对此项工作的熟悉度，同时还可以提高老护理人员采集标本的准确度。第三，提高与患者的沟通能力。首先，从心理方面应高度重视患者提出的各种问题，以高度负责的态度应对患者的各个疑问。其次，检验人员要积极为患者创造轻松的氛围，缓解患者焦急等待的心情，进而减少与检验人员的矛盾冲突。

总之，良好的沟通不仅可以使检验人员和医护人员形成优秀的团队为患者提供优质的服务，更能提高疾病治疗的效果，此外，与患者良好的沟通还可以赢得患者的信赖与认可，树立医院的口碑，进而提高检验科在患者心目中的地位，为医院的发展创造良好氛围。

改编自：代云峰、张迎春，曹春姚．医学检验专业人员与相关群体沟通的策略探讨．健康之路，2017，16（05）：272-273.

一、思考题

1. 医学检验人员与患者和临床医生沟通的关键点是什么？
2. 结合案例材料，分析医学检测人员与临床医生的沟通过程和要素。

二、参考答案

1. 沟通过程的关键点分别是信息准确性、信息传递的速度和沟通的态度。

第一，医学检测人员首先要保证的是患者信息的准确性。如果没有准确的患者信息，临床医生无法为患者提供正确的治疗方式，甚至可能会出现医疗事故。第二，信息传递的快捷与否决定治疗能否及时。在互联网不发达的年代，检测结果需要漫长的时间才能到达医生手中，在这过程中很可能耽误最佳治疗时间。而随着互联网的发展，检测报告能很快发送到临床医生的电脑里，大大提高诊断效率。第三，良好的沟通态度也会影响沟通效率。

2. 医学检测人员相当于信息发送者，通过拍摄 X 光片、血液化验等结果对患者信息进行"编码"，以医院的互联网信息系统为通道进行信息传递，医生是信息的接收者，运用知识和经验对信息进行译码，并给出治疗意见（见图 7-1）。

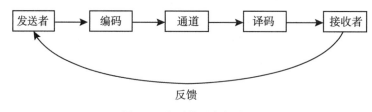

图 7-1　沟通的要素与过程

三、思政切入点

◎ **关键词：沟通、群体沟通、人民健康**

1. 沟通是传递信息的手段，无论是在日常生活中，还是在学习工作中，学会与人沟通至关重要。正确和高效的沟通方式能清楚地表达信息发出者的信息、情感、态度等，以此提高工作效率，获得良好的人际关系。相反，如果沟通不到位，将会产生误会，影响自己的工作和生活。

2. 学会与人沟通非常重要。每一个人应该掌握正确的沟通策略，以积极和耐心的沟通态度，主动化解矛盾和分歧。在沟通时可以采取的策略为：提高自身的可信度，明确沟通目标，选择沟通形式。

3. 习近平总书记在党的二十大报告中提出，推进健康中国建设。把保障人民健康放在优先发展的战略位置，完善人民健康促进政策。医学人员提升沟通技能可以提高医学检验专业工作者在医患心目中的地位，赢得患者的信赖与认可，进而不断满足人民群众日益增长的健康需求，持续增进人民健康福祉。

案例二　日本索尼公司创始人盛田昭夫的沟通启示

2023 年 6 月，日本索尼公司入选福布斯发布的 2023 年福布斯全球企业 2000 强榜单，位列第 57 名。盛田昭夫是日本索尼公司的创始人，他每年都会通过讲解索尼的企业精神、企业文化来激励新人。他经常走进职工餐厅与职工一起进餐、聊天，培养员工的合作意识和他们的良好关系。

对从大学毕业的实习生，盛田昭夫讲道："首先，你们应该了解学校与企业的不同。在学校，是你付学费给学校，但现在是企业付学费给你。当你在工作上一点一滴地适应新环境时，你是企业的一个负担、一个包袱。第二，如果你在学校里表现不错，能考 100分；如果你在考卷上什么都不写，就会得零分。但如果你在工作上犯了错，那就不是简单的分数可以打发的，而会是一个负分，可能会对公司造成巨大伤害。未来这 10 年、20 年将是你们生命中的黄金时期，每个人都只拥有一次。当你离开公司，或是几十年后离开这个世界时，我不希望你后悔把最宝贵的岁月花费在了这里。在未来的几个月里，你们最重要的事就是，决定自己是否喜欢在这里工作。快乐必须由你自己去创造。"对于正式入职的员工，盛田昭夫常常这样讲道："我们一旦用了你这个人，就会视你为同事或帮手，绝不是赚钱工具。作为经营者，我固然要时时将股东的利润放在心上，但是我也必须考虑员工或同事。我会尽可能地认识公司的每位员工，并亲自跟他们谈话。我必须时时考虑如何回报这些帮我经营企业的员工。只要你们工作一天，我就要为改善你们的福祉尽心尽力一天。我认为，员工才是企业最重要的人。公司不是属于少数管理者的，而是属于全体员工的，包括最底层的员工。我们的高级主管有责任领导企业并关心部属。我们有一项政策，那就是不论你在何处、在哪个岗位，只要你是我们的员工，就是索尼大家庭的一分子。我希望你们人人都能固守工作岗位、积极工作，但这个前提是：你们是快乐的。"

很多人担心在索尼找不到定位，盛田昭夫这样讲道："我有一次在食堂吃饭时，看到一个小伙子心神不宁。后来，我了解到，这个小伙子的上级是个草包，小伙子对他在索尼的前途感到失望。这对我来说是当头棒喝。于是，我决定在公司内部发行一份企业内刊，并在上面刊载各部门现有的职位空缺。""这样一来，许多员工都可以悄悄试探公司内部其他可能的工作机会，试着让员工能够每两年一次调动到新的工作岗位。必须及早为那些冲劲大且跃跃欲试的员工提供机会，让他们借着内部的调动，找到适合自己的岗位。我这样做有双重好处：一来员工通常可以找到更满意的工作，同时，人事部门也可以因属下纷纷求动，而测出管理上的潜伏问题。我知道，你们中的很多人，为了急于找到一份工作，压低自己的要求，干起了文员、打字员、守卫等低职位的工作。你们很可能适合更高级一点、更能体现个人价值的岗位。如果你们对现有的岗位不满足，就有权利去找一个感觉更愉快的岗位，为什么不去呢？"

改编自：百度文库. https://wenku.baidu.com/view/5e42c5240e22590102020740be1e650e53eacf7b.html？fr=view_search_preview1&cc=SearchFloatDoc1&sxts=1664110604452.

一、思考题

1. 盛田昭夫与员工的沟通类型是什么？

2. 结合管理心理学知识，分析企业领导与员工沟通能为企业带来哪些方面的影响。

二、参考答案

1. 盛田昭夫与员工的沟通类型包含：（1）双向沟通。盛田昭夫听取员工的看法，并对他们提出意见和建议，激励他们努力工作，克服困难。（2）口头沟通，非正式沟通。这种沟通方式更加直接，更有亲和力，能够拉近领导和员工之间的距离，营造良好的工作环境。

2. 领导和员工沟通能够让员工明确企业的工作目标和任务，促进企业部门与部门、员工与员工之间的紧密合作，增加企业的凝聚力。管理者和员工沟通时给予员工平等的地位，让其感觉到自己得到重视，这样才能说出自己的真实感受和想法。信息共享对于企业来说是至关重要，全方位的信息共享代表企业内部没有信息沟通的障碍，可以使信息根据需要快捷地流动，从而使组织发挥出整体的协同效应。

三、思政切入点

◎ **关键词：主动沟通、上下级沟通、双向沟通**

1. 引导企业管理者改善沟通环境，创造良好的沟通氛围。如果管理者真正要和员工建立亲密关系并使他们热诚工作，就应该走出办公室，抱着真诚的愿望和员工相互交流，并且要为员工创造一个良好的沟通氛围。

2. 企业管理者应根据企业发展的需要有目的地健全内部沟通渠道。企业要根据实际情况选择沟通渠道，包括正式沟通、非正式沟通。这两种沟通渠道有各自的优点和缺点。其中，非正式沟通的积极作用越来越明显，它能更好地激发员工的主动性、积极性，建立和谐的上下级关系。员工能在无压力的情况下向领导提出建议，有利于领导掌握公司实际情况，制订下一步发展计划。

3. 引导员工主动与公司管理者交流。适时积极表达自己的想法和建议，这也是为公司发展贡献自身力量的必要途径。同时，这也有利于自身在公司的发展，有利于实现个人价值。

案例三　顺畅的沟通拯救了佐治亚电力公司

佐治亚电力公司为佐治亚州的 170 万顾客提供电力，雇用了约 14000 名员工。但公司却承受着很大的压力，原已确定的政府退出公用事业政策和由此而来的竞争危及公司的盈利；公司原来的首席执行官和董事长都已退休；只有 4% 的员工知道公司的两项主要目标，增加退税率和降低电力成本；审计部门正在审计该公用事业公司的财务状况。此外，公司最近还发生了一起意外事故，公司的前任总裁助理在一次飞机失事中去世。各级员工都对公司发生的情况感到无所适从，关于公司的未来也是谣言四起，该公司似乎失去了前进的方向。

新任首席执行官比尔·达尔伯格意识到必须尽快拯救这艘正在下沉的船。他断定，顺畅的沟通渠道，不仅对改进员工的态度和使他们了解公司的目标是必需的，而且对于让他们了解公司未来的观点和改善服务顾客的途径也是必不可少的。达尔伯格给公司的沟通联络部下达指示，要求该部门在教育和激励员工的沟通方面负主要责任，起带头作用。沟通联络部的两位负责人拉姆金和卡曼决定，采用多媒体的方式改进和扩大公司内部的书面和口头沟通。在许多改革措施中，他们在书面沟通方面倡议扩大公司每周简报的规模，向员工提供更有吸引力的、通俗易懂和内容丰富的信息。另一项倡议是开始发行季度计分板简报，通报公司当前的业绩。为了加强口头沟通，沟通联络部的这两位主管采用一种层级式的方式，向员工传递首席执行官对公司增加利润和降低成本目标的观点。达尔伯格个人则与高层管理团队直接见面传达他的意图。然后，这些高层管理者再与他们的下属，即下一层管理者会面传达信息，组织下层管理者观看达尔伯格说明他的观点的录像，并对下层管理者不清楚的问题和疑点做出解释，再由下层管理者将公司增加利润和降低成本目标的观点传递给基层员工。

公司改进沟通的这些努力在促进各级员工了解公司状况的方面是很成功的。在这种变革之后，70% 的员工都了解了公司的目标，但员工的态度依然是消极的，必须进一步做工作。为了转变员工的态度，达尔伯格和沟通联络部采取了一些新措施。第一，创造一种信任和友爱的氛围。公司规定，每个月举行一次"牛仔裤日"，在这一天，公司的每一个员工都穿上蓝色牛仔裤。第二，设立"每人都有一顾客"奖，让普通员工都能认识到彼此的成绩，并对成绩出色者进行奖励。第三，全体员工都被邀请参加公司的年度决策会议，会上由首席执行官发表讲话。调查表明，改进沟通不但促进了员工对公司目标的了解，而且提高了员工对佐治亚电力公司的满意度。

改编自：卢盛忠.管理心理学实用案例集粹.杭州：浙江教育出版社，2003.

一、思考题

1. 案例材料中的沟通类型有哪些？这些沟通类型有何特点？
2. 结合管理心理学知识，谈谈沟通对于企业管理的重要性。

二、参考答案

1. 从沟通的媒介上看，有口头沟通，包括面谈、会议、讨论等，其特点是快速灵活，能得到及时反馈；书面沟通，包括文件、通知、告示等，其特点是比较严谨，具有永远记录性。从沟通的流向角度看，有下行沟通，即从高水平向低水平进行沟通，如上级管理者向下属传达信息和观点。

2. 第一，沟通是信息在组织内传递的关键方式。它确保员工了解组织的目标、政策和程序。有效的沟通可以确保团队成员在完成任务时拥有正确的信息。第二，良好的沟通有助于建立优秀的团队氛围，增进彼此之间的理解和信任，促进团队合作。第三，沟通是有效领导的关键要素。领导者需要能够清晰地传达愿景、目标和战略，以便激发员工的动力。他们还需要倾听员工的反馈意见，以便更好地了解员工的需求和问题。通过有效的沟通，领导者可以与员工建立良好的关系，增强影响力，并获得员工支持。

三、思政切入点

◎ **关键词：沟通、沟通类型、改革创新**

1. 对于企业而言，内部沟通是必不可少的。企业管理者与员工需要沟通，员工之间也需要沟通。管理者用沟通实现信息传递，掌握组织情况，控制组织的运行。所以，企业管理者必须重视与员工的沟通以及员工间的沟通，保证信息传递的准确性和高效性，构建和谐的氛围，才能让企业正常运转。

2. 沟通可以根据参与者的地位、沟通流向、沟通媒介和沟通规范等方面分为各种类型。每一种沟通类型适用于不同的情境。无论是政府还是企业，必须根据场景和目标采用合理的沟通类型，实现沟通效果最大化。

3. 企业改革创新对于提高竞争力、增强适应能力和激发员工创造力具有重要意义，是企业持续发展和成功的关键因素之一。当今企业家应当注重改革创新管理方式，在制定相关政策时要结合管理心理学相关理论知识，提高集体绩效的同时满足个体员工的需要。

案例四　特斯拉汽车在突发事件中的沟通管理

特斯拉（Tesla）是美国一家电动汽车及能源公司，随着电动汽车市场的逐渐兴起，特斯拉已成为全球知名的电动汽车品牌之一。然而，2022年以来，特斯拉似乎成了一些媒体关注的焦点，每当电动汽车发生事故时，总是将特斯拉与之联系在一起。作为全球电动汽车市场的佼佼者，特斯拉以其创新技术、独特设计和出色性能赢得了广泛的关注。随着公司市值和销量的不断攀升，特斯拉在全球范围内的知名度也水涨船高。因此，每当发生事故时，媒体很容易将焦点聚焦在特斯拉身上，从而吸引更多的眼球。

特斯拉一直是自动驾驶技术的研发先锋，其推出的自动驾驶辅助系统在业界具有很高的知名度。然而，尽管特斯拉不断强调其自动驾驶技术的安全性，但一些事故的发生仍然让公众对其产生怀疑。因此，每当与自动驾驶相关的事故发生时，特斯拉很容易成为被关注和指责的焦点。特斯拉的公关策略具有一定的独特性。首先，特斯拉通过创始人埃隆·马斯克的个人魅力和社交媒体影响力，成功吸引了大量关注。马斯克在 Twitter 等社交媒体上积极互动，分享特斯拉的最新动态和产品信息，从而为品牌塑造了一种前卫、创新的形象。其次，特斯拉在公关上采用了一种相对低调的策略。与其他汽车制造商相比，特斯拉在广告方面的投入相对较少，更多地依赖于口碑和用户体验来传播品牌。这种策略使得特斯拉能够在市场上保持独特的地位，但同时也让特斯拉在发生事故时更容易受到关注和质疑。面对负面舆论，特斯拉积极应对，积极沟通，展示公司在安全、技术和服务方面的努力。例如，特斯拉通过公开调查结果、进行技术优化、提供更好的售后服务等方式，来减轻公众对其产品安全性的担忧。同时，特斯拉相较于同类汽车企业也更加注重与媒体、监管机构和消费者的沟通，适时回应质疑，传递正面的品牌形象。

总之，特斯拉在事故中备受关注的原因既与其知名度、电动汽车安全问题、自动驾驶技术争议等因素有关，也与其公关策略的得与失密切相关。为了应对负面舆论和维护品牌声誉，特斯拉日后需要在公关策略上做出相应的调整，以确保公司在电动汽车市场的长久发展。

改编自：陈不染．我国汽车企业在突发事件中的沟通管理研究．中国矿业大学，2020.

一、思考题

1. 结合管理心理学知识分析特斯拉的沟通策略。
2. 结合管理心理学知识，谈谈企业如何规避信息沟通危机。

二、参考答案

1. 特斯拉利用口碑和用户体验来进行沟通公关，面对新能源汽车的安全问题积极应对，向社会公众公开测试数据，在问题车辆面前从"永不妥协"到"主动沟通"，及时申请在相关部门的指导监督下启动调解。

2. 企业突发事件下的信息沟通管理对于解答公众的质疑与猜想、与公众之间建立良好的沟通、弱化谣言给企业带来的不良影响等方面具有重要价值。采取消极逃避态度和推脱的做法，对舆论没有起到引导作用，反而会增加舆论给企业带来的负面影响。

三、思政切入点

◎ 关键词：真诚沟通、公众信任、社会责任

1. 在工作中不仅需要扎实的业务技能和专业知识，而且需要良好的沟通能力，希望青年学生能够在以后的工作中善用沟通技巧，提高沟通能力。
2. 企业与社会公众之间的信任是品牌建设的基础。因此，在突发事件爆发时，汽车企业必须秉承真实性原则，实事求是，只有对利益相关者和社会公众真诚相待，才能获得

足够的同情、理解、信任和支持。

3. 很多汽车企业为保障短期利益，站在自身角度考虑并采取拒绝同车主或当事人沟通的做法，为了保障企业的眼前利益，却未能有效把危机转化为企业营销的机遇，使企业丧失了更多长期潜在利益。

案例五　海尔集团的沟通网络

海尔集团是世界第四大白色家电制造商，也是中国电子信息百强企业之首。海尔在全球 30 多个国家建立本土化的设计中心、制造基地和贸易公司，全球员工总数超过 5 万人，重点发展科技、工业、贸易、金融四大支柱产业。2022 年 9 月 22 日，世界品牌实验室发布了 2022 年《亚洲品牌 500 强》排行榜，海尔连续 17 年登上榜单，蝉联榜单第四名。

海尔沟通网络的建设，经历了一个由区域性网络到全国性网络，再由全国性网络到全球性网络的发展过程。发展初期，海尔集团依靠商场销售到店中店、再到建设自己的品牌专卖店，树立起海尔品牌的知名度和信誉度。海尔根据自身的产品类别多、年销售量大、品牌知名度高等特点，适时进行了通路整合。在全国每一个一级城市设有海尔工贸公司；在二级城市设有海尔营销中心，负责当地所有海尔产品的销售工作，包括对二级市场零售商和三级市场零售商的管理；在三、四级市场按"一县一点"设专卖店。每到特定的时间段，销售信息就会由市县级的专卖店一层一层向上汇总，最后由总公司进行整合分析。各级门店、营销中心和零售商在这一过程中进行销量和价格的信息交流，发现营销过程中存在的问题，为之后的营销战略做准备。海尔独特的沟通网络建设还体现在用户服务上。海尔独创了"人单合一"的管理模式。"人"指员工，"单"指用户价值，"合一"指员工的价值实现与所创造的用户价值合一。"人单合一"的基本含义是每个员工都应直接面对用户，创造用户价值，并在为用户创造价值中实现自己的价值分享。这种模式的优势是，员工报酬来自用户评价、用户付薪，而不是上级评价、企业付薪。这样就激发了海尔员工的积极性，主动与客户进行沟通，与客户建立亲密关系，搜集产品使用问题和建议。而这种模式的颠覆同时颠覆了企业、员工和用户三者之间的关系。传统模式下，用户听员工的，员工听企业的，"人单合一"模式下，企业听员工的，员工听用户的。战略转型、组织重构和关系转变带来的是整个商业模式的重建。

随着时代的发展，在实际的经营过程中，用户的需求会不断更新，形成大量的个性化需求，这就要求企业具备迅速响应其市场需求的能力。为此，海尔对自身的组织管理体系进行了大幅革新，形成了"集团—管理平台—链群—小微/创客"的纵向管理体制。所谓链群，是由少数具备专业能力的自主经营者组成的群体，它的功能其实就是和用户之间交互，将用户的这种需求创意转化。其一方面直接对接用户需求，另一方面又统领着各项资源，生产出相应的产品和服务并将其交付至用户。通过这种链式结构的搭建，海尔能够更加直接地与客户沟通，更精准地满足客户需求（参见图 7-2）。

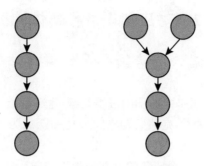

图 7-2　链式沟通与 Y 式沟通

改编自：支晓强，杨志豪，王储，等．商业模式转型、组织结构创新与企业成本管理——基于海尔集团链群组织的案例研究．中国软科学，2022，No. 380（08）：92-102.

一、思考题

1. 谈一谈海尔沟通结构的特点。

2. 海尔独特的管理模式对我们有哪些管理心理学启示？

二、参考答案

1. 海尔的沟通网络具有链式和 Y 式的特点。链式沟通网络的优势在于信息传递的准确性高，Y 式沟通网络不仅准确性高，重要的信息也有较高的集中度，可以为领导提供决策参考。海尔也与客户建立了双向沟通关系，提高用户满意度和对海尔产品的依赖性。

2. 一是积极构建企业的沟通网络，每种沟通网络都有自己的优缺点，其有效性取决于界定标准和使用环境。管理者要根据实际情况灵活选择相应的沟通网络。二是企业应当做好客户服务工作，积极与客户交流，听取客户反馈意见，打造优秀的品牌与口碑。

三、思政切入点

◎ **关键词：沟通网络、创新精神、顾客导向**

1. 新时代企业管理者应具备创新精神。勇于开创新的适合中国发展现状的管理和营销策略。随着改革开放的不断深入，中国企业要做好走出国门的准备，在激烈的国际竞争中取得一席之地，为中国经济发展做出新的贡献。

2. 新时代的企业应坚持以客户为中心、以服务为导向的理念，满足客户的期待和需求，虚心听取各方客户的意见。

3. 企业管理者应构建适合本企业发展的沟通网络，做到信息快速传递，提高工作效率。各企业的内部环境不同，可选择的沟通网络也不尽相同，这就需要领导层根据企业内部结构特色，合理安排布局不同的沟通网络。

7.2 对应知识点：群体冲突

案例六 跨国公司的群体冲突

戴姆勒-克莱斯勒集团公司是由原德国戴姆勒-奔驰汽车公司与美国克莱斯勒汽车公司合并而成的。强强联手让戴姆勒-克莱斯勒集团公司一跃成为当时世界上第二大汽车生产商。然而，这场合作以失败告终。

在合并之初，董事会认为一个成功的合并公司必须抛弃各自的企业文化，应创造双方都可遵循的一种文化。然而，新公司没能整合两种文化，反而引发争论。美国和德国的文化差异，造成两个企业文化截然不同，各自公司的特征、管理者的思维定式和管理方式也完全不同，因此经营策略必然存在着差异。美国属于个人主义文化的国家，非常崇尚个性。德国文化具有集体主义文化的特征，倾向与集体保持一致、以集体利益为重。在管理方面，德国企业每一个决策都需要经过不同管理层的多次讨论之后才能做出决定，不易接受他人想法；而美国企业决策的速度则很快，因为每一个部门经理在其职权范围内都被授权可做决定，不必与上级商量或让部下讨论。这两种相互冲突的决策方式导致公司在进行决策时效率低下。由于管理层的矛盾与冲突，戴姆勒-克莱斯勒的 CEO 也换了几任。不同的管理人员带来了不同的管理方式和理念，企业也一直处于不稳定的状态。这种个人主义与集体主义的差异和冲突也造成美德两国员工在对企业是否忠诚方面有不同的表现。美国员工追求最大化实现自身价值，即当公司的目标与利益与个人的利益相吻合时，他会为公司效劳；当公司的利益与个人的利益相矛盾时，他会毫不犹豫地维护自己的利益。这也让德方抱怨美方高层管理人员频频跳槽。两国员工个性差异导致企业决策效率低下。美国人崇尚个性。他们非常自信，勇于提出自己的看法并且与他人争论。德国人较为固执，对已作出的决定，他们不会轻易放弃。必须以充足的依据证明他们的想法是错的才能改变他们的想法。双方在进行决策时会各持己见。这种争执和正面冲突既会伤害彼此的合作关系，又不利于问题的解决。美国员工在发现自己的想法难以得到公司认可时，会扬长而去；而德国员工坚持己见，不解决问题决不罢休。双方个性难以融合（参见图 7-3）。

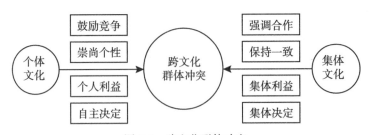

图 7-3 跨文化群体冲突

这次跨国合并之后，形势并没有朝预期的方向发展。受累于成本等原因，克莱斯勒连年亏损，这让戴姆勒不堪重负。克莱斯勒的高级管理层逐渐淡出了新公司的领导团队。最终，戴姆勒与克莱斯勒之间长达 9 年的"联姻"结束。

改编自：黄亚辉．跨国公司的跨文化冲突典型案例研究——以"戴姆勒-克莱斯勒公司"为例．现代商业，2018，No.485（04）：157-158.

一、思考题

1. 结合所学知识，试分析戴姆勒-克莱斯勒集团公司群体冲突的过程。
2. 跨国公司该如何应对这种文化差异所带来的冲突？

二、参考答案

1. 冲突的过程可以分为冲突源、冲突的认知和情感、行为意向、外显行为和冲突结果。（1）冲突源：戴姆勒和克莱斯勒合并后具有相互依赖性和彼此差异性。两家公司合并后运营策略需要共同制订，同时两国管理层员工在性格、公司文化方面具有差异。（2）冲突的认知和情感：合并后的企业管理层能感受到不同公司文化所带来的矛盾。（3）冲突的行为意向：美国管理层和员工在遇到冲突时往往选择回避，而德方坚持自我的看法。（4）外显行为：美方在冲突后往往选择跳槽，寻找能实现自身价值的地方。德方倾向于将自己的想法强加于别人。（5）冲突结果：降低公司的效率，人才流失，业绩连年下滑。

2. 企业应采取有效的冲突管理手段。在跨国公司中，首先要树立正确的跨文化观念。管理者应该客观看待公司内部的文化差异，树立全球化意识。其次，建立统一的价值观，树立统一的目标。管理者要积极促进不同文化的融合，建立有效的跨文化沟通机制。再次，鼓励竞争，鼓励员工提出自己的意见和看法。冲突保持在一个适当的水平，能够激发员工的上进心，促进公司发展。最后，设立有效处置冲突的部门。这个部门可以充当中间人，如果冲突和分歧无法解决，可以请求第三方进行调解。与冲突双方进行充分的沟通交流。

三、思政切入点

◎ 关键词：文化差异、冲突管理、求同存异

1. 文化差异在跨文化沟通与管理中是一种必然的现象。如果处理不当，这种非管理因素必将成为导致公司经营管理失败的决定因素。在当今全球化背景下，不论是跨国公司，合资企业，还是国有企业，首先要跨越的一大障碍就是企业内部的跨文化冲突。文化冲突在中国经济融入全球经济大循环中将会如何反映，以及我们如何应对文化冲突将是企业面临的一个重大课题。

2. 企业管理层要学会合理管控冲突。激发建设性冲突，鼓励竞争，激发员工的积极性和创造力，集思广益解决问题。同时要预防破坏性冲突，确立统一的目标和价值观，设立专门调节冲突和分歧的部门，避免冲突程度过高造成员工内斗，影响企业效益。

3. "求同存异"是周恩来在印尼万隆召开的亚非会议上针对某些国家针对中国制造矛盾的行径，为推动会议顺利进行、增强与会国的团结、表明中国的立场而提出的一项基本方针。其意思就是要寻求大家的共同利益，保留自己的不同意见，是认识问题、解决矛

盾的基本方式；是寻求利益共同点，留下不同观点，即不因个别分歧而影响在主要方面求同，也叫求大同，存小异。

7.3 对应知识点：群体决策

案例七 从一元决策到多元参与——广州恩宁路旧城的更新

旧城更新的概念诞生于欧美发达国家，其核心目标在于让破旧的老城重新吸引投资。广州恩宁路旧城更新的目标是提升城市形象，而政府在其中的角色是主导方、决策方和前期推动方。

恩宁路的更新是典型的政府一元决策规划。从拆迁实施到资金筹备，都由政府进行封闭式操作。由于在决策过程中缺乏周边居民和公众等主体的参与，更新过程困难重重。旧城更新，特别是涉及社区更新，普遍存在局部利益与整体利益、保护与发展的矛盾。政府的单一决策倾向于诉诸自身，排斥相关主体，以经济发展为导向，以获得城市发展用地和反映城市形象为目标，并倾向于采用简单的建设技术标准。在广州本地背景下，政府在恩宁路旧城更新中的单一目标和多重目标之间的矛盾和差异主要体现在经济、文化和环境三个维度上。由于政府目标与居民利益之间的根本冲突，居民自始至终都被排除在决策之外。项目初始阶段的公众参与是对单一决策的修订，但在恩宁路项目中，公众的不及时参与导致了争议性问题，如对更新的目标、更新的方法和更新的空间环境预期（施工强度和形状），无法讨论。同时，决策过程简单化使得整个事件处在被动的局面。举步维艰的进程不仅没有吸引开发商的投资，后期更新的费用仍然需要政府来买单。恩宁路事件表明，旧城更新项目若不从目标确定阶段开始，由政府、社区居民、第三方组织共同探讨决定该地区的发展方向，达成共识，而是由政府一方确定更新目标后便开始实施，必然会为后期的工作埋下隐患。

随着项目推进，多元主体逐渐介入。居民、媒体、民间组织、专家学者之间形成了信息传递、诉求表达的链条，使得更多的人关注恩宁路，引发大家对于该项目未来的思考。居民在旧城更新的过程中向政府反映了迁动建筑面积过大的问题，提出了保护传统建筑的建议。媒体对于更新的过程与方案进行详细的报道，吸引一些青年学者关注这个项目，并提出自己的意见。这些因素影响了项目进程，对于维护居民权益、促进公共参与有积极作用，使得更多市民意识到历史文化的价值。从项目启动到现阶段，政府与规划编制单位是恩宁路项目的决策团体，设计单位中专家学者的建议改变了项目的规划理念。随着项目的进行，决策团体与相关团体构成了决策施加与反馈的机制，提升了旧城更新项目的合理性和科学性。

改编自：刘垚，田银生，周可斌. 从一元决策到多元参与——广州恩宁路旧城更新案例研究. 城市规划，2015，39（08）：101-111.

一、思考题

1. 根据案例材料，比较个体决策和群体决策的异同。

2. 案例材料给了我们哪些管理心理学启示？

二、参考答案

1. 个体决策的优点：简便、迅速、责任明确。

缺点：一方面表现在个体决策所需的社会条件难以充分具备。其具体表现是社会难以找到杰出的个人决策者，那些具备条件的个人又不一定能成为掌握权力的决策者；另一方面表现在受决策者个人的经验、知识和能力限制。

群体决策的优点：（1）有利于集中不同领域专家的智慧，应付日益复杂的决策问题。（2）能够利用更多的知识优势，借助于更多的信息，形成更多的可行性方案。（3）有利于充分利用其成员不同的教育程度、经验和背景。（4）提供决策的可接受性，有助于决策的顺利实施。

缺点：（1）决策速度、效率可能低下。（2）在群体决策过程中，决策者存在从众压力。（3）会出现少数人控制的现象。

2. 大学生在以后的工作中，不能单打独斗，应多听取他人的意见与建议，考虑工作的实际情况并充分重视他人的建议，这样才可以更好地完成工作；保证公平性，即各方都可以积极参与决策讨论。

三、思政切入点

◎ 关键词：群体决策、集思广益、合作精神

1. 群体决策相较于个体决策，能够集中各方不同领域的专家意见，获得更多信息，提出更多可行方案，提升决策的科学性。作为新时代青年人，要认识到群体决策的重要性，具备团队合作精神，在团队面临重大问题时，能够主动与他人合作，共同制定解决方案。

2. 政府在进行城市规划等方面工作时，应以人为本，切实了解老百姓的需求，广泛征求百姓的意见，这样做有利于通过民主决策做出最佳选择，充分反映民意；有利于提升决策科学性；有利于提升民众的参与度和社会责任感。

案例八　"头脑风暴"——高效的群体决策

IBM 公司是全球最大的信息技术和业务解决方案公司，是计算机、软件、大型机等领域的佼佼者，至今仍然保持着拥有全世界最多专利的企业的地位。IBM 的前任 CEO 帕米萨诺认为，IBM 公司拥有着全世界最精干的员工群体。为了充分发挥这些精英的能力，帕米萨诺提出了名为"创新工作研讨会"的计划，通过这项计划推动企业内部的技术革新，为企业带来全新的商业运营模式。

"创新工作研讨会"计划，实际上就是一场规模巨大的头脑风暴活动。IBM 公司曾开展此类活动讨论如何寻找新的商机、如何提升管理效率以及企业价值体系的相关问题。规模最大的一次，IBM 公司的 10 万名员工参加了一场头脑风暴会议，主要探讨如何进行技术创新。为了发掘新的理念与思想，IBM 公司甚至邀请客户、行业咨询人员和员工家属共同参与公司有关未来技术发展的研讨。会议期间提出的任何优秀想法都不归 IBM 所有，

这样一来，通过会议建言献策的任何人都面对着公平竞争的氛围。帕米萨诺还披露，IBM出资 1 亿美元奖励提出最佳建议的人，激励参会者勇敢提出意见。IBM 做了充分准备以确保各位受邀嘉宾上网参会。它设置了一个交互式网站，带有音响点击、网络路径指南和背景信息视频摘要等功能。会议刚开始时，登录网站的速度一度非常缓慢，这是由于参会人员众多，并且有大量人员在闲谈与会议无关的内容。但随后，会议组织者将一部分无关人员排除在外后，网速大为加快，会议得以顺利进行。网络大会主要集中于 4 个议题的讨论，包括交通运输、医疗保健、环境保护以及金融和商业运营。参会者就所列议题进行了广泛的讨论：有人提出用带有无线射频识别功能的手环来改进旅行者在机场待机的体验，有人主张对流行疾病设置早期预警制度，还有人建议电影院在放映影片时应该提供诸如移动座椅和喷洒水汽等感官体验。

这次头脑风暴的收获可能还不仅仅是一些新想法。它将为 IBM 树立一个具有超前意识的跨国公司的形象，还将向国外竞争对手表明，在规模高达 6500 亿美元的信息技术服务市场中，IBM 依然是佼佼者。考虑到竞争对手可能会潜入会场，听取宝贵的意见，这次头脑风暴活动不是完全没有风险。但是会议的主要策划却认为，不冒这个风险，就不会有创新的可能。在会议后的一个月内，公司组织专人对各类想法进行筛选，并在之后的阶段性会议中继续讨论相关建议的可行性。

改编自：刘永芳. 管理心理学. 北京：清华大学出版社，2016.

一、思考题

1. 结合案例材料，谈一谈头脑风暴法有哪些优缺点。

2. 结合管理心理学知识，谈一谈如何改善群体决策。

二、参考答案

1. 头脑风暴法的优点：头脑风暴法追求想象力与创新力，思考范围广泛，能够快速得到大量方案和建议，并且参与人员能够根据现场人员提出的方案，立刻进行修改或补充，产生全新的方案；头脑风暴法的缺点：不允许批评的声音存在，快速想出的一些方案没有实际运用价值，在后续筛选中需要花费大量时间。头脑风暴法也可能会阻碍思考过程，降低效率。

2. 第一，确保群体成员之间的良好沟通和有效协作是改善群体决策的关键。鼓励开放和尊重的讨论环境，促进信息共享和意见交流。第二，确保群体成员的多样性和包容性可以带来更广泛的视角和观点。多样的经验、技能和背景可以帮助避免群体中的偏见和盲点，促进更全面的决策。第三，确保群体成员对决策的目标和各自的角色有清晰的理解。第四，根据具体情况选择适当的决策工具和技术，如头脑风暴法、电子会议、德尔斐法等。

三、思政切入点

◎ 关键词：群体决策、头脑风暴、决策改善

1. 群体决策强调成员在决策过程中考虑社会公平、公正、责任和可持续发展等价值

观，强调相互尊重，包容不同意见，通过对话和讨论来促进共识的形成。从群体利益出发，遵循共同利益原则做出决策。

2. 头脑风暴法是一种有效的改善群体决策的方法，能够集思广益，快速获得大量建议和想法，但同时也存在一些弊端。除了头脑风暴，还有名义小组、电子会议、德尔菲技术等方法，在实际的使用中，企业应根据实际情况，选择一种合适的方法，改善群体决策。

3. 当代企业应积极运用新技术，创新决策方法，广泛搜寻员工建议，从中找出可行性方案，促进技术和管理方法的创新。

案例九　团队是微软的心脏

微软公司无论在美国还是在全世界，都是计算机软件行业的领头羊。2021 财年微软营收为 1681 亿美元，净利润为 613 亿美元，是全球最大的电脑软件提供商、世界个人计算机软件开发的先导。2021 年 6 月 23 日，微软市值突破 2 万亿美元，是继苹果之后美国第二家市值突破 2 万亿美元的企业。微软取得成功的一部分原因就是其优秀的团队建设，并充分利用团队管理其成员。

微软聘用了许多编写和开发软件的编程人员。无论多大的项目，即使像"视窗"操作系统这样复杂的项目，公司也要把它分解为一个个很小的部分，以便能由一个个约 12 人组成的团队来编写。每个团队还要把承担的部分进一步细分，每个团队成员负责一部分，有经验的成员比新成员负更大的责任。团队全体成员都知道，项目的成功依赖于他们个人投入的总和。虽然每个成员都在团队项目中承担一部分工作，但都希望团队成员之间能彼此合作，相互帮助。在微软，从来没有看到过两个团队成员在一台计算机屏幕前扎堆的情况。团队成员彼此之间互相支持，对工作出色者给予赞扬，但如果团队某个成员的业绩没有达到要求的水平，则会对他提出严厉的批评。

除担负重要任务外，编程人员也享有某些重要的特权或权利。其中最主要的特权是在配备最新技术的计算机软件环境中工作，尤其是所有编程人员的办公室内至少有两三套计算机系统。另一项特权是与美国最优秀的计算机编程人员一起工作。编程人员在工作时有很大的自主权，然而，他们在微软的行为受共同的非正式规则的控制，这些规则是每个人都同意并共同遵守的。这些规则包括工作时间的问题，编程人员有自行安排时间的自由。如果一个编程人员半夜突发奇想，他可以一直工作到清晨。如果一个编程人员的孩子生病，他可以在家里待一两天，另找时间完成工作。然而，除了这些"弹性"工时之外，几乎所有的编程人员都遵守另外一些非正式规则。一旦工作需要，如遇到编程中的难题等，他们会不分昼夜地投入工作。在这种非正式规则的基础上，团队成员会彼此监督，而管理者也会召回几天都不在办公室的人员。

微软同样非常看重对团队成员的个人绩效和团队的集体绩效，实行奖励和给予报酬。公司发现，这种报酬制度在团队成员中产生了高度的激励和高度的绩效。要使公司更上一层楼，微软必须进一步运用团队做一些正确的事情，来开发其新的软件产品。

改编自：人人文库. https://www.renrendoc.com/paper/165307327.html.

一、思考题

1. 结合案例材料，谈谈团队的含义和特点。

2. 试分析如何提升团队的工作效率。

二、参考答案

1. 团队是一种特殊群体，由具有互补的知识、技能和背景的个体组成。团队成员会形成相互依存的目标结构，能让团队绩效大于个体绩效之和。团队成员技能互补，强调整体目标。

2. 第一，设定明确的目标，确保团队成员清楚任务目标，并且知道哪些任务是优先级最高的。这有助于团队成员聚焦在最重要的工作上。第二，建立清晰的沟通渠道。确保团队成员之间有高效且及时的沟通渠道，提高团队的协作效率。第三，鼓励团队合作。共享知识和经验可以提高整个团队的工作效率。第四，提供积极的反馈和奖励。定期给予团队成员积极的反馈和认可以及适当的奖励。这可以激励团队成员继续努力，并增强他们的工作动力。

三、思政切入点

◎ 关键词：团队、团队建设、企业绩效

1. 团队是特殊的群体，团队成员受到共同的目标和任务驱动，成员之间的技能和知识相互补充。他们能够互相合作，让团队绩效大于个人绩效之和，实现"一加一大于二"的效果。领导者应重视团队的作用，合理利用团队。

2. 为了实现长期目标，领导者应建立可靠的团队。这就要求其明确团队目标，做好分工，明确责任，促进团队成员的沟通，提供积极的正反馈和激励，提升团队工作效率。

3. 当今企业能否取得成功的关键在于能否提升企业绩效，提升员工工作效率。企业领导者要将企业绩效作为核心考量，同时也要关注员工心理和个人满意度，让集体与个人协同发展。

案例十 XEL公司的自我管理团队

XEL通讯公司主要制造通讯设备，如为电话公司生产电路板和电话系统。要使XEL能与AT&T这样的产业巨头进行竞争，公司所有者比尔·桑科意识到，必须做出重大的变革来削减生产成本，缩短产品生产时间以满足客户的订货要求，并增强对客户的反应能力。

在经过多次探索之后，桑科与负责制造的副总经理约翰·普克特在管理顾问的帮助下，把公司的生产工人重组为自我管理工作团队。过去，公司采用传统的职权等级制度来管理生产过程。一线生产工人向领班汇报，领班向车间主任汇报，车间主任向更上一级汇报。在改革后，作为自我管理工作团队成员的一线员工担负起了过去由他们的上级或更上一级人员承担的责任和决策任务。这种变革的主要结果是XEL公司裁减了30%的管理人员和职能人员。自我管理团队也减少了协调和激励问题，使处理客户订货的速度更快、效率更高。这些进步的明显标志是插满车间墙壁上的各种色彩斑斓的小旗。这些小旗标示着每个团队的工作情况，包括出勤率和工作绩效的评定。基于团队绩效的季度奖也是团队的明显标志之一。

桑科承认，自我管理工作团队使他们感到很意外，因为自我管理工作团队要自行安排工作日程，进行自我管理，并对团队工作绩效负责，因此有时会出现桑科和普克特从未想到的困难。例如，新员工参加自我管理工作团队就很困难。团队的许多工作是在生产或装配线上进行的，生产或装配线的移动要由团队中动作最慢的成员的速度决定。由于新员工在工作时速度较慢，他的工作可能要拖整个团队的后腿。因此，新员工要经历一段磨炼的时间，才能被其他成员接受。当新成员最终适应了团队的情况后，他们一般都很高兴成为紧密团结的群体的一员，并产生认同感。除此之外，高水平的团结一致也产生了 XEL 的低离职率。

虽然团队承担了领班和管理者的许多责任，但领班现在还需从事另一些活动，如帮助团队成员处理争论的问题，当团队偏离常轨时予以纠正等。例如，普克特意外地听到库房员工对库房工作的一些议论，同时，其他团队也向他抱怨库房团队的工作做得不好。他调查了一下，发现库房团队的一些成员把计时器的时钟拨快，并共同隐瞒此事。为了对事态加以控制，普克特立刻解散了这个团队，解雇了那些有欺骗行为的成员，并派传统的主管管理库房。普克特的当机立断使库房工作恢复了正常的秩序，否则，该团队的工作会影响其他团队实现高绩效。

尽管仍存在一些问题，但自从实行自我管理团队变革以来。XEL 通讯公司完成订货的生产时间从 8 星期降为 4 星期，成本降低 25%，质量不断提高。美国本土制造业联合会选择 XEL 通讯公司为团队管理最优秀的企业。此外，惠普公司和其他公司的经理们纷纷到 XEL 通讯公司取经，学习 XEL 通讯公司的成功经验，而 XEL 通讯公司也从此跨入三大优秀通讯公司的行列。

改编自：卢盛忠. 管理心理学实用案例集粹. 杭州：浙江教育出版社，2003.

一、思考题

1. 采用自我管理团队有什么优势？
2. 结合管理心理学知识，试分析：自我管理团队会出现什么问题？应如何解决？

二、参考答案

1. 自我管理团队是围绕工作过程组织的跨功能工作群体，它负责完成一项由几个相互依赖的任务所构成的完整工作。这种团队很少有领导或管理者，团队自主制定计划、分配任务、解决问题、完成工作。自我管理团队自主性高，能够激发员工参与决策的积极性和工作自主性。

2. 自我管理团队在面对某些分歧时无法做出决策，缺乏自我激励和责任感，相互推脱，可能会导致成员缺勤率和流动性升高。面对这些问题：第一，确保团队成员明确整体团队的目标，并能够将其与个人目标对应起来。第二，定期进行目标评估和沟通，确保每个成员都清楚自己的工作对整个团队的贡献。第三，自我管理团队需要成员具备自我监督和责任感，以确保工作按时完成。设立明确的截止日期，制定个人工作计划，并进行定期的工作回顾。

三、思政切入点

◎ **关键词：团队类型、自我管理团队、团队成员**

1. 团队具有多种类型，不同类型的团队具有不同的功能，适用于不同的情境和不同的任务。同时，不同类型的团队也具有各自的优势和劣势。企业领导者需要重视团队在企业运营中的作用，结合实际构建合适的团队，充分利用团队实现企业目标。

2. 自我管理团队能调动员工积极性和自主性，提升工作效率，但是团队成员可能会存在消极怠工的情况。这就要求企业领导者合理管理团队，既要给予团队一定的自主权，又要在合适的范围内进行监督，确保团队高效完成工作。

3. 团队成员在团队建设中至关重要。企业在建立团队的过程中，要挑选合适的团队成员，开展团队训练，鼓励团队成员间相互交流，打造和谐、合作的团队氛围。对于不遵守规定或者破坏团队氛围的成员，要及时处理，做到赏罚分明。

7.4 对应知识点：团队管理

案例十一 蒙牛乳业集团的团队管理之道

2023 年 6 月，蒙牛乳业集团（简称蒙牛）在美国权威金融杂志《机构投资者》（Institutional Investor）主办的"2023 年度亚洲最佳管理团队"评选中，荣获"最佳董事会"等 6 个奖项，彰显资本市场对蒙牛管理层卓越的领导能力和投资者关系团队出色工作的认可。

蒙牛集团副总裁、人力资源负责人刘丽君讲述了蒙牛乳液集团的团队管理之道。蒙牛立足员工全生命周期体验，打造幸福职场，围绕"让牛人绽放"的核心价值观，始终坚持牛人的成就是组织成功的第一要素。通过对人才进行主动、积极、敏捷的生命周期管理，更好地激发人才的活力，从而提高组织效能和整体雇主认可。蒙牛将员工及其家庭的利益和幸福放在重要位置，不断为员工提供人文关怀，营造出浓厚的关爱员工的企业氛围，提高员工的归属感、幸福感与企业凝聚力。升级全生命周期员工体验计划，推行"牛 life"，从招聘、入职、晋升直至员工离职或退休的完整周期，实现组织与员工情感的强链接，通过全面的发展体系和多通道的晋升途径助力员工成长，打造有温度、有责任的雇主品牌。近两年来，蒙牛重新打造了核心价值观，把"让牛人绽放"纳入了核心价值观，这本身就是职场幸福的体现。面对全球消费者，蒙牛始终坚持"点滴营养，绽放每个生命"的使命，践行"消费者第一"的承诺；面对员工，蒙牛用核心价值观驱动牛人行为，努力打造"让牛人绽放"的职场生态。除此之外，打造幸福职场是蒙牛乳业集团的另一团队管理亮点。首先需要让员工在各种场景中都拥有幸福感，蒙牛立足于员工在职场的全生命周期场景，在各个节点主动提供温暖且有保障的服务，在员工入职、转岗、离职、退休等重要节点提供暖心服务和多元模式的指引。其次，在提供具有竞争力的全生命周期服务的基础上，蒙牛还构建了全面福利体系，让温暖传递给每位员工，建立一站式福利平台，引入全场景式的福利体验，通过数智化手段实现"所见即所得"，全面提升员工幸福感。最后，蒙牛秉持"全力创造价值，科学评价价值，合理分享价值"的管理理念，打造了"物质+精神"的多维激励体系，物质上聚焦当期激励、长期激励与创新激励三个方面，实现员工的价值共享，精神上聚焦员工体验升级，以员工需求为前提、以数字化转型为载体，通过打造荣誉殿堂、推送关爱海报、年度评优表彰等举措激发牛人活力。

最后，刘丽君表示，蒙牛能成为幸福企业，是因为始终营造让牛人绽放的幸福职场生态，让每位员工在平等、公正的职场环境中都能充分发挥自己的潜能、实现自己的价值。未来，蒙牛依然会倾听员工的心声，不断通过员工的反馈来改善工作环境和文化氛围。蒙牛也希望社会各界都能够和蒙牛一起，共同关注和重视员工的职场幸福感，创造出更多幸福职场生态，共同推动企业和社会的可持续发展。

改编自：经济观察报. https：//baijiahao. baidu. com/s？id＝1770018529370658862&wfr＝spider&for＝pc.

一、思考题

1. 运用管理心理学知识，分析蒙牛乳业集团建立团队的技巧。
2. 结合管理心理学知识，谈谈团队管理的重点。

二、参考答案

1. 蒙牛乳业集团运用鼓励和促进团体交流的方式，使彼此之间相互了解和友好交流的成员更有可能发展为一个团队。蒙牛乳业集团在面对员工和团队管理的过程中，运用一站式的福利计划，引入全方位的员工福利体验。

2. 第一，拥有目标与愿景，以激发成员的积极性；第二，将人才匹配到合适的岗位，提高工作效率，并且保证质量；第三，保持良好高效的沟通，有助于更好地了解员工内心所想、更好地管理。

三、思政切入点

◎ **关键词：团队管理、群体决策**

1. 团队就是由两个或两个以上相互作用、相互依赖的个体组成的，为了特定目标且按照一定规则结合在一起的组织。要进行良好有效的团队管理，应有一个清晰的目标、良好合作的员工、合理的团队定位与科学的管理方法。

2. 群体决策能够利用更多知识优势，借助更多信息，形成更多可行性方案。由于决策群体的成员来自不同部门，从事不同的工作，熟悉不同的知识，掌握不同的信息，容易形成互补性，进而挖掘出更多令人满意的行动方案。

案例十二　腾讯公司的团队管理

2022 年中国企业 500 强排名发布，腾讯公司位列第 39 位。腾讯公司作为全球最具影响力的互联网企业之一，它的成功不是偶然。腾讯创始人马化腾认为，优秀的团队管理是成功的重要因素。

管理团队需要有优秀的人才带来信念，指引前进方向。张志东专业技术本领过硬，曾任腾讯首席技术官；曾李青因其优秀的市场开拓能力，曾任腾讯集团首席运营官；除此以外还有许晨晔、陈一丹等人。他们怀揣着责任和梦想，在各自负责的领域发挥长处，领导团队前进。为了提升工作效率，腾讯将自己的团队成员依据功能进行细分，每名成员各司其职，又相互合作。腾讯内部团队成员有以下功能：产品策划、研发和运营。每个成员各司其职，做自己擅长做的事情，源源不断地为公司创造价值。产品策划成员中，产品经理负责制定方向，设计师完成设计工作，分工明确。产品研发成员有项目经理、开发工程师、测试工程师和运维工程师。项目经理把握大方向，统筹研发进度，与产品策划进行沟通，并安排各个员工之间的工作。各专业工程师负责不同方面，包括开发、测试、验收、管理、维护等。产品运营成员中，运营经理和专员负责不同的内容，运营经理负责统筹，专员则负责落实，解决产品交付后可能出现的各种问题。这样一个完整的闭环系统，使得整个团队分工明确、高效运转，各个部门各有侧重，但又有重叠部分，协作团结，基于这样的一个机制，腾讯在管理几百人大规模团队时，就能按照策划、研发、运营的模式轻松复制。

除了上面协作机制外，为了使内部成员的工作能够更好地进行，腾讯内部有公开透明的信息共享机制，从而实现团队之间和团队内部的信息共享，方便员工工作。腾讯的团队每天早上都会开例行晨会，大家在会议上讨论自己昨天的工作及今天要完成的工作，同时将自己在工作之中遇到的问题，与团队中的其他成员进行交流，根据问题的难易程度，来讨论确定具体的解决方案，从而保证信息高效透明地传递。每当问题难以解决，还会再次组织会议，这种方式既保证了团队间信息的互通，也有利于更高效地完成工作任务。此外，每个团队都有自己的"进度墙"，上面会实时更新团队成员的工作进度以及产品的完成度。从最初的产品计划，到产品完成进入待发布阶段，整个产品推进过程都会展现在进度墙上，其中也包括各个环节中出现的问题。这种模式可以让团队中的每一个成员随时随地了解产品的进度，激励他们继续努力工作。在出现问题时，大家能及时发现，并且合力解决。这样不仅提高了工作效率，也塑造了积极进取的团队氛围。

改编自：王佳，王真．从腾讯团队管理模式谈团队管理先进经验的借鉴．西部皮革，2021，43（07）：32-33.

一、思考题

1. 运用管理心理学知识，分析腾讯的团队类型。
2. 结合案例材料，谈谈如何建立优秀团队。

二、参考答案

1. 腾讯团队的类型是交叉功能团队。这种团队是由来自不同工作领域的员工构成，包括设计项目、研发产品、检测产品、解决问题、推广产品等，他们为了完成目标任务而共同奋斗。这种团队的优点在于，不同领域的员工能够便捷地交流，快速发现问题并及时解决问题。

2. 第一，团队领导者要强调共同的利益与价值，使团队成员在目标上达成一致。第二，促进团队内部交流，打造和谐的团队氛围，提升团队凝聚力。第三，鼓励团队成员相互激励，促进成员合作。第四，及时反馈团队成果，增强团队认同感。

三、思政切入点

◎ 关键词：团队类型、团队建设、团队合作

1. 团队是由一群人组织起来的一个共同体，一个团队要有优秀的人才，更需要有组织者和领导者，要有共同的强烈欲望和明确的目标。

2. 团队有多种类型，包括问题解决团队、自我管理团队、交叉功能团队和虚拟团队等。领导者应根据需要，建立合适的团队，或者将不同功能的团队相结合，解决当前面临的问题。

3. 团队中每个人都有自己的优点，把每个人的优点集合起来，才能干大事。团队合作往往能激发团体不可思议的潜力，集体协作干出的成果往往能超过成员个人业绩的总和。不仅对于当今企业，而且对于中国的现代化建设，团队的重要性都不言而喻。不同成员组成不同功能的团队，不同的团队又形成更大的合力，推动整体的进步。

第8章 领导行为与管理

8.1 对应知识点：领导心理概述

案例一 "救火队长"柳传志

作为中国 IT 界乃至中国企业界的教父级人物，柳传志历经波折，将联想集团打造成全球第二大 PC 厂商。在改革开放后第一代创业者中，众多一度声名显赫的企业家已经销声匿迹，柳传志却凭借自己的勇气和智慧，屹立潮头，老而弥坚。他探索出的"搭班子、定战略和带队伍"的管理理念，被很多企业家拥为圭臬。

在联想集团的发展过程中，有三大关口都曾经将联想集团逼入绝境，但在柳传志的带领和全体员工的努力下，都化险为夷，并在每经历一次磨难后，联想集团变得更强大。第一关是面对海外诸多电脑品牌的竞争，20 世纪 90 年代初的中国企业毫无还手之力。为了应对这一挑战，柳传志大胆启用年仅 29 岁的杨元庆出任联想微机事业部总经理。杨元庆一战成名，将联想的市场份额从不到 2%，发展到占中国市场的 27%，稳居中国乃至亚太区的第一位。第二关是直面戴尔的直销模式挑战。戴尔以直销模式起家，所向披靡，在戴尔开始大力拓展中国市场时，联想市场份额受到冲击开始下跌。然而，"柳杨配"见招拆招，在中国市场和戴尔展开了持续三年的激烈竞争，最终战胜戴尔。联想所遭遇的第三次挑战，则是并购 IBM 的个人计算机业务。联想请来杨元庆担任董事长。然而，企业文化的不同让两者的磨合成为一道绕不过去的门槛，加上遇到金融危机，导致联想集团不断亏损。在此危急时刻，65 岁的柳传志复出救火，将联想拉出低谷，并迎来高速发展期。

柳传志的目标，是将联想打造成一家基业长青的百年老店。要实现这一目标，如何实现交接班就成为关键所在。一直以来，柳传志都把培养接班人作为企业领导者最重要的使命。在 20 世纪 90 年代，柳传志就为联想集团培养了杨元庆和郭为两个接班人。为了防止二人不和而发生内斗，柳传志苦心安排，将联想集团一分为二，杨元庆负责电脑业务（即后来的联想集团），郭为负责渠道业务（即后来的神州数码），为两位人才分别找到了自己的归属。柳传志精明且大胆的用人之道，体现了其高超的领导技巧。联想控股成立后，柳传志物色出联想投资总裁朱立南、融科智地总裁陈国栋、弘毅投资总裁赵令欢等年轻人，来各负责一块相对独立的业务。庞大的联想体系逐渐成形，在当今世界电脑行业占据一席之地。

改编自：https://www.yjbys.com/edu/zongcaiyanxiu/281302.html.

一、思考题

1. 领导行为有哪些特点？

2. 柳传志在危急时刻复出仍能将联想拉出低谷，这离不开他的影响力，请谈谈你对领导者影响力的认识。

二、参考答案

1. 领导作为一种行为一般包括领导者、被领导者和环境。作为一种动态行为，领导一般具有系统性和双向性特点。具体而言，作为领导者要求的绝不是事必躬亲，而是富有远见的决策以及知人善用与统筹全局的能力。在面对公司的三大关时，柳传志以其独具眼光的决策以及大胆起用人才，最终战胜对手。而在公司步入正轨后也不断地培养和起用新人，以保持公司活力，确保公司的长远发展。

2. 影响力是指人们在与他人交往时，影响和改变他人心理的能力。影响力并不是领导者所独有的，只不过领导者的影响力在组织里表现得更为突出。影响力是一个领导者有效实施其领导的重要因素，主要包括两类：权力性影响力和非权力性影响力。权力性影响力是正式组织授予的，具有强迫性、不可抗拒性等特征；非权力性影响力是一种自然影响力，是主要依靠领导者自身的品德、才能、学识等因素对他人形成的领导力。

三、思政切入点

◎ 关键词：领导技巧、目光长远、领导心理

1. 领导技巧是领导者在工作中所需要的技能和能力，包括领导者的个人素质、沟通技巧、决策能力、组织协调能力等方面。领导技巧的重要性在于它可以帮助领导者更好地完成工作任务，提高工作效率，增强团队凝聚力和向心力，从而实现组织目标。

2. 在世界高速发展的今天，年轻人应志存高远，这样才能够帮助我们更好地规划未来，避免盲目行动和决策。有长远眼光的人才能够看清未来的发展趋势，把握住机遇，做出正确的判断和决策，从而实现自己的目标。

3. 领导心理的研究不仅仅局限于理论与书本，优秀的领导都具有非凡的个人品质。我们可以从对这些领导的心理特征的研究中提炼出这些品质，并积极了解与学习，有助于促进自身品质形成与发展进步。

案例二　乔布斯的领导艺术

苹果公司的 CEO 史蒂夫乔布斯带领苹果公司创造了一个又一个神话，曾让整个世界都为苹果的产品而疯狂。他独特的风格成为他领导苹果公司的独一无二的哲学。

第一，专注与简化。专注是乔布斯个性的一部分，如果他认为某件事会让他分心，就坚决不会去考虑。乔布斯会本能地简化一切事物，他会抓住事物的本质，去除不必要的部分。苹果的第一本宣传册上写着这样的一句话："至繁归于至简。"第二，落后就奋起超越。创新型企业不仅第一个提出新理念，还要知道在落后的时候如何奋起超越对手。第三，产品先于利润。乔布斯致力于打造一家经久不衰的公司，员工们努力开发卓越产品，其他一切都是次要的。能赚钱最好，有了钱你才能生产出卓越产品。但他认为，工作的动力应该来自产品，而不是利润。第四，不盲信焦点小组。深入关切顾客想要什么，与不断问顾客想要什么，存在很大的不同，前者需要你发挥直觉和本能，预见顾客尚未形成的需求。乔布斯不断磨砺自己与顾客共鸣的能力。第五，融合文理。乔布斯贯通文理、创造力和技术、艺术和工程。虽然在技术上胜过他的人不少，也有比他更优秀的设计师和艺术家，但能将这二者结合的人可以说无出其右。第六，求知若渴，虚心若愚。在乔布斯的职业生涯中，他一直践行着这句话。乔布斯在管理和经营方面，不断学习，不断创新，一直紧跟市场需求，甚至引领整个时代。第七，没有 B 计划。对于乔布斯来说：只有 A 计划，在进入一个新的领域时，只倾注全力打造一款产品或服务，没有备选方案，没有退路。这样才能让工程师将最好的创意、技术、设计倾注在一款产品上。第八，追求完美。几乎在开发每一种产品时，乔布斯都会停下，回过头去看最初的设计，因为他觉得产品不够完美，甚至对那些看不到的部位都不可放宽标准。第九，只容忍顶级人才。乔布斯虽然脾气暴躁、态度严厉，但他这样做是为了追求完美，防止出现"庸人泛滥"。而且，乔布斯很会激励人，他让员工充满了激情，使他们致力于创造突破性的产品，并相信自己能够完成看似不可能完成的任务。

乔布斯这种领导者拥有强大的信仰和价值观，并为之奋斗不止。为了在激烈的竞争中获得成功，光有雄心和豪情远远不够，一定要有切实可行的战术和手段来实现它。

改编自：https：//wenku. baidu. com/view/02c60d05757f5acfa1c7aa00b52acfc788eb9f4a. html？_wkts_=1676005826654.

一、思考题

1. 从案例中能够得出领导和管理有哪些区别？

2. 乔布斯是一位优秀的领导者，案例材料中体现出他将领导与管理相结合的独特风格。试分析：领导和管理相结合有几种类型？乔布斯更倾向于哪种类型？

二、参考答案

1. 领导和管理的主要区别有：（1）在计划的制定上，管理侧重于制订详细的工作计划与时间安排，以确保预期结果的发生；领导侧重于长远的发展目标与战略目标。（2）在人员调配上，管理侧重于具体的人员调配与指导培训；领导侧重于对整个团队的激励，发挥团队效用，达成远景目标。（3）在计划的执行上，管理侧重于控制和问题的解决，以及监督与纠偏；领导更侧重于激励，满足员工的需要。（4）在结果上，管理侧重于产生可预测的结果；领导侧重发现各种客观发生的巨大变化。

2. 领导和管理的结合主要有两种类型：一种是领导型管理；一种是管理型领导。领导型管理是一种新型的、重视人、重视价值的管理，领导贯穿于管理的整个过程。而管理型领导则比较传统，它是事物型的、计划型的领导，无法凸显领导的价值所在。材料中乔布斯重视人才，重视产品，重视创造产品价值与激发个人价值，更符合领导型管理。

三、思政切入点

◎ **关键词：领导行为、领导艺术、领导管理、不甘落后**

1. 领导行为在组织中起着协调个人需求与组织要求的作用。领导者的行为可以影响下属成员的思维、情感和行为，也可以激励下属成员的积极性和创造性，还可以调整和协调下属成员之间的相互关系，使整个团队达到最佳状态。

2. 领导并非一成不变的，优秀的领导者都有其独特的领导艺术，合理运用领导艺术可以促进组织发展，提高组织的效率和竞争力，也能增强团队凝聚力，激发团队成员的积极性和创造力，增强团队凝聚力和合作精神。

3. 不甘落后可以激发个人的进取心和动力，促使个人不断学习和进步，从而实现自我价值的提升。尤其是在竞争激烈的社会中，不甘落后可以帮助个体保持竞争力，提高自己的职业能力和社会价值。

案例三　拿破仑的影响力

拿破仑是法兰西第一帝国的缔造者，杰出的政治家和军事统帅。在欧洲军事舞台和世界战争史上，他是以其杰出的军事统帅才能导演了几十场以少胜多的战役的传奇人物。他卓越的领导艺术也一直受到世人的重视和赞叹。

拿破仑的影响力是多方面的。他的影响可以从政治、经济、社会和文化等方面来探讨。在政治方面，拿破仑战争对欧洲政治格局产生了深远的影响，他领导法国征服了欧洲大陆的大部分领土，包括西班牙、意大利、荷兰、德国、奥地利和俄罗斯等国家，这使得法国成为欧洲最强大的国家之一，其领土和影响力远远超过了其他欧洲国家。在经济方面，拿破仑战争对欧洲经济产生了重大影响。他推动了工业化进程，建立了现代化的交通运输系统，这些措施为欧洲经济发展奠定了基础。在社会方面，拿破仑战争对欧洲社会产生了深远影响。他推行了一系列改革措施，如取消封建制度、建立现代法律体系等，这些措施为欧洲社会发展奠定了基础。此外，他还鼓励教育和科技发展，推行了一些福利政策。在文化方面，拿破仑战争对欧洲文化产生了重大影响。他支持艺术和文学事业，推动了欧洲文化的多元化发展。此外，他还推行了一些宗教政策，如废除天主教会权力等。

拿破仑的领导艺术是灵活的。一方面，在他被任命为法兰西共和国意大利方面军总司令之后，他就通过制定法律、政策和规定来控制军队，使之服从于他的意志，此外，他还通过战争来巩固自己的权力地位。另一方面，他对士兵和民众非常关心，他注重士兵的生活和福利，采取了一系列措施来保障他们的权益。同时，他还鼓励教育和科技发展，推行了一些福利政策。

拿破仑出色的个人能力也是他成功的关键因素之一。他是一个非常有远见和决心的人，他能够看到未来的趋势并采取行动。他也是一个非常有条理和组织能力的人，他能够将复杂的问题分解成易于管理的部分，并制定计划来实现目标。拿破仑还具有很强的决策能力和勇气。他在军事上取得的胜利，大都是因为他能够迅速做出决策并采取行动。拿破仑的影响力是深远的，他在军事、经济、政治和文化方面展现出的领导能力，成为后人学习和借鉴的范本。他所推行的一系列政治和法律改革，也成为现代法国和欧洲的重要基础。拿破仑被认为是法国历史上伟大的领袖之一，他在政治、经济、文化等方面都有很大的影响，对法国和欧洲的历史产生了深远的影响。

改编自：https：//baike. baidu. com/item/％E6％8B％BF％E7％A0％B4％E4％BB％91％C2％B7％E6％B3％A2％E6％8B％BF％E5％B7％B4/173319？ fr＝aladdin.

一、思考题

1. 结合案例材料，谈一谈拿破仑的影响力从何而来。
2. 你们认为应如何提升领导者的影响力。

二、参考答案

1. 从材料可以得出拿破仑的影响力主要来自两个方面：一方面是权力性领导力，在他被任命为总司令时获得，并随着他的职位上升与资历提升进一步增强；另一方面则是非权力性影响力，源于他出色的个人能力，包括他的品行、作风、正确的决策，以及他的远见卓识与行动力。

2. 权力性领导力是由正式组织授予的，不以个人意志为转移的，那么要想提升领导者的影响力可以先从非权力性领导力做起，非权力性领导力主要包括五方面要素：品德因素、能力因素、知识因素、情感因素、方法因素。因此，领导者可以从这五方面做起，培养高尚品德，锻炼创新与综合能力，提高知识储备，增强情感感染力，灵活运用管理方法，来提高影响力。同时，由于这两种影响力是相互促进的关系，拥有较强非权力性领导力的人也更容易获得权力性影响力（参见图8-1）。

三、思政切入点

◎ 关键词：领导决策、领导素质、领导影响力

1. 领导决策是指领导者在领导活动中，为了解决重大现实问题，通过采用科学决策方法和技术，从若干个有价值的方案中选择其中最佳方案，并在实施中加以完善和修正，以实现领导目标的活动过程。领导决策直接影响组织的发展和成功。

2. 领导者应具备一定的领导素质，如政治素质、能力素质和观念素质等。此外，领

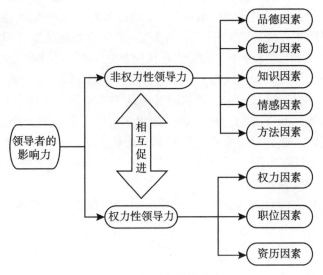

图 8-1 领导者的影响力

导者还应该注重与下属的关系，建立良好的人际关系。在工作中，领导者应该注重下属的工作成熟度和心理成熟度。这些都是领导者应该具备的基本素质。

3. 领导者的影响力可以影响下属的行为、态度和价值观，从而对组织的目标实现产生积极影响。具体来说，领导者的影响力可以促进组织的团结，影响并改变追随者，帮助其实现个人与社会价值，进而成就他人。

8.2 对应知识点：领导理论

案例四 情境领导下的阿里巴巴

马云创立阿里巴巴获得巨大的成功。阿里巴巴对于不同类型员工采取差异化的管理措施，是它能够取得今天这样的成就的关键。情境领导理论认为，领导者在领导和管理公司团队时，不能使用一成不变的方法，而要随着员工和环境的情况变化，不断改变管理和领导模式，关键在于领导者自身。

阿里巴巴会根据下属的能力和态度将其划分为五类员工：明星、瘦狗、野狗、牛和小白兔，并根据这五类员工的特征实施不同的管理模式。"明星"是指个人工作能力强、工作意愿强烈、高度认同企业价值观的员工。对于明星员工，企业就应该给予他们极大支持。"瘦狗"是指个人工作能力弱，对于企业的价值观认同度较低的员工。这类员工对于企业来讲会增加企业负担，并且不能为企业带来利润，这类员工企业应该辞退。"野狗"是指个人能力强，但是对企业的价值观认同度较低的员工。对于这类员工，阿里巴巴会及时采取措施来提高员工对企业的价值观认同度，例如组织团建、培养亲密关系等。这类员工工作能力强，会为企业带来较高的绩效和利润，只要注重培养价值观，可以为企业创造巨大价值。如果他不能接受企业价值观，继续留用只会破坏企业内部氛围。"小白兔"是指个人能力弱，但非常认同企业的价值观，工作态度较好而且积极向上的员工。这类员工非常渴望提高自己的工作能力。对于"小白兔"，领导应多加鼓励，同时增加培训机会，提高其工作能力。"牛"的工作能力和价值观认同都处于中等水平，对于此类员工，领导者应该帮助其提升工作能力，增强其工作意愿，使其更加认同企业的价值观。

当团队中的"明星"员工多时，能成为其他员工的榜样，激励大家一起努力；相反，如果团队中的"瘦狗"员工多时，他们会破坏团队氛围，影响整个企业的生产。阿里巴巴着重鼓励明星员工，让其成为企业内的榜样，促使企业内形成一种积极向上的工作氛围。由此可见，阿里巴巴运用了领导情境理论，根据员工的特点实施不同的管理模式，对其他企业具有很大的借鉴意义。

改编自：刘琪. 情境领导理论下的阿里巴巴人才盘点模式. 现代营销（下旬刊），2019（11）：199-200.

一、思考题

1. 阿里巴巴是根据哪些方面改变领导行为的？
2. 结合案例材料，讨论分析情境领导理论能为企业带来哪些优势。

二、参考答案

1. 阿里巴巴主要根据员工的工作能力和对企业价值观的认同度对员工进行分类。领导权变理论认为根据被领导者特征的不同、环境的不同，领导的方式和方法也会变化。赫塞-布兰查德的情境领导理论是其中之一，下属成熟度是改变领导行为的重要参考。下属成熟度可分为：M1 阶段，下属缺乏工作能力和意愿；M2 阶段，缺乏能力但有意愿；M3阶段，有能力但没有意愿；M4 阶段，有能力和意愿。这与阿里巴巴的划分类似。

2. 情境领导模型能够将复杂的因素集中到被领导者的能力和认同度上，领导者有更加明确的标准对员工进行划分。领导者可以根据员工不同的特点，制定因人而异的领导方式，不仅能提高员工的工作效率，对于员工的未来发展也有积极作用，从而促进企业的长远发展。

三、思政切入点

◎ 关键词：情境领导、随机应变、领导策略

1. 情境领导理论要求领导者不能使用一成不变的领导方法，要根据环境、员工等实际情况改变领导策略和领导风格，这样才能最大程度发挥团队成员的主观能动性，发挥成员自身特长，构建和谐的领导成员关系，促使企业良好发展。

2. 在制定政策和方案时要从实际出发，按照客观提供的可能性和条件，依据事物发展的客观趋势决定行动的方法和步骤，在面对不同的情况和突发状况时，要随机应变，不断调整策略，在创新中发展。

3. 领导策略是领导者引领组织发展的指南和蓝图。领导者需要考虑组织面临的内外

部环境，分析市场和竞争的状况，制定出具有前瞻性和可操作性的方案。在制定方案的过程中，领导者需要进行全面深入的研究和评估，以制定出更为科学合理的决策。

案例五　"比亚迪"王传福的领导风格

在回顾比亚迪的发展时，王传福说："企业从无到有，从小到大，从弱到强，靠的就是掌握核心技术。比亚迪始终坚持'技术为王，创新为本'的科技发展理念，把掌握核心技术作为创新的基石。"自主研发，自主品牌是比亚迪在汽车制造方面的核心方针，而王传福本人，更是赢得了"技术狂人"的称号。

比亚迪公司设有专业的研发中心，聚集最顶尖的人才资源和专业队伍，进行各项实验，负责高科技产品和技术的研发，以及对产业和市场的研究等，以求机器设备能自给自足，避免从国外进口，最大限度地降低生产成本，提高产品的市场竞争力，并形成具有自身特色和国际水平的技术开发平台。王传福极其重视技术研发工作，熟悉王传福的人都知道，比起管理人员来，他反而更像一个技术人员，经常穿着工程师服，与公司的技术人员探讨技术难关，其对技术的痴迷，胜过公司的任何一个工程师。此外，比亚迪每年都要花费几千万元购买全球最新的车型，供工程师甚至刚招收的大学生拆来拆去，并做出总结报告，在充分吸取经验的基础上再进行研发，并致力于开发自己的核心技术。

此外，王传福也极其重视员工，比亚迪成立了内部员工医疗基金，为员工的生命和健康送上保障；他还在比亚迪修建了亚迪村，作为那些在比亚迪工作 5 年以上的员工福利房，每平方米从公司的利润中补贴 1000 元钱。他为职工建起了亚迪幼儿园、亚迪小学，甚至和深圳中学联办，建立亚迪分校。他说，这些孩子，也可以说是比亚迪人的后代，他没有理由不让他们受到良好的教育。他拨专款办图书馆，竖起了黑板报，办起各类技能学习班，甚至亲执教鞭，毫无保留地向员工传授高科技知识。为提高员工的生活质量，比亚迪出台了私家车费用限额报销、通讯费用限额报销等相关福利政策，还斥巨资在深圳和上海建设了两座国标体育运动场及文体中心，配备完善的体育运动设施，给员工提供了完备的休闲运动场所。在比亚迪，平等和相互尊重是处理高层和员工之间关系的基本准则，管理层和员工在食堂吃着同样简单的饭菜，从来不搞特殊化，对于工作中应该支出的费用，王传福也从不吝啬。

王传福将比亚迪当成一个所有比亚迪人共同的家园在建设，他要让每一个员工在比亚迪找到自己存在的价值感。"这不仅是一种社会责任，更是一个企业应有的人文情怀；这不仅是物质保障和硬件设施的改善，更是心与心的交流共暖。"

改编自：https://csuef.csu.edu.cn/info/1035/1063.htm.

一、思考题

1. 结合案例材料解释什么是领导方格理论。
2. 根据领导方格理论，王传福属于哪种领导？

二、参考答案

1. 领导方格理论由罗伯特·布莱克和简·莫顿提出，该理论认为在对生产关心的领导方式和对员工关心的领导方式之间，可以有使两者在不同程度上互相结合的多种领导方式。为此，他们提出领导方格法，方格中的纵轴和横轴各9等份，分别表示企业领导者对员工和对生产的关心程度。第1格表示关心程度最小，第9格表示关心程度最大。全图总共81个小方格，分别表示"以员工为中心"和"以工作为中心"这两个基本因素以不同比例结合的81种领导方式。其中典型的五种领导风格为：1.1型领导——虚弱型领导；9.1型领导——任务型领导；1.9型领导——乡村俱乐部型领导；5.5型领导——中间型领导；9.9型领导——团队管理型领导。

2. 王传福属于9.9型领导——团队管理型领导。根据领导方格理论，9.9型领导是指那些对工作和员工都非常重视的领导，他们认为效率与个人的投入状态有关，他们追求那些既是个人需求又是组织需求的目标，努力使人人都视工作为享受，喜欢而且投入。王传福既重视工作，也注重员工的个人目标与企业目标的结合，通过让员工拆卸新车既提升员工的个人能力也帮助企业进行技术革新，同时也重视员工的个人需求。

三、思政切入点

◎ 关键词：领导团队、重视创新、关注他人

1. 人们之所以组成团队，或许是因为他们有共同的身份，或许是他们有共同的目标，但更重要的是他们能够相互协作、相互支持、相互信任。组织的领导工作并不是一个人的工作，领导者的作用是领导团队向目标前进，团结队内的成员，提高团队的凝聚力，寻找并培养人才。

2. 创新是推动社会进步的重要力量，通过创新可以为社会创造更多的价值。对于个人而言，通过创新可以实现自我价值的提升，增强自信心和自尊心，也可以增加个人竞争力与个人适应能力。

3. 生活中我们免不了要与他人接触，多关注他人可以帮助我们建立良好的人际关系，提高情商和沟通能力，也能增强我们的同理心和包容心，从而减少冲突和误解，进而促进合作和发展。

案例六 董明珠的领导特质与领导风格

董明珠，由最普通的销售员一路做到一家市值千亿元规模企业的老总，她用自己的实力打造出了一个响彻全球的公司。在她成功的背后，是她独树一帜的领导特质和领导风格。董明珠曾讲述自己的哥哥来走后门，被自己一口拒绝。在董明珠看来，领导应当起表率作用，如果自己开了这个先例，就会失去自己下属的信任。在董明珠的理念里，一个领导者不能用权力为自己谋福利，这是原则问题。作为领导，就要以身作则，在其位，谋其职。董明珠主政经营部后，提出了限制营销业务员权利的明确要求。按照规定，凡格力的营销业务员不许拿回扣，拿一分钱就会被开除。

在领导风格上，董明珠展现出了非凡的气质。她给人的感觉是直率、倔强、强悍、霸道。军事化的管理也经常体现在董明珠的日常管理流程中。格力电器内部每位员工的电脑屏保上每天都播放着"总裁禁令"。该"禁令"时刻提醒着员工容易出错的工作内容。那些违反操作的员工轻则降低薪酬，重则直接辞退。虽然格力的管理人员和普通员工都害怕董明珠，但大家却愿意追随她。这种敬畏力量的形成，正是由于她的充分自信和公正无私。董明珠很是注重群众的意见，在公司内部设意见箱，建立规范的管理制度，创造公正的竞争环境。董明珠认为，企业的成功靠的不是一个人的力量，而是所有成员的努力。董明珠提出管理者不好才会导致员工不好，遇到问题不要一味地埋怨别人，而是先从自己身上找问题，才会赢得尊重。此外，在格力，董明珠始终将改善员工待遇作为仅次于技术、质量和营销的第四大管理要务，并提出每年员工工资增长的目标要求。她甚至会自掏腰包帮助有困难的员工。

2022 年 2 月 28 日，董明珠再度连任格力电器董事长，开始她的第四个三年任期。她将目光转向日渐火热的直播行业。董明珠认为，直播能给格力带来三个好处：第一，让更多人了解格力不是只有"好空调"；第二，缩短与消费者之间的距离，直接互动，听到更多消费者的反馈与意见；第三，让格力的很多经销商慢慢清醒，知道未来必须把线上线下结合起来，感受到线上线下一体的价值。由此可见董明珠对于追求创新和改革销售渠道的决心。2022 年的卡塔尔世界杯，格力再一次抓住了在世界舞台上展示自己的机会，格力为世界杯场馆提供了 40000 多台空调设施，吸引了世界的目光。董明珠在不断地尝试和改革中，带领格力集团不断成长。

改编自：王京雪．董明珠：自己创造的营销模式，自己来"革命"．新华每日电讯，2022-12-15（007）．

一、思考题

1. 董明珠有哪些领导特质？

2. 根据领导风格理论分析，董明珠的领导风格有哪些特点？给我们的管理心理学启示有哪些？

二、参考答案

1. 根据美国著名心理学家吉塞利的研究，一个有效的领导者应具有才智、自我实现和对事业成功的追求等特征，其次监察能力和判断能力也十分重要，最后性别的差异对事业成功的影响不大，这一点从董明珠的例子可以直观体现。那么具体到董明珠身上，她具备的领导特质主要有性格直率，自信霸气，具有商业智慧和管理智慧，能够做出有效决策，对待下属非常严格，关心员工生活，与员工相处融洽，追求创新，具有敏锐的商业嗅觉。

2. 根据勒温的领导风格理论，董明珠的领导风格是专制型领导。专制型领导往往依靠个人的学识、经验来指挥组织的活动。董明珠作为格力的掌门人，对自己的下属严格管理，在管理和决策方面，董明珠往往自行决定，下属按照领导的决策完成任务。但董明珠的领导风格中也包含民主型领导。她会广泛地接受员工的意见，听取他人的建议，在企业出现问题时会先反思自己。这也是为什么虽然格力管理严格，但大家仍愿意追随董明珠的原因。董明珠的领导风格启示我们在进行管理工作的时候要能充分考虑到员工的心理因素与需要，作为风格鲜明的专制型领导，董明珠同时能做到听取员工的建议，这表现了她对员工的重视与尊重。

三、思政切入点

◎ **关键词：领导特质、领导风格、听取意见**

1. 领导者应该具备其应有的特质，吉赛利的理论中包括监督能力、成就、智力、自信心等，德鲁克的理论中包括善于利用时间、发挥自身长处、有效快速地做出决策等。要想成为一个优秀的领导，必须培养自己的这些特质。

2. 不同的领导有不同的领导风格。在组织度、对员工态度、主要导向等方面是不同的。一个优秀的领导应该在不同要素之中找到一个最适合本企业运行的平衡点。严格管理、注重产出的同时也要关心员工，提升员工的满意度。

3. 作为领导可以制订严格的规章制度，靠个人知识和眼光进行决策并进行严格的监督，但也要尊重下属，虚心听取意见，给予下属一定自主权，这样才能激发团队的创新性和主观能动性，促进企业的发展。

案例七　马斯克的领导力法则

马斯克虽然性格暴躁，但周围总能聚拢起一批优秀的人才，对于双方而言，能够携手并进，一方面是因为彼此都有令人钦佩的特长，另一方面就是在他的任何一家公司里，始终在做着改变世界的事。所以马斯克的众多同事，也被称为是一群活在未来的人。

马斯克有着鲜明的个人特征，他是一个不折不扣的书虫。当他还是一名小学生时，每天就会花 10 小时来看书，学生时代就能完全吸收大英百科全书和图书馆里的其他一切知识。如果说阅读很多人可以效仿，那他自我驱动型学习的模式则很难被复制，他说："要尽可能广泛地涉猎各个科目，知识储备越来越庞大，才能融会贯通。"他也有着充分的乐观与热情，而这也是保持创造力的秘诀之一，马斯克相信他所做的事对世界很有意义，而且它们正在产生积极的影响。他专注于自己的兴趣，清楚自己的目标，并拥有强烈的好奇心、不懈的乐观精神和对失败无所畏惧。

在马斯克的所有公司中工作，你感受到的将全部是"快节奏""加速度""高压力"等紧张但充满机遇和未知的工作环境，在这里你将不仅仅是一个小的员工，而是马斯克所创建的公司里面的重要一员，每一个人都很重要，每一个人都会随着集体的进步而进步，每一个人就如同人体的每一个器官，少了谁都会使得整体不完整，在整体发展的同时，也不会落下每一位员工。这种企业命运与员工命运的环环相扣为马斯克聚拢了大量的人才，也迎来了巨大的财富。

马斯克旗下以特斯拉为代表的各个品牌从不做广告，而是把钱投入研发和生产设计，不断改进产品。而且，作为掌舵者的马斯克始终用第一性原理严肃审视自己所在企业的精神内核，他对此曾公开表示：每家公司都应该扪心自问，我们所做的事，到底有没有意义，如果没有，就应该立即停止。特斯拉宣布对外开放所有专利，虽然背后也有商业考量，但马斯克渴望竞争、借造车拯救地球的初衷始终未曾改变。"就我个人而言，让人类成为跨行星物种，是我累积财富的唯一目的。除此之外，赚钱对我来说意义不大。"尽管作为众多公司的领导者也会有精神濒临崩溃的时刻，但马斯克说自己从未想过放弃，因为要么绚烂地活，要么安然地死。

改编自：https://wenku.baidu.com/view/f5624903bfd126fff705cc1755270722182e595f.html?_wkts_=1686803180877.

一、思考题

1. 结合德鲁克的领导品质理论讨论分析马斯克的领导特质有哪些。

2. 结合案例材料，说明领导者还需要具备哪些特质。

3. 结合课本所学知识，谈谈你对领导特质理论的理解和认识。

二、参考答案

1. 美国管理学大师德鲁克指出有效的领导者都具备五个特点，这些都可以在马斯克身上得以体现：第一，善于处理和利用自己的时间。马斯克从小就会花费大量时间看书，他丰富的知识储备为他的成功奠定基础。第二，注重贡献。确定自己的努力方向，马斯克能够专注于自己的兴趣，明确自己的目标。第三，善于发现和使用他人的长处。马斯克重视每一个人，为自己聚拢大量人才。第四，能够分清主次。马斯克不做广告，而是将重点放在产品研发与设计上。第五，能够做出有效决策。马斯克时刻审视公司所做的事情的意义，并及时做出决策。

2. 斯托格迪尔认为有六项特质是构成有效管理者的基础，结合案例材料，可以在马斯克身上体现以下几点。（1）智力。较高智力的人适宜担任领导者，马斯克的智力是他进行决策的助力。（2）学识。作为不折不扣的书虫，马斯克有渊博的知识。（3）可靠性。这使得马斯克能够很好地聚拢人才。（4）责任心。他强烈的责任心为公司与个人的发展提供助力。（5）社会经济地位。马斯克出生在一个富裕的家庭，这使得他从小就能够具备更开阔的视野。

3. 领导特质理论研究揭示了某些特质与领导绩效之间的关系，这当然有助于选拔和培养领导人才。但领导活动是由领导者、被领导者和所处环境构成的，领导者的特质只是其中的一个因素，因此，不能单纯地用它来考察和衡量一个领导者的水平。

三、思政切入点

◎ 关键词：领导特质、目标明确、保持热诚

1. 领导者的特质包括进取心、领导愿望、诚实与正直、自信、智慧、工作相关知识等。领导特质可以帮助领导者更好地规划自己的生活和工作，还可以帮助他们更好地与下属沟通和协作，建立良好的人际关系。

2. 明确的目标可以帮助我们更好地规划自己的生活和工作，提高效率和成就感。制定目标可以激发我们的动机和决心，使我们更强烈地渴望实现自己的梦想和愿望，增强自信和动力，以便不断地努力来实现目标。

3. 无论是生活还是学习，都需要我们保持热诚、充满激情。当保持良好的精神状态从事工作学习时，往往效率会更高，也能收获喜悦与成就；热诚待人也更容易建立良好的人际关系，实现物质与精神的双重满足。

8.3 对应知识点：领导理论研究的新进展

案例八 泸州老窖的改革

泸州老窖公司是全国酒类行业中第一家被批准上市的股份制企业。在上市后，公司开始了多元化经营，产业横跨酒业、宾馆、服务业、矿业、制玻业、包材业、建材业等多个行业，但除酒业外全部亏损。在此背景下，张良和谢明受命于危难之际，面对激烈的市场竞争，带领员工艰苦创业，采取了一系列经营机制和改革措施，不仅力挽狂澜，还使企业获得了快速发展。

张良和谢明分别接任总经理和董事长后，首先削减了非主营业务，强化了核心产业。公司开始两条腿走路，张良主要负责主业经营，谢明主要负责资本运作，两人相互配合，使公司逐步走上快速发展的道路。他们提出了经营人才和经营品牌的战略。基于"一流人才搞生产，超一流人才搞营销"的思想，公司通过内部竞争，组建了一支成员具有大学以上学历的销售队伍。公司还开始了大集体企业改制。原来公司和大集体企业资产不分、产权不清、人员交叉、管理混乱，改制后，原集体企业员工和管理者共同持有改制后企业的股份，同时与股份公司完全脱钩。公司将中低档酒的生产外包给改制后的民营企业，还有部分外包给由原车间主任等人注册成立的独立法人企业。张良还提出了"大集团小配套"的思想，即泸州老窖是一个大的集团，把从生产到销售环节进行分割，把经销商、供应商融入小配套，主要是配套生产、配套营销。公司领导层将高管股权总量和持股比例主动下调，增加中层管理人员的持股比例，并要求中层管理人员的期权以后行权时，有一部分要分给下属员工。也就是说，公司高管层实际上是将自己的部分股权激励收益无偿转让给了普通员工，使广大员工也能分享股权激励。

现任公司领导班子清廉公正。以前公司领导常常调整，其中一个重要原因就是经济问题。现任领导对反腐倡廉抓得很紧。此外，公司领导提出了"经营文化"的理念。随后，更明确提出了"以企业文化建设为魂"的工作指导方针。现在，泸州老窖的传统酿酒技艺已获批全国首批非物质文化遗产。公司领导班子团结、勤奋。一位管理人员说："我们公司领导凝聚力很强，张总、谢董个人魅力相当大，大家非常服从他们的管理思想。"在人力资源管理方面，公司提出"人才是资本，有为必有位""以人为本，打造人才乐园"的思想。可见，变革型领导在企业的改革和发展中起着重大的作用。

改编自：李琳，陈维政. 变革型领导对国有企业改革与发展的影响作用分析——基于泸州老窖的案例研究. 经济经纬，2011（6）：97-101.

一、思考题

1. 结合材料与所学知识分析变革型领导的特征。

2. 变革型领导常常与交易型领导作为对比出现，二者是否对立？

二、参考答案

1. 变革型领导主要具备以下四个特征。（1）魅力：提供任务的愿景和知觉，潜移默化自豪感，获得尊敬和信任。（2）激励：持续的高期望，使用象征方法集中努力，用简单的手段表达重要的意图。（3）智慧性刺激：提升智慧，理性和谨慎地解决问题。（4）个性化关怀：给予个人关注，个性化地对待每名雇员。而这些特征材料中也得以体现，员工认为两位领导者个人魅力相当大，在领导时他们能够理性对待问题，同时也重视人才。

2. 变革型领导与交易型领导并不是对立的，变革型领导是建立在交易型领导之上，并在此基础上发展起来的。许多研究结果表明，与交易型领导相比，变革型领导与低流动率、高生产率和高员工满意度的关系更强。

三、思政切入点

◎ **关键词：领导战略、交易型领导、个性关怀**

1. 领导战略是指领导者制定的长期规划和目标，以指导企业在竞争中取得成功。领导战略对企业的成功至关重要。它可以为企业提供方向和目标、提高企业的竞争力，促进企业的发展和提高企业的声誉。

2. 交易型领导是指领导者通过奖励和惩罚来激励员工达成目标的领导风格。这种领导风格通常基于结果导向，即关注实现目标的效果，而非过程或价值观。领导者应该在使用交易型领导时注意平衡短期和长期目标，以及公正地对待所有员工，避免过度依赖奖励和惩罚来激励员工。同时，领导者还应该鼓励员工参与决策和提供反馈，以建立一个更加开放和合作的工作环境。

3. 个性关怀是指企业对员工的个性化需求和情感状态进行关注和照顾，以提高员工的工作满意度、忠诚度和生产力。此外，个性关怀还有助于促进企业文化的建设并提高企业的竞争力，个性关怀对于企业的长期发展和成功至关重要。

案例九　马丁·路德·金的演说魅力

马丁·路德·金是美国著名社会活动家、黑人民权运动领袖。他组织了争取黑人工作机会和自由权的"华盛顿工作与自由游行"，发表了《我有一个梦想》的演讲，影响了美国乃至世界。他的魅力来源于以下几个方面。

首先，马丁·路德·金的活动结合当时的时代背景。美国的黑人奴隶制虽然在南北战争后消失在历史中，但《解放黑奴宣言》未能从根本上改善黑人的社会处境，种族隔离制度依然盛行，黑人在经济和政治上受到歧视和压迫。马丁·路德·金领导黑人第一次以自己的力量取得斗争的胜利，从而揭开了持续 10 余年的民权运动的序幕，也使他成为民权运动的领袖。他与广大黑人听众属于同一肤色，同样受到种族歧视。而白人听众对黑人的处境抱有深深的同情。因此，演讲者和听讲者关系亲近，有着共同的愿望，演讲的鼓动性特别大。

其次，马丁·路德·金的演讲紧扣平等、自由与和平的主题。在他的演讲中，贯彻的思想是非暴力的博爱思想。美国的民权运动实质上是美国黑人教会发起和组织的一场运动。民权运动领袖们有身份、地位和财产，他们不主张彻底的社会变革。因此，非暴力抵抗就成为他们极力提倡的斗争形式，这是一种和平的斗争方式。和平与发展顺应了时代的主题，他为黑人设计的争取平等的道路是由社会平等到政治平等，进而争取经济上的平等。他不是种族主义者，他的梦想是白人、黑人和其他各种族人民在爱和正义的基础上和睦相处共度美好的生活。他的这种思想引起了美国乃至世界人民的共鸣。

最后，马丁·路德·金高超的演讲技巧让听众敬佩、信服他，从而让他成为美国民权运动的领袖。在演讲中，马丁·路德·金非常善于使用修辞，包括比喻、排比、用典、重复、设问等方法，让听众在其演讲中不断思考、顿悟，同时营造强烈的、鼓动性的演讲气势和氛围，激励民众与他一起为争取自由、平等的社会不断斗争。

改编自：田传茂. 马丁·路德·金演说魅力析因——以《我有一个梦想》为例. 齐齐哈尔师范高等专科学校学报，2007，95（01）：57-60.

一、思考题

1. 结合领导理论研究的新进展分析马丁·路德·金属于哪种领导。这种领导具有哪些特点？

2. 马丁·路德·金这种领导如何影响下属？

二、参考答案

1. 马克斯·韦伯对魅力型领导的解释是这样的：当存在社会危机时，领导者吸引下属相信愿景，经历一些成功使得愿景更有吸引力，以及下属认为领导者超常时，领导者就有了魅力，而这与马丁·路德·金的情况一致，因此他属于魅力型领导。罗伯特·豪斯认为魅力型领导通常具有以下几个关键的特点：他们都有一个愿景，其中勾勒出来的未来比现状更美好，他们能使用其他人易于理解的语言清晰地阐述这种愿景的重要性；愿意为了实现这个愿景进行个人冒险；能够对环境的限制和资源作出现实的评估；对他人的能力有深刻了解，并对他人的需要与情感做出回应；行为表现超乎常规。

2. 魅力型领导主要通过四个步骤影响下属：首先，领导者清晰陈述一个有吸引力的愿景。所谓愿景是指关于如何达到一个或多个目标的长期战略，这种愿景将组织的现状与美好的未来联系在一起，给下属提供一种连续性的认识。其次，领导者要传达高绩效期望，并对下属达到这些期望表现出充分的信心，以此提高下属的自尊和自信水平。领导者通过言语和活动向下属传递一套新的价值观系统，并且通过自己的行为为下属树立效仿的榜样。最后，通过情绪诱导和经常性的反传统行为，表明领导者的勇气和对未来前景的坚定信念。

三、思政切入点

◎ **关键词：领导魅力、公正平等、理想愿景**

1. 当代企业领导应注重培养自身领导魅力。在下属看来，魅力型领导具有非凡的特质，下属会相信领导者的目标和愿景，心甘情愿跟领导行动，实现企业目标。领导魅力能够后天习得，这就要求领导者不断学习，丰富自身阅历。

2. 公正平等可以提高员工的士气和忠诚度。可以使员工感到被尊重和重视，从而提高他们的工作满意度，进而增强企业的凝聚力和团队合作精神，吸引更多的优秀人才加入企业，并提高企业的竞争力，从而促进企业的发展。

3. 理想愿景是企业未来的方向和目标，可以指导企业制定长远规划和具体的经营策略，使企业能够在市场上具有竞争力。同时，愿景也是企业文化的重要组成部分，能够激发员工的积极性和创造力，增强企业的凝聚力和向心力。

案例十　"牧原"的愿景

好公司的企业文化一定是简单易懂的，而不是复杂的。简单的背后其实是不简单，能把企业文化表述得简单易懂并与公司的所作所为一致的公司更是难得。

只有将说和做结合起来，企业文化才算根植于企业当中，而牧原就真正做到了这一点。牧原的愿景很简单，既不是成为世界第一的猪企，也不是要冲进几百强，而是"让人们吃上放心猪肉，享受丰盛人生，让公司成为一家受人尊重的企业"。事实上，牧原也是这么做的。

秦英林高中时期经历了父亲的养猪失败经历之后，就有了自己的目标，并逐渐形成了他个人以及公司的愿景。大学时他毅然选择了畜牧兽医专业，并在感觉到时机成熟时毅然决然辞去公职，带着妻子回到家乡，四处筹措资金，创办牧原公司，开始了养猪事业的长跑。在创业的前期，有瘦肉精销售商主动找到秦英林，承诺免费让牧原试用，自己包销。秦英林坚决回绝。有的销售商干脆找到养殖场的场长、饲养员"兜售"，而场长和饲养员们看着自己养的猪卖不出去，圈里的猪儿饿得嗷嗷叫，就是没钱买饲料时，就想避开秦英林试一试。秦英林发现苗头后，召开大会，严肃认真地说，"我们养的猪是给自己爹妈吃的，是给自己孩子吃的，是给天下百姓吃的，我们做人做事不能不讲良心啊!""我们宁可不赚钱，甚至是赔钱，也坚决不能使用瘦肉精，谁用，（我）开除谁!"就在两年后，上海爆发了瘦肉精事件，300 多人同时中毒入院。这个时候，牧原生猪走进大众的视线，东方时空特意对秦英林进行了专题报道，中联肉食、天津宝迪、上海五丰纷纷成为秦英林的忠实客户。不仅如此，在面对当地小麦在收获时节因连续暴雨而导致小麦发芽无法出售的时候，秦英林站了出来，并全部按当年国家给粮食部门下达的最高收购价现收现结。在收购现场，不少农民们喜极而泣。而企业收购的芽麦，猪只吃了 3 天就不吃了。秦英林面对用巨额贷款收来的芽麦而猪又不吃，可能给企业带来的灭顶之灾，也曾有过担心，但他并没为自己的社会担当而后悔，他在公司高层会上说："我们企业无论在任何时候，都应该无条件承担社会责任，如果企业因收芽麦而死，请在我的坟头立上'因收芽麦而死'

的牌子。"

功夫不负有心人,如今的牧原不只是一家受人尊重的企业,更是一家拥有上千亿元资产,十数万员工与几百余家子公司的综合型现代化企业集团。

改编自:https://www.sohu.com/a/368530486_99952112.

一、思考题

1. 愿景领导有什么特点?
2. 作为一个领导者,如何实现愿景?

二、参考答案

1. 愿景领导是指高度认同组织的目标和愿景,对战略具有坚定的信念。愿景领导认为,领导者提供的愿景是产生变革的关键,领导在建立愿景与宣传中起到关键作用。一个清晰励志的愿景,是一个简单、清晰的目标,以现实为着眼点关注未来。要提供一种愿景,领导者需要对有疑问的陈旧观念和假定有一个公开的态度,这样才会引导出一种新的共同愿景。通过授权、激励和适当的角色模式,领导可以激励下属为实现愿景而努力。

2. 为了实现愿景,领导者首先要设立一个清晰明了的目标,注重现实。要清晰地将目标传达给下属。时刻提醒员工将目标实现融入工作中。第二,及时接收员工反馈,判断员工的行为是否有利于目标和愿景的实现,根据实际情况适当调整目标。第三,将目标和愿景融入企业文化中,借此提升企业的凝聚力,给予员工更多动力和信心。第四,领导应当以身作则,为实现目标努力。同时也可以适当放权,减少干预。

三、思政切入点

◎ 关键词:愿景领导、长远目标、人格魅力

1. 当代企业领导者树立长远目标,既要符合当下形势,也要关注未来形势发展。树立目标不能好高骛远,而是一个简单清晰的目标。

2. 长远目标可以帮助个人更好地规划未来,知道自己想要什么,从而更有动力去实现它;也可以使个人更加专注和有条理地工作,避免浪费时间和精力在无意义的事情上。长期目标有助于更好地应对挑战和困难,因为知道自己正在朝一个更大的目标前进。

3. 领导者应将愿景和目标融入自身的言行举止和企业文化中。领导者应当利用自己的人格魅力,说服员工接受当前目标,激励员工为目标奋斗,实现个人和公司的双重发展。

案例十一 "水晶石"公司的领导风格

北京水晶石数字科技有限公司(简称水晶石公司)是中国基于设计和工程领域的数字媒体行业中最大的专业制作公司,是全球设计行业最大的视觉技术应用服务公司。作为全球领先的数字视觉技术及服务企业,水晶石公司致力于以数字化三维技术为核心,主要

业务包括：影视制作、建筑可视化、商业演示、NCITY（城市三维模型）以及教育培训。该企业在短短 13 年的时间内从一个只有 3 位成员的图像工作室飞速发展到在国内外拥有十家分公司的全球规模最大的一家 CG（Computer Graphics）企业，其领导风格值得深思。

作为一家 CG 企业，水晶石公司也经历过其他 CG 企业面临的最严重的问题——人才流失，水晶石公司以其自身独特的企业制度和领导风格成功地解决了这个难题。水晶石公司对人才的激励主要使用两条线：一条是针对核心骨干人员的产权线，另一条是针对普通员工的关怀线。水晶石公司针对核心骨干员工的产权激励主要是"内部合伙人"制度。水晶石公司意识到 CG 行业竞争力的源泉就是员工，员工流失的根本原因是员工自己也想当老板，如果员工在水晶石公司也可以当"老板"，就可以有效地解决员工的离职问题。为了能够留住公司的核心技术人员，水晶石公司结合公司和行业的特点，发明了一个"内部合伙人"制度，用以激励和留住公司的骨干技术人才。"内部合伙人"制度的要点在于：任何专业人才，经过一段时间的努力并为公司做出一定的贡献者，均有资格成为公司的合伙人，分享公司的利润，其实质就是老板让利于员工。"内部合伙人"享有决策权和收益分配权，但不享有所有权，由于"内部合伙人"享有收益分配权和决策权，事实上就成为了水晶石公司的"老板"。"内部合伙人"不限人数，凭业绩考核获得提升，这意味着公司所有的员工都可以向"内部合伙人"发展。产权激励是针对核心骨干员工的一种激励方式，但是并不是每一个员工都可以成长为"内部合伙人"。

企业要想长期健康的发展，必须关心每一个员工的成长。水晶石公司在实行了产权激励线之后，开始探索符合公司特点的人才发展之路，努力为广大专业技术人员创造更多的发展机会，扩展更广的发展空间。水晶石公司针对普通员工的激励主要体现在其人性化的管理上，公司在很多细节上体现了其对员工的关怀，公司的各种管理细则大部分是向员工倾斜的。水晶石公司对员工的人性关怀主要体现在以下几个方面：（1）关注员工职业生涯发展。水晶石公司认识到，CG 行业的员工既看重物质回报，更重视个人发展，要想留住员工，除了要给员工合理的物质回报之外，还要为员工提供发展的远景和空间。（2）强势品牌增强员工的荣誉感。水晶石公司从成立开始，就有计划地投入各项品牌拓展活动，成功地提升了水晶石公司的品牌美誉度，强势的品牌增强了员工的凝聚力和荣誉感。（3）企业制度和工作环境的人性化。为了丰富员工的生活，水晶石公司鼓励员工参加各种各样的娱乐活动。此外，公司还制定了旅游制度，为每位员工分配了相应的旅游经费，每逢节日，公司也都会为员工精心准备一份小礼物。（4）总经理的人格魅力，总经理的领导风格是水晶石公司人性关怀的一大特色。水晶石公司的领导风格是很轻松的，总经理卢正刚为人低调、亲切、不摆架子，他很少参加外部的活动，也不接待外界的来访，把主要时间都放在了与员工的沟通上。

在新的时代背景下，人才的竞争成为企业最主要的竞争，吸引、保留、发展核心人才成为企业发展的关键。从水晶石公司的结果来看，其领导风格成功地留住了企业发展所需要的人才，成就了水晶石公司全世界 CG 行业的巨无霸地位。

改编自：王保林，王智敏．企业制度和领导风格对知识经济企业飞速成长的影响研究——以水晶石数字科技有限公司为案例．中国人力资源开发，2014（20）：60-65．

一、思考题

1. 结合案例材料分析垂直结合理论。
2. 结合所学知识讨论垂直结合理论带给我们的启示意义。

二、参考答案

1. 垂直结合理论也称领导者—成员交换理论。垂直结合意指领导者与其下属之间的关系。该理论指出，一个领导者与其下属将会建立多个垂直组织，并在不同的垂直组织中实施不同的领导方式。在材料中，"水晶石"公司针对不同的员工采用不同的领导风格，并取得显著的效果，这表示在实际的领导过程中，对于不同的下属采取不同的领导方式有利于组织的发展。

2. 垂直结合理论使用社会关系理论、角色理论、归因理论和心理测试理论等多种理论，将领导理论与其他理论结合起来，拓展了领导学研究的新视角和领域。该理论强调领导者与员工的关系，这对精确剖析领导现象和选拔领导有积极的启示意义。

三、思政切入点

◎ 关键词：领导沟通、选拔领导、人性关怀

1. 领导者要与员工、同事、上级等进行有效的沟通，以便更好地理解对方的想法和需求，从而更好地协调工作、解决问题。有效沟通可以帮助领导者更好地了解员工的工作情况和心理状态，从而更好地指导和管理员工。

2. 领导者是企业的核心力量，他们的能力和素质直接影响企业的发展和壮大。通过选拔领导可以为企业选择出最适合的人才，提高企业的竞争力，也能够为企业带来更好的管理经验和方法，促进企业的创新和发展，还能够为企业带来更好的企业文化和价值观，提高员工的凝聚力和归属感。

3. 人性关怀是指关注和关心他人的感受、需求和利益，是一种基于人性和人情的情感体验。人性关怀的重要性在于能够增强人与人之间的情感联系，促进人际关系的和谐发展；能够提高人们的幸福感和满足感，减少孤独感和焦虑感；能够促进社会的稳定和发展，减少社会矛盾和冲突。

第9章 激励行为与管理

9.1 对应知识点：激励概述

案例一 罗森便利店的激励

罗森（Lawson）是日本第二大连锁便利店，截止到2022年底，罗森在海外市场取得了不俗的业绩。据悉，罗森已经进入了战略市场，如印度尼西亚、越南、菲律宾等，并且在日本境内也有了新的发展计划。目前罗森在全球拥有超过31000家门店，仍在不断扩张中。当Takeshi Niinami在2012年5月份接任罗森的总裁职务时，当初的过度扩张给罗森留下了太多的分店，随着日本的通货紧缩压低零售价格，许多分店亏损了；该公司所涉足的新业务，如自动取款机（ATM）和网上购物中心，都未能带来收益，该公司的快餐不仅以"单调乏味"而著称，现在又有了"令人恐怖"的名声。此后，Niinami就像一阵旋风一样接管了罗森，在日本的企业界，他那晒得黝黑的脸庞已为人所熟知。在接任罗森总裁后不久，Niinami就定下了巡视罗森旗下的所有分店（在全日本共有7648家）的计划，他都是试图与罗森员工进行直截了当的沟通。这种直言不讳的作风让罗森的员工萎靡不振的士气得到了显著的改善。摩根士丹利的分析师认为，改善罗森各分店与高级管理层之间的沟通是Niinami上任伊始对公司做出的最大贡献。他指出，Niinami的直率作风有助于提高士气，因为这让员工感到激进的改革正在进行之中。他在该报告中建议投资者买进罗森的股票，"整个公司的气氛有所改善，罗森已经变为这样一家公司，在那里，员工可以自由地向上级发表意见。"由于Niinami的努力，罗森高涨的士气正在逐步转化为更漂亮的经营业绩。

在罗森公司，为了提高员工间的沟通效率，他们使用了一种手账工具。这本手账每周都会发放给员工，里面包括了一些日常工作任务、公司情况报告和团队协作的提示等内容，并且员工可以在其中记录自己的工作安排和进展情况。通过这种方式，罗森的员工可以时刻了解公司的最新情况和工作安排，同时也能够记录自己的工作成果和进度，方便之后和团队成员之间进行交流和沟通，提高协作效率和工作质量。

此外，罗森公司还非常注重对员工的激励和奖励。例如，他们设立了"值得尊敬的人"和"全国顶级销售员"等奖项，用于表彰在工作中表现优秀的员工，并给予一定的奖金和福利。这些奖项不仅能够激励员工更加努力地工作和发挥自己的能力，也能够提高员工的归属感和忠诚度，增进公司与员工之间的联系和互动；罗森公司会根据员工的工作表现和市场薪酬情况，制定合理、公正的薪酬和福利待遇；且为员工提供丰富的培训计划和发展机会，公司设有专门的培训中心，提供多元化培训，包括销售技巧、管理技能、领导力、英语等课程。

改编自：日本第二大连锁便利店：罗森便利店的极致管理．百度文库；姜鋆明．罗森便利店在华经营策略对我国企业的经验启示．科技创新与生产力，2022（05）：30-32.

一、思考题

1. 你认为企业应怎样实施激励？
2. 当代管理者应如何应用激励理论？

二、参考答案

1. 企业的激励应该全方位、多层次地展开，通过薪酬、晋升、培训、工作环境、社会责任等多种措施，提高员工的满意度和忠诚度，为企业的可持续发展奠定坚实的基础。

2. 激励是基于人性的行为，不同的员工有不同的激励需求和受激励方式。因此，当代管理者应该注重了解每位员工的个性特点、动机和价值观；激发员工的内在动机，通过培养员工的自主性、创造性、成就感和归属感等积极情绪，来提高其工作效率和绩效表现。了解人性和心理学知识，并根据员工的需求，制定更加有效的激励计划。通过科学合理的激励手段，提高员工的工作动力和积极性，促进企业的可持续发展。

三、思政切入点

◎ **关键词：激励、个人价值实现、合作共赢**

1. 激励就是组织及其个人通过设计适当的奖酬形式和工作环境，以及一定的行为规范和惩罚性措施，借助信息沟通，来激发、引导、保持和规范组织及其个人的行为，以有效地实现组织及个人目标。

2. 优秀的领导者和员工之间的关系不是简单的上下级关系。领导应该与员工相互合作、相互配合，这就需要管理者引导员工合作共赢，从而去真正调动团队成员的积极性。

3. 在合作共赢的基础上，企业管理者可以更好地利用员工的智慧和创造力，推动企业不断成长和发展；同时，员工也可以通过自身的努力和奋斗为企业创造更多的价值，进一步深化合作共赢的关系，实现企业和员工共同发展。

案例二　戴尔公司的员工激励

根据《财富》杂志评选的 2022 世界 500 强榜单，戴尔公司名列第 159 位。戴尔公司是一家全球性科技公司，总部位于美国得克萨斯州。该公司主要致力于电脑硬件、软件及相关服务方面的研发、制造和销售。其产品主要包括个人电脑、服务器、数据存储设备、网络交换机、软件等。近年来，戴尔公司在人工智能、区块链、5G 等前沿技术领域不断布局，积极开展数字化创新。同时，公司也注重环保和社会责任，将可持续经营纳入企业战略。在全球疫情影响下，戴尔公司面对了不少挑战，但凭借其稳健的战略规划和灵活的运营体系，成功应对了市场动荡，实现了业务增长和财务指标的稳定提升。

戴尔认为，要想把事业做得更好更大，要从各个方面去用心，不能仅仅注重商业结果，而应该不断提高员工的技能。不断培育和发展知识型员工，因为人才是技术发展的核心力量，特别是在当今竞争日益激烈的环境中，对于一家科技公司来讲，员工的技能无疑是能够为企业带来核心竞争优势的。所谓的"721"法则，就是针对员工培训方式上的安排按照 721 的百分比例进行分配，70% 来自工作实践，20% 来自工作导师的指导，10% 来自课堂上的学习。国内的华为在针对新员工培训时就是采用了这种"721"法则。戴尔公司在培训方式上应用"721"法则以外，还在员工培训针对性上也应用了该法则。不同的员工和岗位，培训的方式和内容应有非常强的针对性，这样才能提高培训的效果。因此，戴尔公司会选择 10% 的雇员通过正式的课堂进行培训学习，这部分人可能是企业的高层管理人员，另有 20% 的员工学习的重点是和不同领域的人和事接触，做跨领导项目，从中得到学习，而其余 70% 的员工则是在工作的过程中不断学习经验、积累经验。

戴尔公司培训销售人员是如何采取"太太式培训"的？他们把销售经理比喻为销售新人的"太太"，销售经理像太太一样不断地在新人耳边唠叨、鼓励，才能让新人形成长期的良好销售习惯，从而让销售培训最终发挥作用。培训由培训经理和销售经理一起完成。销售新人不但向直线经理汇报，还要向培训经理汇报。培训经理承担技能培训和跟踪、考核职能，销售经理承担教练和管理职能，通过新人的最终执行，达到提高业绩的目的。先是为期三周的集中培训，由专家讲解销售的过程和技巧，邀请有经验的销售人员来分享经验。

然后每周末召开会议，销售经理与培训经理都参加，检查新人上周进度，讨论分享工作心得，分析新的销售机会，制定下周的销售计划。销售经理与培训经理、新人们一起讨论新人的成长、下一步的走向。最终，"太太"在工作中能够自觉指导新人运用销售技巧，及时鼓励新人、有效管理新人。"太太式培训"的效果十分惊人，用数字可以说明。戴尔销售代表每季度平均销售额是 80 万美元，没有"太太式培训"的时候，新人第一季度平均销售为 20 万美元，经过这样的培训，新人在第一季度的平均业绩达到 56 万美元，远远高于以前销售新人 20 万美元的销售额。

改编自：彭甜. 供应链企业合作的激励机制研究. 商业经济，2021，534（02）：59-60.

一、思考题

1. 戴尔公司的激励是正激励还是负激励，为什么？

2. 结合案例材料，试分析：应如何正确看待正激励和负激励？对于管理心理学的启示是什么？

二、参考答案

1. 戴尔公司的激励是正激励。所谓正激励就是当一个人的行为符合社会的需要时，通过奖赏的方式来鼓励这种行为，以达到持续和发扬这种行为的目的。具体体现在销售经理像太太一样不断地在新人耳边唠叨、鼓励，让新人形成长期的良好销售习惯，从而让销售培训最终发挥作用，起到正激励的作用。

2. 正激励与负激励的本质区别在于：一个是奖励期望行为，一个是惩罚不希望的行为。在管理实践中，应该充分发挥正激励的作用，鼓励员工为企业创造价值，同时也要适当运用负激励，避免纵容员工不良行为。使用正激励和负激励要因人而异。每个员工的性格、动机和价值观是不同的，对于激励方式也有个体差异。在实践中，应根据不同员工的特点，灵活运用正激励和负激励，使之发挥最大效益。

管理心理学的启示是：激励机制是提高企业生产效率和员工工作积极性的重要手段之一。在实践中，要根据具体情况灵活运用正激励和负激励。要注重员工个体差异性，建立适合不同员工的激励机制，从而最大限度地发挥员工工作能力和积极性。建立公正、公平的奖惩制度是有效激励员工的关键所在。企业应该在制定奖惩措施时充分考虑员工参与和诉求。

三、思政切入点

◎ **关键词：正激励、良性循环、正向引导**

1. 正激励是通过奖励的方式，增加员工行为出现的频率。正激励在组织中有着广泛的应用，它可以帮助员工养成良好的工作习惯和行为，提高员工的工作意愿和生产力，促进组织的发展和创新。

2. 良性循环在管理中可以发挥非常重要的作用。良性循环是指一种积极正向的循环反馈过程，在其中的一个因素上的改变能够促进其他因素的积极反应，从而形成一个良性的正向循环。通过良性循环，组织的整体表现和效率能够不断提高，员工的积极性和创造力也能够不断增强。

3. "在工作中学习"是戴尔提升员工能力的重要途径。管理者应给每个员工充分的学习机会和自我发展的平台。企业应构建立体式、多样性的员工培训体系，不断为企业发展注入动力，促进企业的持续成长。

案例三　基层公务员升职之困

"对我来说，这一生基本都能看到头了。"尽管才 30 岁出头，在苏南某县人事局工作的小赵却已这样描述自己的"职业生涯"。"我工作也有十多年了，一直在这个单位，现在名义上是个'副主任'，级别不过是个科员。这都是熬年头熬出来的，估计以后最多也就是个'主任'，但还是科员，基本上也就这样了。"小赵的话，折射出当前公务员群体"升职难"的困窘局面。这给很多公务员，尤其是基层公务员带来了无尽的苦恼。

近期，《瞭望》新闻周刊记者走访广东、江苏、湖南、云南、宁夏、辽宁等地的近百位公务员了解到，目前基层公务员上升通道较单一、狭窄，公务员群体对于升职"天花板""挤行政"等现象反映强烈；而另一方面，抱紧"铁饭碗"的保守心态又让他们选择留在"体制内"。或激情坚守，或混沌度日。多位受访公务员认为，在现行的晋升规则下，行政级别不仅决定着薪资待遇的高低，更关系着他们施展才华的舞台和空间，以及自身能力的社会认可度等"职业尊严"。如何真正激发 700 多万名公务员的巨大"存量活力"，疏通上升通道、完善退出机制，是应该考虑的问题。"能上去的只是少数人。"李红在宁夏隆德县乡镇基层工作了 20 多年，仍是一名普通科员。由于行政级别是最低档，她的待遇一直上不去。"我都快 50 岁了，往上升是没啥希望了。在基层工作了这么多年，待遇一直是最低的，心里总感觉不太公平。"李红说。

在调研中记者发现，在隆德县，吃"财政饭"的公务员和事业编制人员一共有 5100多人，但副科级以上干部只有 400 人左右。职务越高，人数越少，这样"金字塔"式的职务分布，是全国公务员系统的一个缩影。"当年一起毕业的同学中，我回到了县里，有的同学去了省直机关，有的去了市里，还有一个进了外交部。当时觉得大家都是公务员，没啥区别。但十年后同学聚会时就发现差距了。"小赵说，"人家起点高，虽然走得也不快、很艰难，但已经高出我一截了。同学里混得最好的已经是副处了，后面还有得升。要是在我们这里，怎么可能。我们局长才是乡科级。"在采访中记者感受到与升职"天花板"并生的，往往是公务员的倦怠情绪。遭遇升职困难后，大多数公务员会出现"不甘、郁闷、接受、混日子"的心理波动周期。一位组织干部对记者说："如果公务员改革不能很好地畅通上升通道，就难以从根本上提振公务员伍的'精气神'，其实很多公务员并不是一定要当官。公务员是一个职业而非官职，但与其他行业一样，公务员也需要职业自豪感。我们现在要探索的，就是如何建立仕途以外的上升机制，让每个公务员都能获得职业认可感。"

改编自：中国共产党新闻网 . http：//renshi. people. com. cn/n. 2014/0421/C139617-24922173html.

一、思考题

1. 如何激励基层公务员使他们在升职困境中保持工作的激情和积极性？

2. 基于案例中的情况，应采用何种激励类型来激发基层公务员的积极性和工作激情？

二、参考答案

1. 一种方法是提供多元化的激励机制。除了行政级别升迁外，可以推行绩效考核制度，将绩效与奖励挂钩，给予优秀表现者提升薪资、晋升职位的机会。此外，可以提供培训和发展机会，帮助公务员提升专业能力和技能，拓宽职业发展路径。同时，建立良好的工作环境和团队合作氛围，鼓励公务员相互学习和成长，增强工作满意度和归属感。

2. 对于基层公务员，需要采取内在激励和外在激励相结合的方式。内在激励包括提供有挑战性和意义感的工作任务，通过让公务员感受到自我成长和发展的机会，激发其内在的职业认同和工作动力。此外，给予公务员更多的自主权和决策权，让他们有参与决策的机会，增强工作的归属感。同时，外在激励方面可以采用奖励机制，如绩效奖金、晋升机会、荣誉表彰等，以及提供培训和发展机会，帮助公务员提升能力和职业发展。

三、思政切入点

◎ 关键词：内在激励、外在激励、多元化激励机制

1. 内在激励是指由内酬引发的、源自员工内心的激励。内酬是指工作任务本身的刺激，即在工作进行过程中所获得的满足感，它与工作任务是同步的。追求成长、锻炼自己、获得认可、自我实现、乐在其中等内酬引发的内激励，会产生一种持久性的作用。

2. 外在激励是指由外酬引发的与工作任务本身无直接关系的激励。外酬是指工作任务完成之后或在工作场所以外所获得的满足感，它与工作任务不是同步的，比如奖金、工作环境等外部因素；由外酬引发的外激励是难以持久的，一旦外酬激励消失或减弱，员工行为随即消失或减弱。

3. 多元化激励机制是指为员工提供多种形式的激励措施，以满足不同员工的需求和激励动力。不同员工有不同的动机和激励需求，多元化激励机制能够提供多种选择，满足员工个体差异，更加精准地激发他们的工作积极性。

案例四　坦丁姆计算机公司的激励制度

美国加州北部"硅谷"（Silicon Valley）地区有一个飞速发展的计算机公司——坦丁姆计算机公司（Tandem Computers）。该公司是詹姆士·特雷比格（James Treybig）1970年创建的，1980年它每年的销售量已达到3亿美元。1985年它的销售量已超过10亿美元。人们普遍认为，坦丁姆公司的管理是很有特色、极为成功的。

坦丁姆公司地处加州"硅谷"高科技地区，来自各方面的有力竞争相当激烈，激烈的竞争环境使公司面临着生存发展的严峻挑战。基于詹姆士本人的管理天才和实践，他创造了一套有效而独特的管理自己员工的方法，他为员工创造了极为良好的工作环境。在公司总部设有专门的橄榄球场地、游泳池、图书阅览室，还有供职工休息的花园和宁静的散步小道等。他规定每周五下午免费为员工提供啤酒。公司还经常定期举办各种酒会、宴会、员工生日庆祝会，同时还举办由女工为裁判的男员工健美比赛等活动，并通过这些活动倾听员工对公司的各种意见和建议。除此之外，他还允许员工有自行选择机动灵活的工作时间的自由。詹姆士很注意利用经济因素来激励员工，他定期在员工中拍卖本公司的股票。目前，几乎公司的每个员工拥有公司的股票，这样就大大地激发了大家为公司努力工作的热情。

詹姆士还要求每个员工都要制订出一个具体的了解公司、学会和掌握公司内部各种工

作的计划，以及自己期望能得到的培训、进修和发展的五年战略计划。这样，每个员工都可以逐渐了解公司，结合培训和进修，掌握公司及本行业中先进的科学技术。为此，大家对公司都有强烈的感情和责任心，平时不用别人来监督就能自觉地把工作搞好，并自觉地关心公司的利益和发展前途。詹姆士本人又是一位极为随和、喜欢以非正式的身份进行工作的有才能的管理者。由于他在公司内对广大管理人员、技术人员和工人中都平等地采用了上述一系列的措施，公司绝大多数人都极为赞成他的做法，公司绝大多数员工把自己的成长与公司的发展联系起来，并为此而感到满意和自豪。

改编自：https://wenku.so.com/d/d3bf49ebbdd3319d4b3f8f63176c05ef.

一、思考题

1. 坦丁姆计算机公司的激励制度是如何与员工的需要和动机相结合的？

2. 结合案例材料，试分析：这种激励制度是如何影响员工的工作动机和绩效的？

二、参考答案

1. 坦丁姆公司的激励制度与员工的需要和动机相结合，体现了对员工的关心和尊重。公司提供了良好的工作环境，包括橄榄球场地、游泳池、图书阅览室、花园和散步小道等，满足了员工对休闲和健康的需要。每周五下午免费提供啤酒，并举办各种酒会、宴会、员工生日庆祝会等活动，强调员工的社交需求和团队合作。公司允许员工自行选择工作时间的自由，满足了员工对灵活性和自主性的需求。此外，公司定期拍卖股票激励员工，使他们与公司的利益紧密联系，满足了员工的经济需求。

2. 这种激励制度激发了员工为公司努力工作的热情和责任感。通过提供良好的工作环境和福利待遇，员工对公司产生了强烈的归属感和集体认同感，自觉地把工作做好，并关心公司的利益和发展。拍卖股票使员工与公司的成功紧密相关，激励他们为公司的长期发展做出贡献。员工的工作动机和绩效得到提升，他们更有动力发展自己的技能和知识，不需要外部监督就能够自觉地提升工作质量。

三、思政切入点

◎ **关键词：激励与需要、动机的关系，社会责任，公平正义**

1. 激励与需求、动机之间有着密切关系。激励措施的设计应该考虑到员工的需求和激发其内在动机，以达到更好的激励效果。

2. 社会责任是指企业在发展经济的同时，承担起对员工、社会和环境的一种道德义务，追求经济效益和社会效益的统一。管理者应该通过关注员工的福利和需求，提供良好的工作环境和福利待遇，拍卖股票激励员工等方式，展现出对员工和社会的责任感。

3. 企业应按照公正原则对待每个人，尊重个体的权利和利益，保障员工的平等机会，维护公正。

9.2 对应知识点：激励理论

案例五 通用汽车的危机

通用汽车为了提高劳动生产率曾实施过一次企业再造、改革计划，对汽车生产装配操作加强控制。改革后，工人把它看作是恢复了 20 世纪 30 年代"血汗工厂式"的管理，让自己以同样的工资做更多的工作。随着作业越来越容易、简单和重复，对工人的技能要求降低了，工人无法对工作产生兴趣，不满大大增加，工人的不满指责从 100 个增加到5000 个。最后工人举行了一次罢工，企业损失 4500 万美元。此后屡次发现装配线停工的事，因为工人怠工，汽车没有进行必要的检验就出厂，出现了大量质量问题。

通用汽车公司组织了恢复正常工作环境的活动。他们对全厂工人进行了问卷调查，与各级领导管理人员一起举行了一系列会议，最后得出以下结论：工人认为管理部门不关心他们的需要、情感等问题；工人的工作无保障，他们认为管理部门不事先通知或进行协商就改变他们的工作计划，增加或取消加班时间，随意通知他们停工，工人们不知如何与公司合作。工人们认为管理部门对他们改进工作方法和工厂业务的意见没有兴趣；有些工人对劳动环境提出了种种意见但迟迟得不到改善，对繁重的、机械的、重复劳动感到厌倦和不满；许多工人对公司的目标和计划不了解，企业和员工之间缺乏共同的目标，公司想干什么，为何要这样干，工人无法知道，因此没有能形成凝聚力。

第一线的管理人员认为，他们也不十分了解整个管理部门的目标和计划，因此没有把这些目标和计划同他们每天对工人的管理工作结合起来。经过上述诊断，公司发现产生危机的主要根源是管理部门和工人之间缺乏及时的沟通，缺乏必要的交流。对此，公司全面实施"交流计划"，内容是：每天用 5 分钟在工厂广播与汽车工业、公司和工厂有关的新闻。这些新闻主要涉及销售、库存和生产计划的状况，使工人对公司的情况有大体的了解。其内容也张贴在工厂的各处布告栏里面，作为工厂经理和工人之间一种直接交流的方法，所有有关工厂业务的主要消息都直接传给工人，并贴在布告栏里面，包括新产品、轮班、生产计划、每周生产和新订货等变化。工厂经理还告诉大家该厂存在的问题，征求工人对解决问题的意见。为了加强管理人员在工作中的人际交往作用，所有管理人员以及职员都要接受人际关系和交往的训练。由富有组织装配线经验的公共关系协调员和质量控制主任来设计和指导。管理部门发展了一种作业轮换计划，而对轮换工作有兴趣的工人提供必要的训练，帮助他们扩大在同一装配工作组内的工作能力，其中包括大约 30 种各不相同的但基本上属于同一技术水平的工作。交往计划实行一段时间后看到了效果，恢复了正常生产，不满下降到前一年的 1/3，生产效率也有明显提高。

改编自：王晓速. 我国上市公司股权激励问题研究 [D]. 吉林财经大学，2010.

一、思考题

1. 通用汽车的危机解决运用的是哪种激励理论？试结合该激励理论谈谈你的理解。

2. 结合案例材料，我们从通用汽车危机解决中可以得到哪些管理心理学方面的启示？

二、参考答案

1. 运用了赫茨伯格的双因素理论，该理论中包括保健因素和激励因素。激励因素：使职工感到满意的都是属于工作本身或工作内容方面的；保健因素：使职工感到不满的，都是属于工作环境或工作关系方面的。

2. 通用汽车在员工激励方面首先要满足员工的保健因素，如果这类因素得不到满足，就会使员工产生不满，甚至严重挫伤员工的积极性。这类因素主要包括公司的政策与制度、公司的人际关系、薪金、工作条件和职务地位；其次是激励因素，这类因素得到满足，能给员工以激励，产生工作的满意感，有助于充分、有效、持久地调动他们的积极性。

三、思政切入点

◎ **关键词：内容型激励、积极性、实事求是**

1. 内容型激励是一种基于员工工作内容的奖励方式，即通过给予工作本身的挑战和成就感等方式来激励员工的积极性和主动性。与传统的金钱或物质奖励不同，内容型激励更着眼于员工在工作中获得的满足感和成就感，从而让员工更加乐于工作、投入工作。

2. 积极性是指员工在工作中所表现出来的自主性、主动性和积极参与性。积极性在管理中具有非常重要的作用，它不仅可以促进员工的工作效率和质量，而且能够提高员工的工作满意度和组织认同感，增强组织的凝聚力和竞争力。

3. 实事求是要求管理者和员工在工作中克服主观臆断和虚假宣传的倾向。应以实际情况为基础，依据真实、全面的数据和事实进行工作，这样可以增强组织的凝聚力和向心力，促进团队的高效协作。

案例六　华东输油管理局的激励方式

近些年，华东输油管理局一直致力于提高管道输送安全和服务质量，加强技术创新和绿色发展，推进社会责任和公益事业，积极推动管道产业的健康发展。华东输油管理局有8000 多名职工，1 万余名职工家属，管理着沧临、濮临和鲁宁三条输油管线，担负着华北、胜利、中原三大油田生产原油的输送任务。这样一条地下大动脉，在我国经济建设中有着重要的战略意义。但在管线建成投产后的一段时间内，出现了职工不安心泵站工作、劳动纪律松懈等问题。基层单位的领导常常花费很大气力做思想工作而收效并不大。通过调查、分析，找出了问题的原因。从客观原因上看，输油生产有着与其他企业不同的点多、线长和分散等特点，四个输油公司和 20 多个输油泵站，70% 以上建在远离城镇的乡村。正是这种特殊性，给生产第一线的职工带来了一系列困难，如购粮买菜、子女上学、幼儿入托、家属就业、食堂伙食花样少和质量差，以及业余文化生活单调等等。从主观原因上看，一些单位的领导片面强调"先生产，后生活"，甚至把生活后勤工作和生产对立起来，因而形成了落后的生活后勤和广大职工、家属生活方面的需要不能相适应的矛盾，并逐渐上升为影响职工思想情绪、影响生产的主要矛盾。例如在几个问题比较突出的泵站，有 20% 以上的职工向领导提出请调报告；有的由于食堂办得差，50 多个职工竟有 30 多个煤油炉，做小锅的人数远远超过了在食堂就餐的人数；有的由于吃菜困难，职工中脱岗买菜的现象时有发生；有的为了买一斤盐、一支牙膏也要跑几里路。通过分析知道，广大基层职工对搞好生活后勤工作，解除后顾之忧的需要是当时的主导需要。

华东输油管理局着重把握住职工及其家属主导需求的满足，采取一系列措施，要求各个单位必须把职工的生活后勤工作纳入议事日程；利用各泵站站内的空闲土地发展蔬菜生产，解决职工吃菜难的问题；选送了几批炊事员外出进行技术培训，提高烹调技术水平；选送了一批具有高中、初中文化水平，有一定特长的青年职工到师范学校培训，充实教师队伍，为各幼儿园、托儿所配备了必需的教具、玩具和用品，解决了入托难的问题；组织各单位的职工家属兴办集体福利事业，为职工生活提供方便；积极联系生活物资送货到基层；各单位积极进行绿化，为职工创造优美、舒适的工作、学习和生活环境。同时还积极丰富基层的文化生活，逐步解决基层业余文化生活单调、枯燥的问题；为职工进行教育培训，提高员工的思想文化素质。通过这一系列措施的落实，原来存在的问题陆续得到不同程度的解决，从而调动了职工的积极性，促进了工作效率的提升，保障了生产活动的顺利开展。

改编自：http://blog.11467.com/b49113.htm.

一、思考题

1. 华东输油管理局采用的是哪种激励理论？具体体现在哪些方面？
2. 结合案例材料，谈谈你理想中的激励模式是什么样的？

二、参考答案

1. 采用的是 ERG 理论。ERG 理论是生存、关系、成长三个核心需要理论的简称。

（1）生存（existence）需要，即提供一个基本的物质生活条件。具体体现在：利用空闲土地发展蔬菜生产，解决职工吃菜难的问题；

（2）关系（relatedness）需要，即维持人与人之间友善关系的愿望。具体体现在：积极丰富基层的文化生活，逐步解决基层业余文化生活单调、枯燥的问题；

（3）成长（growth）需要，即人们希望得到发展的内心愿望。具体体现在：为职工进行教育培训，提高员工的思想文化素质。

2. 理想中的激励模式和 ERG 理论大致相同，既要有物质方面的激励也要有精神方面的激励；在公司中感受到积极融洽的文化氛围，实现自身的成长发展。

三、思政切入点

◎ 关键词：过程型激励模型、具体问题具体分析、以人为本

1. 过程型激励模型是一种以员工对工作和工作过程的看法、感知和体验作为激励手段的理论模型。它的核心思想是认为员工在进行工作的过程中，除了关注工作结果外，还

会关注与工作相关的其他感觉和体验，这些感觉和体验同样会影响员工的工作参与度和工作动力。因此，组织可以通过提供更多自主权、责任、成长以及认可等情境来激励员工。

2. 具体问题具体分析是在一切工作中必须严格遵守的基本方法。启示员工只有从实际出发，具体地分析矛盾的特殊性，才能更好地区分不同问题，从而高效地解决问题。

3. 新时代企业管理者关注人力资本在当今社会中的重要性。以人为本是科学发展观的核心，企业管理应关注员工的需要，满足员工的物质需要与精神需要，将员工的个人价值提升与企业的发展目标相结合，进而协同员工、企业与社会的和谐发展。

案例七　林肯电气公司的激励方法

林肯电气公司总部设在克利夫，年销售额为 44 亿美元，拥有 2400 名员工，并且形成了一套独特的激励员工的方法。该公司 90% 的销售额来自生产弧焊设备和辅助材料。林肯电气公司的生产工人按件计酬，他们没有最低小时工资。员工为公司工作两年后，便可以分享年终奖金。该公司的奖金制度有一整套计算公式，全面考虑了公司的毛利润及员工的生产率与业绩，可以说是美国制造业中对工人最有利的奖金制度。在过去的 56 年中，平均奖金额是基本工资的 95.5%，该公司中相当一部分员工的年收入超过 10 万美元。2021 年对于林肯电气公司来说，是品牌发展的重要一年。且经济发展迅速，员工年均收入报酬 44000 美元左右，远远超出制造业员工年收入 17000 美元的平均水平。在不景气的年头里，如 1982 年的经济萧条时期，林肯电气公司员工收入降为 27000 美元，这虽然相较于其他公司还不算太坏，可与经济发展时期对比就差了一大截。

公司自 1958 年开始一直推行职业保障政策，从那时起，他们没有辞退过一名员工。当然，作为对此政策的回报，员工也相应要做到以下几点：在经济萧条时他们必须接受减少工作时间的决定；要接受工作调换的决定；有时甚至为了维持每周 30 小时的最低工作量，而不得不调整到一个报酬更低的岗位上。

林肯电气公司极具成本和生产率意识，如果工人生产出一个不符合标准的部件，那么除非这个部件修改至满足标准，不然这件产品就不能计入该工人的工资中。严格的计件工资制度和高度竞争性的绩效评估系统，形成了一种很有压力的氛围，有些工人还因此产生了焦虑感，但这种压力有利于生产率的提高。据该公司的一位管理者估计，与国内竞争对手相比，林肯电气公司的总体生产率是他们的两倍。自 20 世纪 30 年代经济大萧条以后，公司年年获利丰厚，没有缺过一次分红，该公司还是美国工业界中工人流动率最低的公司。前不久，该公司的两个分厂被《财富》杂志评为全美十佳管理企业。

改编自：黄卫伟. 林肯公司如何提升员工参与感. 光彩，2022（11）：42-43.

一、思考题

1. 你认为林肯电气公司使用了何种激励理论来调动员工的工作积极性？
2. 为什么林肯电气公司的方法能够有效地激励员工？

二、参考答案

1. 林肯电气公司使用了按件计酬的形式，考虑公司的毛利率及员工的生产率，给予员工丰厚的年终奖，鼓励员工形成公司成本和生产率意识，严格的计件工资制度和高度竞争性绩效评估，使员工都有一种竞争压力，这是员工所能感觉到的，也是能调动员工工作积极性的原因。

2. 该公司有着极其严格的计件工资制度和高度竞争的评估系统，能满足员工的部分或全部要求。员工工作两年后，便可分享年终奖，并且平均奖金金额是基本工资的95%，也是该国中对员工最有利的制造业之一，对员工有力的福利待遇和工资制度极大地满足了员工的基本需求，员工工作的初衷能够通过林肯公司的激励制度得到满足。严格的计件工资制度既是压力也是动力，员工故而更愿意积极主动的投入工作，实现了员工和企业间的合作共赢。

三、思政切入点

◎ 关键词：行为改造型激励、适度压力、自我评估

1. 行为改造型激励指的是通过对员工行为进行调节和引导，以达到组织目标和员工个人目标之间的最优匹配。管理者在这个过程中采用各种方式来影响和改变员工的行为，包括奖励、惩罚、反馈等手段。

2. 适度压力是一种重要且有效的管理手段。它既能激励员工的内驱力和创造力，也能增强员工的自我效能感和成就感，提高工作满意度和组织绩效。适度的压力与支持相结合，才能达到最佳的激励效果。

3. 自我评估不仅对员工个人有益，对于管理者而言也具有重要作用。它可以帮助管理者更全面、准确地了解员工的表现和潜力，促进交流与沟通，提高员工的自我管理和发展能力，优化绩效管理制度，从而提高企业管理效率，达成组织目标。

案例八　永辉超市的一线员工激励方案

永辉超市（简称永辉）董事长张轩松曾经总结过，这么多年沉浮于商海之中，自己最大的创业经验就是8个字：勤劳、创新、沟通和总结。说到"创新"，从永辉创建伊始，就决定以生鲜作为突破口，做大这一块，结果也证明永辉成功地将一般商超的痛点转化为优势，形成了具有特色的生鲜经营模式。随着管理经营的不断探索，张轩松发现，一线员工只有每个月2000多元的收入，仅仅满足生存需求，每天上班只是"当一天和尚撞一天钟"，员工的满意度和积极性都不高。然而，由于永辉生鲜经营的灵活、岗位设置的细致以及营运环节的精细化管理，永辉对一线员工工作的质量非常依赖，这也是为什么永辉要稳定与一线员工的雇佣关系、进一步激发基层员工的积极性和满意度、提高员工的行为绩效的原因。

永辉的"合伙人"制度指的是：总部和门店合伙人代表，根据历史数据和销售预测制定一个业绩标准，一旦实际经营业绩超过了设立标准，增量部分的利润按照既定比例在

总部和合伙人之间进行分配。经过试行，这在调动员工工作积极主动性、提高员工工作满意度、增加员工收入、促进门店业绩提升等方面取得了显著成效。这种制度既是一种分红制度，同时这又是一种激励机制。永辉一线员工合伙人有别于其他公司的合伙人制度，这些合伙人并不享有公司股权、股票，而只有分红权，相当于总部和小团体增量利润的再分配。一般情况下，合伙人是以门店为单位与总部来商谈，店长拿到这笔分红之后就会根据其门店岗位的贡献度进行二次分配，最终使得分红机制照顾到每一位一线员工。

永辉"合伙制"有别于常规的绩效考核制度，借助了阿里巴巴"人人都是经营者"的经营思维，名为分红，重在激励，充分调动员工积极性。在超市里，瓜果生鲜通常都摆放在一进门的位置，主要是通过其颜色、品相等来吸引消费者进店，引发消费者的"非计划购买欲"，进而提升消费者的客单价。这种营销手段的假设是：店内的生鲜水果必须新鲜，卖相足够吸引消费者。如果一线员工的工作态度不够积极，在他们码放水果的时候就会出现不经意丢、砸等现象，抱着卖多少、损失多少都和我没有关系的心态。受到撞击的果蔬通常卖相不好，无法吸引消费者购买，从而对超市营业额造成影响。对一线员工实行"合伙人"制度，将部分经营业绩直接和员工联系在一起，增加了员工的薪酬，调整了员工的工作态度，带来的是果蔬损耗成本的节约，以及消费者更多的购买欲望。

改编自：陈维，张越，吴小勇. 零售企业如何有效激励一线员工？——基于永辉超市的案例研究. 中国人力资源开发，2017（07）：110-122.

一、思考题

1. 企业管理中，物质激励与精神激励应怎样结合？
2. 结合案例材料，永辉的激励机制是如何调动员工的积极性的？

二、参考答案

1. 物质激励和精神激励作为一线员工激励的两种不同方式，是相辅相成、缺一不可的。凡是过分强调物质激励而忽视精神激励，或是过分强调精神激励而忽视物质激励的做法都是不合适的。整个激励制度各系统间应该实现融合，才能满足员工的不同层次需求。

2. 合伙人制度可以激发员工的创新能力。作为公司的股东之一，员工有权参与公司的决策和管理，可以为公司提供更多的有益意见和建议，增加员工参与企业管理的积极性和热情，从而推动企业创新和发展。一线员工合伙人制度还可以带来薪酬上的激励。合伙人有权分享公司的分红，随着公司业绩的不断提高，员工获得的分红也会相应增加。这种基于公司业绩的激励方式可以更好地调动员工的积极性和创新能力，促进企业稳定发展。

三、思政切入点

◎ **关键词：物质激励与精神激励相结合、工作满意度、管理创新**

1. 在社会与企业转型的过程中，要注重与解决员工满意度低、组织承诺不高与员工流动率高的问题。在进行激励时，要结合精神激励与物质激励，实现组织各个系统的融合。

2. 在运用激励方法与手段的同时，企业管理者要认识到员工的价值与能力，对其进行适当的授权管理与管理创新，以调动其积极性与潜力，推动员工与企业的共同发展与进步。

3. 企业要重视员工的工作满意度，并采取相应的措施提升员工的满意度。比如加强对员工的关怀和奖励机制建设、改进工作环境和文化、提高薪资水平和福利待遇、加强沟通和培训等。通过这些措施可以提高员工的工作满意度，促进企业的长远发展和企业文化建设。

案例九　丰田集团成功的背后所蕴藏的管理智慧

丰田公司于1993年在日本创立，产品线以汽车、机床为主，经营范围广泛，还包括钢铁、建筑等其他链条。近几十年的发展过程中，公司管理决策层开发形成了"谦虚、持续创新、顾客第一、团队合作、亲身体验、尊重人的能力"的丰田价值观，并且管理层以在职培训的方式潜移默化地向员工传达企业的价值观，公司领导者也以企业价值观为指引从事管理工作，对员工表示尊重，对项目的差异性想法鼓励分享、鼓励倾听和创新。在公司的经营管理过程中，终身雇佣制、工会制、年功序列制发展成为其人力资源管理的核心。

在公司人员配置方面，丰田公司以内部培训为主，表现出相对封闭性的特征。采用终身雇佣制，企业员工稳定性较强，对于丰田企业更具有归属感，也有利于调动和激发丰田企业人才的积极性。实行年功序列制，企业员工工资会基于职工年功因素（包括工龄、经验等）增加而上调，并且除了年功这一评价依照，丰田企业也要将绩效等非年功因素作为参考，为了保证年功积累，员工很少跳槽，从而保证了终身雇佣制的顺利实施；人才的使用方面，丰田企业人力资源表现出排他性的特征，一旦出现新的工作人才需求，丰田企业先通过校园招聘，进而依靠公司内部的调节解决人才需求问题。内部提拔有利于保证人才对公司的忠诚度，但不利于外部人才的引进；人才激励方面，丰田表现出精神激励为主的重要特征。不能忽视物质奖励在丰田企业人力资源激励的作用，员工收入的25%左右是企业经营的红利。

同时，得益于年功序列制和终身雇佣制，公司大部分管理者来自基层员工的晋升，这种方式对于其他员工也有激励和表率作用，进一步调动了员工的工作积极性。

改编自：刘超．基于双因素理论的人力资源管理策略研究——以丰田公司为例．现代商业，2021（21）：122-124.

一、思考题

1. 从管理心理学的角度分析，丰田集团如何将"以人为本"的企业文化与管理实践相结合？

2. 丰田集团用什么激励方式提高员工的积极性？

二、参考答案

1. 丰田集团鼓励员工参与企业决策和改进，让员工有更多参与感和归属感。在管理心理学中，员工参与感可以提高员工对企业的认同度、信任感和满意度，从而提高员工的工作积极性和投入度；丰田集团采用了多种激励机制，如"质量奖""安全奖"等，来奖励成绩卓著的员工。这种基于绩效的激励方式可以调动员工的积极性和创新能力，使员工更加投入工作；丰田集团不断追求卓越和创新，这也是源于其"以人为本"的企业文化。公司注重员工培训和发展，为员工提供良好的晋升和发展机会，鼓励员工不断创新和进步。在管理心理学中，这种追求卓越的企业文化可以激发员工的自我激励和主动学习的能力，促进员工的个人成长。

2. 丰田集团运用了综合型激励模型，通过内在动机激励、成就动机激励、社会认同激励和外在回报激励等多种方式来提高员工的积极性。这些激励方式可以满足员工多种需求，进而促进员工的自我驱动和投入。

三、思政切入点

◎ 关键词：双因素理论、顾客第一、持续创新

1. 双因素理论认为工作满意度包括两个因素：保健因素和激励因素。保健因素是指能够避免员工不满意和不安全感的因素，如工作环境、待遇、福利等。这些保健因素是必要的基础条件，如果这些因素无法得到满足，员工将会产生负面情绪，对于组织的长远发展不利。激励因素则是指能够促进员工积极性和热情的因素，如工作挑战性、晋升机会、成就感等。这些因素可以带给员工更高的工作满意度和自我实现感，从而促进其工作投入和表现。

2. "顾客第一"是理念更是一种行动。企业应努力做到始终坚持以客户的价值观为导向，以客户满意度为评价标准。企业要把眼光盯在客户身上，一切以客户为中心，去深度了解，挖掘客户到底有哪些需求，哪些是核心需求，哪些是非核心需求，有哪些需求是社会上有人在解决的，我们自己能不能解决掉客户的核心需求，并打造出客户最满意的产品和服务。

3. 关注员工发展要尊重员工的个性与需求。应根据员工的愿景与想法对其制定相应的激励与管理措施，进而鼓励其发展、锻炼工作能力，关注其身心健康，用人本主义的理念推动双方的和谐发展。

9.3　对应知识点：挫折与管理

案例十　安踏公司高库存下的生存之道

据公开报道，2022 年是一个全球体育用品行业稳健复苏的一年。在这个市场背景下，安踏公司继续保持其市场地位和市场份额，并在多个领域推进了市场发展。但在 2011 年我国体育用品行业面临很大的压力，由于前几年的产能过度扩张，加上产品同质化现象严

重，几大国内知名体育用品公司都面临着业绩下滑的困难局面，高库存问题更是困扰着企业管理者，作为行业龙头的安踏公司也不能幸免。2012 年，安踏公司实现营业收入 76 亿元，同比下降幅度达到 14.40%，是公司上市以来首次出现的业绩下降。面对高库存这一行业困局，改革势在必行。安踏公司采取了哪些措施？这些措施是否取得了预期的效果呢？

作为传统制造业企业，采购、生产、销售一直是安踏的主要资金循环方式，这三个主要环节环环相扣，牵一发而动全身。一旦产品无法及时销售出去，造成存货积压，企业就无法及时收回货款，反过来又影响新产品的研发和销售，形成恶性循环。怎样清理多余存货，打开销售局面，成为摆在安踏公司管理者面前的首要任务。为了解决这一难题，安踏采取了以下措施：

1. 改变商业模式。安踏原有的商业模式为"品牌+批发"的商业模式，安踏总裁丁世忠认为这样的销售模式如今已经不能满足消费者的需求了，于是在 2013 年初，安踏开始尝试"以零售为导向"的转型，从原来的让消费者了解公司产品变为公司主动去了解消费者的需求。公司内部开始营造"零售文化"，建立与零售模式相匹配的企业文化与价值观，以零售指标来评价公司业绩。在产品研发方面，不再以经销商的需求为唯一标准，而是加大市场调研力度，努力研发消费者真正需要的产品。

2. 弃用轻资产模式，采用"垂直整合"运营模式。耐克、李宁等同行业公司都普遍采用"轻资产运营模式"。大多数中国体育用品厂商最初是耐克"轻资产运营"模式上的重要 OEM（代工）伙伴，这其中也包括安踏公司。随着公司的壮大，安踏公司并没有对"轻资产模式"进行模仿，而是采用"垂直整合"模式。

3. 加大对经销商的扶持。经销商的库存也就是企业的库存，安踏在帮助经销商消化库存时可谓绞尽脑汁。首先在订货方式上将一部分订货制改为配货制。在订货制之下，经销商需要提前向企业预定下单，企业根据经销商的订单量决定生产数量。在配货制下，企业需要自己提前预测产销量，然后根据预测结果采取一系列的改革举措。安踏公司的营业收入在 2013 年开始回升，2014 年达到 89.23 亿元，超过了库存危机爆发前的水平，安踏CEO 丁世忠在 2014 年也曾表示："安踏通过零售转型，取得了显著效果，目前安踏的库存处于非常健康的水平"。从经营业绩指标来看，安踏公司的改革取得了很好的效果。

改编自：韩牧. 安踏的草根逆袭. 中国品牌，2015（02）.

一、思考题

1. 根据案例材料，公司管理者应采取哪些管理措施战胜挫折？
2. 如何激励员工在困难时期仍然保持积极性？

二、参考答案

1. 建立完善的风险预警机制：管理者应该建立并执行完善的风险预警机制，及时发现潜在的风险和危机。例如，在市场环境变化剧烈、政策调整频繁的情况下，要加强对市场和政策的监测和分析，及时改变经营战略和政策应对方式。

增强组织的适应性：争取主动而非被动地应对挫折，管理者不仅应该加强组织内部的沟通与协作，还应该提高组织的适应性和灵活性，以便迅速、果断地做出应对措施。

加强品牌建设和文化塑造：品牌是公司的核心价值，管理者应该注重品牌的建设和文化的塑造，提升企业的社会形象和美誉度。例如，通过加强企业社会责任的履行、参与慈善活动等形式来树立公司良好形象。

2. 在困难时期，员工往往容易感到沮丧和失望，这会影响他们的工作表现和士气。因此，领导者需要采取一些激励措施，例如通过激励计划、奖励机制或鼓励员工提出建设性的意见和建议等，激发员工的积极性和创造力。此外，领导者还应该对员工的贡献和优异表现给予足够的认可和赞赏，以提高员工的自尊心和满足感。

三、思政切入点

◎ **关键词：挫折管理、创新、诚信**

1. 企业挫折管理既是一项艰巨的管理工作，也是一项充满责任和挑战的任务。企业管理者必须在思政的引领下，以高度负责、充满使命感的态度，通过文化传承、创新促进、科学决策、人才培养等方面进行全方位管理，从而实现企业的可持续发展。

2. 安踏通过探索多元化、差异化产品开发和品牌建设等方式，不断推进创新，提升企业竞争力和市场地位。管理者应该注重推动企业创新，鼓励员工勇于探索、创新，以推动企业稳步向前发展。

3. 诚实守信、言行一致的企业才能赢得员工、客户和社会的信任和尊重。管理者应该注重诚信经营，在企业经营中始终遵循道德和法律规范，在企业管理中建立并维护良好的企业形象和信誉度。

案例十一　3M 公司的失败大奖

鼓励公司员工开动脑筋、挖掘创造力，是许多成功企业普遍采用的激励管理方式，并形成了企业的创新文化。丰田公司宣称他们的员工每年提出大约 200 万个新构思，平均每个员工提出 35 项建议，这些建议有 85% 以上被公司采纳。在我国的许多企业，也非常鼓励职工提出"合理化建议"，这些合理化建议有许多被采纳后，对企业的技术与管理的创新起到了积极的推动作用。

在这方面，值得特别提出的是世界最富创新的美国 3M 公司。美国的 3M 公司，不仅鼓励工程师也鼓励每个人成为"产品冠军"。公司鼓励每个人关心市场需求动态，成为关心新产品构思的人，让他们做一些家庭作业，以发现开发新产品的信息与知识，公司开发的新产品销售市场在哪里，以及可能的销售与利益状况等。如果新产品构思得到公司的支持，就将相应地建立一个新产品开发试验组，该组由 R&D 部门、生产部门、营销部门和法律部门等的代表组成。每组由"执行冠军"领导，他负责训练试验组，并且保护试验组免受官僚主义的干涉。如果一旦研制出"式样健全的产品"，试验组就一直工作下去，直到将产品成功地推向市场。有些开发组经过 3~4 次的努力，才使一个新产品构思最终获得成功；而在有些情况下，却十分顺利。3M 公司知道千万个新产品构思可能只能成功一到两个。一个有价值的口号是"为了发现王子，你必须与无数个青蛙接吻"。"接吻青蛙"经常意味着失败，但 3M 公司把失败和走进死胡同作为创新工作的一部分。其哲学是"如果你不想犯错误，那么什么也别干"。

研究开发是高风险的创造性活动，因此，研究开发是应该允许失败的。但是，允许失败并不是放任自由地、不负责任、无目标无目的的行为，而是激发工程师们的挑战精神和战胜各种困难的勇气，不因一两次失败而被吓倒，冷静地分析失败的原因，从而实现成功。因此，奖励失败正是为奖励成功而铺路。在日本的一些企业，有着"失败者复活制"和"失败大奖"的表彰制度，旨在给予失败者的挑战精神以激励和从失败中寻找成功的因素，把失败真正作为成功之母，从而最终获得成功。

改编自：李伟栋．企业创新激励管理案例与实证研究．科技资讯，2005（22）：175-176.

一、思考题

1. 试分析当企业员工遇到裁员等挫折后有哪些行为表现。
2. 讨论分析员工挫折心理产生的原因。

二、参考答案

1. 员工遇到挫折后的表现如下：

一是建设性行为，持积极进取态度，做出积极适应性行为；二是中性行为，持消极等待态度；三是破坏性行为，持消极、对抗态度，对事物进行破坏。

2. 员工挫折心理产生的原因如下：

第一，客观原因：分为自然环境因素和社会环境因素。

自然环境因素主要包含地理因素、区域间隔、时间紧迫、工作的物理环境不理想等；社会环境因素主要包括法律、社会道德、规章制度、管理方式、同事关系、工作心理环境等。

第二，主观原因：分为个体生理和心理因素。

生理因素挫折指个人的智力、能力、容貌、身材及健康状况与某些生理上的缺陷或疾病所带来的限制，导致不能胜任某种工作或某种动机得不到满足，从而产生挫折，比如由于生理缺陷、容貌、身高、年龄、性别差异等。心理因素挫折指个体的需求、动机、性格等心理特征也可能导致活动失败、目标无法实现的结果，主要包括需要冲突、期望值太高、嫉妒、智力、性格、兴趣、态度等。

三、思政切入点

◎ 关键词：挫折与管理、积极乐观、坚忍不拔

1. 当企业面临挫折时，需要对挫折进行深入分析和总结。管理者需要对企业遭遇挫折的原因、过程以及影响进行深入分析和总结，并制定合理有效的应对措施。通过总结经验教训，明确问题所在，才能更好地解决问题并推动企业向前发展。

2. 管理者应当在保持自身积极乐观的同时，培养下属积极乐观的工作态度。对员工

开展思想工作是培养员工积极乐观工作态度的有效方法，其关键在于管理者应当对下属进行疏导、协助、宽容和鼓励。领导者能倾听职工的想法则可能更有效地降低职工的挫折感，帮助员工减轻困惑和烦恼。

3. 管理者应锻炼员工以培养其坚韧不拔的精神品格。每一个人都会面对困难，心态好的人能勇敢面对困难，而心态不好的人，则会逃避困难。因此，我们在面对困难时，一定要有顽强拼搏的精神，永不言弃，朝着正确方向努力拼搏，要有越挫越勇、屡败屡战的精神，要有坚韧不拔的精神和毅力，才能从根本上战胜困难。

案例十二　花旗集团的危机处理

花旗集团（Citigroup Inc.）是一家全球性的金融服务公司，总部位于美国纽约市。它是世界上最大的银行之一，提供广泛的金融产品和服务，包括零售银行业务、企业银行业务、投资银行业务和资本市场服务。花旗集团成立于 1812 年，起初是一家名为"City Bank of New York"的银行。随着时间的推移，它经历了多次重组、合并和收购，逐渐成长为全球性金融巨头。作为一家跨国银行，花旗集团在全球范围内拥有广泛的业务网络。它在超过 100 个国家和地区设有分支机构和办事处，为个人客户、企业和政府客户提供各种金融产品和服务。这些服务包括存款、贷款、信用卡、投资、财富管理、证券交易等。

花旗集团在其历史上面临过一些危机，其中最显著的是 2008 年的全球金融危机。像其他许多银行一样，花旗集团在金融危机爆发时面临着庞大的资产负债问题。他们持有大量的高风险抵押贷款和资产支持证券，这些资产在房地产市场崩溃后出现了严重的价值下跌；且金融危机暴露了花旗集团在资本不足方面的薄弱点。由于损失和透明度不足，花旗集团发现自己需要增加资本以应对风险和保证业务的正常运转。在危机期间，花旗集团被迫接受了美国政府的援助，并且监管机构要求他们进行一系列的重组和整合行动。花旗集团被迫以更高的成本并遵循更严格的监管要求来进行业务运营。

在 2008 年的全球金融危机期间，花旗集团面临巨大的挑战。他们采取了一系列重要的举措来应对危机，包括削减成本、进行重组和整合业务以加强资本实力等。这使得花旗集团能够度过危机，并逐渐恢复了盈利能力。花旗集团在危机后的发展中，将重点放在新兴市场的增长机会上，如亚洲和拉丁美洲地区。他们积极扩大在这些市场的业务，并通过收购和合作来加强在当地的存在。这种战略转变为花旗集团带来了更广阔的市场和业务增长的机会。集团也意识到了数字化和科技创新对金融行业的重要性。他们加大了对技术和数字化领域的投资，推出了一系列创新产品和服务，提升了客户体验并增强了竞争力。这使得花旗集团能够适应快速变化的市场需求，并在金融科技领域保持竞争优势。

改编自：https://www.doc88.com/p-013901040664.html? r=1.

一、思考题

1. 花旗集团在挫折管理中是如何应用心理弹性和适应能力的？
2. 花旗集团在挫折管理方面采取了哪些管理心理学方法？

二、参考答案

1. 心理弹性：花旗集团鼓励员工培养心理弹性，即应对挫折和压力的能力。他们提供培训和支持，帮助员工发展积极应对困难和逆境的能力，以更好地适应变化并保持积极心态。

适应能力：花旗集团鼓励员工积极适应变革和挑战。他们提供培训和发展机会，帮助员工获取新的技能和知识，以适应变化的工作环境和需求。此外，花旗集团还鼓励员工参与跨部门项目和团队合作，以促进适应能力的提升。

通过应用心理弹性和适应能力的原则，花旗集团帮助员工积极面对挫折，并在衰退期间实现了自我调整和复苏。这些方法不仅有助于提高员工的心理健康和幸福感，还促进了组织的可持续发展。

2.（1）建立积极的工作氛围：花旗集团注重员工心理健康，通过创造积极的工作氛围来激励员工。他们鼓励员工参与决策过程，提供支持和认可，以增强员工的工作动力和归属感。

（2）传达变革的目标和愿景：在衰退期间，花旗集团面临着大规模的变革和重组。为了应对这一挑战，他们积极传达变革的目标和愿景，向员工明确表达未来的发展方向，以增加他们对变革的理解和接受度。

三、思政切入点

◎ 关键词：挫折管理、心理弹性、适应能力

1. 在面对挫折时，企业需要能够灵活适应变化，并进行有效的变革管理。这可能包括重新评估战略、调整业务模式、优化流程等，以应对挑战并寻找新的机会。

2. 企业心理弹性是指企业在面对挫折和压力时能够适应变化，保持积极的心态，并从中快速恢复和发展的能力。心理弹性是一种重要的竞争优势，它使企业能够更好地应对挫折和压力，保持稳定并积极地迎接未来的挑战。

3. 企业适应能力对于企业管理至关重要。它使企业能够灵活应对变化，创新发展，并在竞争激烈的市场中保持竞争优势。拥有良好的适应能力，企业能够更好地应对挑战，抓住机会，并实现可持续发展。

第 **10** 章　组织心理与管理

10.1　对应知识点：组织概述

案例一　沃尔玛公司的企业战略

　　传统的零售企业组织结构为"金字塔型"层级结构，在这种结构中，上下级层级分明，每个人都有明确的权利和责任，中间为一个庞大的管理层。该结构在稳定的环境下，是一种比较高效的组织结构，适应企业的发展。但当前，企业面临的环境变化迅速，特别是零售业，消费者需求日益多样化和个性化。金字塔型的组织结构已明显不利于零售企业的发展。信息技术在零售业的广泛应用使扁平化结构和管理成为可能，沃尔玛不断减少企业的管理层次，向下分权。

　　在沃尔玛的组织结构里，上层的 CEO 下面设四个事业部，分别管理着购物广场、山姆会员店、国际业务和物流业务，下面就是庞大的分店。另设两个商店管理事业部，通过事业部总裁、区域总裁、区域经理、店铺经理四个层次，直接对店铺的选址、开办、进货、库存、销售、财务、促销、培训、广告、公关等各项事务进行管理。

　　管理分权化已成为国外零售企业组织管理的共识，也是由消费者需求的多样性及技术在零售业的应用所推动的。分权化是指上层管理者把一些管理权和决策与下级共享。这样做的好处是很明显的，可以在较大程度上，鼓励下级并使其努力工作，从而更好地满足消费者的需求，提高工作效率。店铺销售的所有商品，除了部分新鲜食品要考虑到保鲜的需求，由店铺在附近自行采购外，其余全部要由事业部的采购部门统一采购，物流部门统一配送，这种连锁经营的模式，使得沃尔玛公司具有强大的市场竞争能力。

改编自：https：//www.docin.com/p-2145891674.html.

一、思考题

1. 结合案例材料，你认为组织的功能有哪些？
2. 应如何理解组织与环境的关系？

二、参考答案

1. 组织普遍地存在于我们的生活之中，并以多种多样的方式改变着我们的生活。合理而有效的组织在现代管理中发挥越来越重要的作用。（1）组织的社会功能。组织源于人类的生产与社会实践。在长期的实践活动中，为了实现一定的目标，人们与他人发展协作关系，创造群体合力，并不断优化这种关系以提高群体效能，而组织正是人们为满足或实现这种需要而努力的结果。（2）组织的管理功能。一方面，组织负有协助政府对人们进行管理的职能，各级各类组织本身就是政府管理公民的重要途径或工具；另一方面，组织自身的目标也要靠组织来实现。组织既是各种管理活动展开的舞台或背景，又是实施和推行管理措施的主体或依托。（3）组织的个人功能。人们为生存与发展所奋斗争取的一切都同他们的利益相关，需要是一切历史发展的前提。

2. 组织并不是一个孤立的存在，而是一个开放的社会技术系统。它需要和外部环境进行各种材料、能源和信息的交换，从而使组织不断地变革与发展。例如，一个企业若没有顾客、供应商、竞争者及其他相关因素的作用，便不能存在。组织依靠环境获得赖以生存的资源和发展机遇，组织的产出、服务、为环境所接受的程度是限制组织活动的边界条件。组织活动的效率受制于环境条件的优劣。因此，组织活动必须适应环境的需要。

三、思政切入点

◎ **关键词：组织活动、管理分权化、连锁经营**

1. 组织活动可分为两大类：直接导致组织目标完成的作业活动和确保作业活动有效进行的管理活动。由此可见，管理工作是独立进行的、有别于作业工作又为作业工作提供服务的活动，是保证组织正常运行、发展以实现组织目标的手段。二者的关系密不可分。

2. 沃尔玛的管理经营方式充分表明管理分权化可以弱化组织结构的不利影响，促进权责结合，提高管理效率。引导员工使用适当的方式以提高自己的效率，重视过程合理化。

3. 连锁经营是一种商业组织形式和经营制度，是指经营同类商品或服务的若干个企业，以一定的形式组成一个联合体。

案例二　苹果公司

苹果公司，原称苹果电脑公司，英文名 Apple，由乔布斯和 Ron Wayn 在 1976 年 4 月 1 日创立。苹果公司总部位于美国加利福尼亚的库比提诺，核心业务是电子科技产品。苹果的 Apple II 于 1970 年代推动了个人电脑革命，其后的 Macintosh 接力于 1980 年代持续发展。最知名的产品是其出品的 Apple II、Macintosh 电脑、iPod 音乐播放器、iTunes 商店、

iPhone 手机和 iPad 平板电脑等，在高科技企业中以创新而闻名。2011 年 2 月，苹果公司打破诺基亚连续 15 年销售量第一的地位，成为全球第一大手机生产商。2011 年 8 月 10 日苹果公司市值超过埃克森美孚，成为全球市值最高的上市公司。

2011 年 10 月 19 日，苹果总部举行了一场乔布斯纪念会，题为"纪念史蒂夫·乔布斯的一生"。他是一个美国式的英雄，几经起伏，但依然屹立不倒，就像海明威在《老人与海》中说到的，一个人可以被毁灭，但不能被打倒。他创造了"苹果"，掀起了个人电脑的风潮，改变了一个时代，但却在最顶峰的时候被封杀，从高楼落到谷底，但是 12 年后，他又卷土重来，重新开始第二个"斯蒂夫乔布斯"时代。

APPLE 地区组织结构便于向全世界的用户生产和配送苹果电脑。区域分部式结构使组织能适应各自地区的特殊要求。APPLE 公司用这种结构将管理者和员工集中在专门的区域性消费者和消费目标上。雇员按照区域性目标而非国家性目标来分派，强调区域内的协调，而不是跨地区协调或全国总部的关系。

改编自：https：//www.doc88.com/p-54659558145745.html.

一、思考题

1. 从管理心理视角分析，分工与协作存在什么关系？

2. 按组织目标和社会职能分类，苹果公司属于哪种组织类型？应如何理解组织与个人的关系？

二、参考答案

1. 分工与协作是由组织目标决定的。组织目标单靠个人是无法实现的，必须有许多部门或团体，这些部门或团体分别从事一种或几种特定的工作，并相互配合，这就是分工与协作。由于分工与协作的存在，组织中就出现了组织成员的角色体系，而各个角色体系之间既分工又协作，这不但是组织得以存在的基础，更是提高工作效率的根本保证。

2. 苹果公司属于经济组织。人们为生存与发展所奋斗争取的一切都同他们的利益相关，需要是一切历史发展的前提。在微观管理、心理领域，需要也就成了人们行为的基础。人们正是带着各种各样的需要参加到组织中来的。一个合理有效的组织可以通过各种方式来满足人们的不同需要。例如，通过工资、奖金、福利等来满足人们的基本生活需要；通过组织沟通、人际交流等来满足人们的社会交往、归属、尊重等心理需求；通过分配挑战性的工作任务、激发个体的潜能、充分展示个人的聪明才智等来满足人们的成就感和自我实现的需要。组织能够满足个体的需要，容易使个体产生对组织的依赖感，而这种依赖感对组织增强凝聚力、提高工作满意度、实现目标等都具有积极作用。

三、思政切入点

◎ 关键词：组织功能、组织管理、适应环境

1. 组织普遍地存在于我们的生活之中，并以多种多样的方式改变着我们的生活。合理而有效的组织在现代管理中发挥着越来越重要的作用。

2. 苹果的管理方式表明，企业要根据市场定位灵活调整自身的经营战略，这也是学生在成长中需要注意的，掌握自身情况，及时调整学习方法，才能不断超越进步。

3. 环境的变化给企业和个人的发展带来了挑战，所有的团体和个人只有在发展过程中适应大环境，方能持续稳定健康地发展。

案例三　维基百科与自组织

维基百科是目前全球规模最大的网络百科全书，作为一个非营利性的平台，任何人都能在上面发表、编辑、浏览所有信息。在用户的自组织和自发展之下，维基百科的信息已经极详尽，拥有接近 2000 万条词条，接近 30 种语言类型。他们是如何组织、分工、工作的呢？

过去我们所谈的管理，往往指的是一个组织中自上而下产生秩序的手段，强调组织要有分工，要有合作，在合作中产生价值，而且价值要能够在组织的外部环境中得到认可。但随着社会教育的进步和信息的发达，特别是"90 后""95 后"进入职场，员工的学历、自主能力和创新能力越来越强，个性也越来越鲜明。这令原来自上而下的管理方式变得更加困难。管理者只能控制住员工的一些行为，比如员工考勤、要求员工按公司规章制度办事，但无法控制员工与谁交好、喜欢谁，有没有好的创意，有好的创意是否愿意贡献给公司……总之员工可以按要求把事情做完，但就是没有主动性和积极性。这是因为社会呈现的网状结构让管理者无法自上而下管理，同时，组织管理的研究人员也慢慢注意到组织中的非正式团体反而会在工作中发挥更大的作用，这种"非正式团体"就是一种"自组织"。

"自组织"这个概念最初不是来自社会学而是来自热力学。它是由科学家普利高津在研究系统的耗散结构时最早提出的概念。后来自组织被引入社会学，并成为社会学中重要的概念。在复杂网络的研究中，结构的演化、谁跟谁建立关系、关系网络的结构是什么形状，这些都是通过自组织而形成的。在社会系统中，自组织具有以下几个特性：一群人基于关系与信任而结识，而非因为外在权力而强迫结识；结识的群体产生集体行动的需要；人们为了管理集体行动而自定规则、自我治理。华为的"三人战斗小组"、韩都衣舍的产品小组、海尔的员工创客等一系列机制，都是企业打破原有职能制划分的企业结构，打破由上而下的管理方式，推行自组织的一种尝试。

维基百科以语言作为组织分界，可以将每种语言的用户看成一个自组织的团体成员。人们在维基百科上发表新的内容、补充完善已有的信息，使整个平台的内容变得愈加丰富翔实，这是完全自下而上形成的，除了简单的发表规则，没有一个管理员对内容进行管理控制，可以说，用户每一次的信息发表、编辑、搜索和浏览，最终连接成维基百科的网状结构。

改编自：https://www.zhihu.com/answer/814505183.

一、思考题

1. 自组织强调哪种组织类型？

2. 结合案例说明组织具有哪些特征?

二、参考答案

1. 非正式组织。自组织是未经管理部门规定自发形成的以感情为基础的无形组织。

2. 任何组织,都必须具备以下四方面的共同特征:

(1) 共同目标。组织必须有一个共同的组织目标,目标是组织存在的前提和基础。人们是为了实现共同目标、完成共同任务而结合在一起的,如果没有共同的组织目标,就不会有人们的协调活动,也就不是真正意义上的组织。

(2) 分工与协作。分工与协作是由组织目标决定的。组织目标单靠个人是无法实现的,必须有许多部门或团体,这些部门或团体分别从事一种或几种特定的工作,并相互配合,这就是分工与协作。由于分工与协作的存在,组织中就出现了组织成员的角色体系,各角色体系之间的分工协作,既是组织得以存在的基础,更是提高工作效率的根本保障。

(3) 权利与责任。组织内的分工与协作依靠一定的权力与责任制度才能得以实现。也就是说,组织内部必须有分工,通过分工赋予各部门及每个人相应的权力,以便于实现目标。但在赋予权力的同时,也必须明确每个部门和个人的责任。有责任而没有权力,无法保证任务的完成;有权力没有责任,就会导致权力的滥用,这都会影响组织目标的实现。组织在一定程度上来说是一个职、权、责三位一体的完整体系。

(4) 与环境的联系。组织并不是一个孤立的存在,而是一个开放的社会技术系统,它需要和外部环境进行各种材料、能源和信息的交换,从而使组织不断地变革与发展。例如。一个企业若没有顾客、供应商、竞争者及其他相关因素的作用,便无法依靠环境获得赖以生存的资源和发展机遇。组织的产出、服务、为环境所接受的程度是限制组织活动的边界条件。组织活动的效率受制于环境条件的优劣。因此,组织活动必须适应环境的需要。

综上所述,我们认为,组织是为实现某一共同目标,在分工与协作基础上构成的人群集合系统。

三、思政切入点

◎ 关键词:组织类型、组织功能、组织概念

1. 根据不同标准,组织类别有多种划分方式。(1) 按组织目标和社会职能分类:政治组织、军事组织、经济组织、教育组织、宣传组织、卫生组织、学术组织、行政组织、文体组织等。(2) 按组织性质分类:①正式组织。正式组织的组织结构、成员的权利与义务,均由管理部门规定,其活动必须服从企业的规章制度和组织纪律。正式组织内的个人是可以替换的,不重视个人的独特性。②非正式组织。非正式组织是未经管理部门规定的、自发形成的,是以感情为基础的无形组织。非正式组织的基本功能是满足成员的心理需要。(3) 按赢得顺从的方式分类:①强制型组织。这类组织主要以强制性的权力为手段控制其成员,如执法机构、监护性精神病院等组织。②功利型组织。这类组织在行使合法权力的同时,把经济报酬和各种奖励作为控制手段,组织成员是以贡献大小作为获得某种利益的基础,如工商企业、农场等组织。③规范

型组织。这类组织以方针政策、法律制度、道德规范等作为控制手段，利用内在价值的奖励，权威是建立在业务专长基础之上的，如学校、医院、科研部门、专业协会以及政治性和社会性的各种团体等组织。

2. 组织普遍地存在于我们的生活之中，并以多种多样的方式改变着我们的生活，合理而有效的组织在现代管理中发挥着越来越重要的作用。组织具有社会功能、管理功能和个人功能。

3. 现代组织概念把组织看成开放的社会技术系统。这个定义包括下述丰富含义：（1）组织是一个开放的系统，组织不断地与外部环境进行材料、能源和信息的交换，不断改革和发展。（2）组织是一个社会技术系统，既包括结构和技术的方面，也包括心理、社会和管理的方面。（3）组织是一个整合的系统，组织建立在其各子系统的相互依存之上，也离不开与环境的相互作用，因此组织整合了各子系统及其与环境的关系。组织好比一个人要恰当地协调与整合身体各部分，使所投入的人力、物力和财力得以有效而经济地转变为产品。

10.2　对应知识点：组织结构与组织设计

案例四　松下电器公司的组织结构

松下电器公司采用分级管理、分级核算，实行事业部制。公司经营管理分为两级，即总公司一级，事业部一级。总公司设有最高领导层与一套健全的职能机构。总公司以下按照产品建立事业部，事业部部长对事业部的经营管理负总责，事业部也设有一套职能机构。

松下电器公司是日本最早采用事业部制的企业。事业部是一个自负盈亏、独立核算的经营单位，因此，事业部制可以更好地明确各部门的职责和权限，发挥他们的积极性和主动性，进一步进行专业化分工。然而，各事业部独立后，比较容易脱离总公司的控制，各部门的合作也日益困难，同时高度专业化的部门不一定会有全局观念去应付所有产品的危机。因此，总裁松下幸之助以集中四个主要功能来平衡分权之举。首先，松下设立严格的财务制度，由财务主管负责直接向总裁报告其财务状况，并且订立了严格的会计制度；其次，松下建立公司银行，各部门的利润都汇总于此，同时各部门增加投资时，必须向公司银行贷款；第三，实行人事管理权的集中，松下认为人才是公司最重要的资源，每一位超过初中学历的员工都必须经过总公司的仔细审核，所有管理人员的升迁都必须经过总公司的仔细审查；第四，松下采取集中训练制度，所有的员工都必须经过松下价值观的训练（参见图 10-1）。

这样就形成了一种分权与集权的结合，但世界市场风云变幻莫测，分权与集权的机械式结合并不总是能应付自如。因此，松下电器公司总是不断地根据实际情况，对其结合方式和程度进行调整，以确保其组织的活力。

改编自：https：//www.docin.com/p-364173405.html.

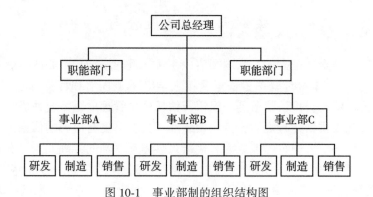

图 10-1　事业部制的组织结构图

一、思考题

1. 结合案例材料，分析松下电器公司组织结构的优缺点。

2. 从管理心理视角分析，组织结构设计的原理有哪些？

二、参考答案

1. 事业部制结构的主要优点是：分权给事业部，有利于统一管理，独立核算，自负盈亏，有利于公司最高管理层摆脱日常事务，致力于企业重大问题的研究；有利于将联合化和专业化结合起来；有利于事业部内部在供、产、销之间的平衡协调；有利于事业部领导人员得到训练和考验，成为全面人才。

事业部制结构的主要缺点是：事业部容易产生本位主义和短期行为；不利于事业部之间的人员、先进技术以及管理方法的交流；公司和事业部都设置职能机构，易产生机构重叠，管理费用增高。

2. 组织结构设计应遵循的原理如下：①分工与协作原理；②管理幅度原理；③统一指挥原理；④平衡原理；⑤效率原理；⑥优化组合原则。

三、思政切入点

◎ 关键词：组织结构、全局观念、价值观

1. 组织结构是组织在职、责、权方面的动态结构体系。其本质是为实现组织战略目标而采取的一种分工协作体系，组织结构必须随着组织的重大战略调整而调整。

2. 全局观念是指一切从系统整体及其全过程出发的思想和准则，是调节系统内部个人和组织、组织和组织、上级和下级、局部和整体之间关系的行为规范。具有全局观念的人则会从组织整体和长远角度考虑决策、开展工作，以保障企业的健康发展。

3. 价值观对人们自身行为的定向和调节起着非常重要的作用。价值观决定人的自我认识，并直接影响和决定一个人的理想、信念、生活目标和追求方向的性质，因此树立正确的价值观是一切行为之基。

案例五　亚马逊公司

杰夫·贝索斯是全球最大的互联网书店——亚马逊网络购物中心的缔造者。凭借着自己的勤学苦读，他在 22 岁时取得了普里斯顿大学电子工程学和计算机系双重学士学位，在一家高科技公司就职，很快跳槽到一家银行信托公司管理电脑系统并成为该公司最年轻的副总裁。经过几次跳槽转行之后，贝索斯瞄准了更新、更有潜力的信息技术行业，它正处于蓬勃发展的初期，渴望自己能成为时代新兴事务互联网的弄潮儿。一次偶然的机会使他萌生创办网上书店的念头，并很快通过各种办法筹集到资金，1995 年 7 月在西雅图（目前公司总部所在地）郊区租来的房子的车库中，创建了全美第一家网络零售公司——AMAZON. COM（亚马逊公司），贝索斯用全世界最大的一条河流来命名自己的公司，是希望它能成为出版界中名副其实的"亚马逊"。贝索斯充分利用了他对于网络的理解和网上技术优势，花了 1 年的时间来建设网站和设立数据库，并根据市场状况不断改进经营模式以及网站风格和功能。短短几年，亚马逊就成为全球最大的网上书店，虽然在创业初期都在亏损经营，并遭到多方质疑，但公司凭借其自身的管理和服务优势，2003 年开始赢利，这是全球电子商务发展的福音。但是，亚马逊的发展并不容易，虽然销售量在增长，但利润却在下降。亚马逊发布了 2005 年第一季度财报，报告显示，亚马逊第一季度净销售额为 19 亿美元，同比增长 24%；净利润为 7800 万美元，同比下滑 30%。

Amazon 网站最初专注于图书、音乐和影视节目类产品，读者可以买到近 150 万种英文图书、音乐和影视节目。自 1999 年开始，Amazon 开始扩大销售的产品门类。现在除图书、音乐和影视节目外，也在网上销售服装、礼品、儿童玩具、家用电器等 20 多个门类的商品。目前 Amazon. com 公司是世界商品品种最多的网络零售商，知名度享誉全世界。

改编自：https://wenku.baidu.com/view/e08e2c3301020740be1e650e52ea551810a6c98e.

一、思考题

1. 从管理心理视角分析，组织结构是什么？组织结构的形式主要有哪几种？
2. 结合材料分析，组织设计的趋势是什么？

二、参考答案

1. 组织结构就是表现组织各部分排列顺序、空间位置、聚集状态、联系方式以及各要素之间相互关系的一种模式，它是执行管理和经营任务的体制。组织结构的形式主要有直线型组织结构、职能型组织结构、直线职能型组织结构、事业部制的组织结构、超事业部制的组织结构、矩阵式的组织结构和新型组织结构等等。

2. 随着信息社会的到来，全球经济一体化，组织生存的环境越来越复杂多变，为了更好地适应环境的变化，现代组织设计出现了一些新的趋势，主要表现为：（1）组织结构扁平化，即减少组织纵向层次，使组织结构变得扁平。这样，一方面可以减少组织层次，降低组织运行成本，另一方面，也可以使上下级的沟通更方便，高层领导了解基层情况更快捷，从而有利于组织对变化的环境做出快速反应。（2）组织结构柔性化。柔性组织的对外开放性可以通过其运作过程中的知识积累和进化，适应环境变化，从而实现组织目标、战略和行为规范等要求之间的重新选择与整合，与环境发展趋同。（3）组织界限模糊化。（4）组织管理信息化。（5）组织运营信息化。

三、思政切入点

◎ 关键词：组织形式、组织结构、技术创新

1. 组织形式是指企业存在的形态和类型，主要有独资企业、合伙企业和公司制企业三种形式。无论企业采用何种组织形式，都应具有两种基本的经济权利，即所有权和经营权，它们是企业从事经济运作和财务运作的基础。

2. 组织结构就是表现组织各部分排列顺序、空间位置、聚集状态、联系方式以及各要素之间相互关系的一种模式，是执行管理和经营任务的体制。简言之，组织结构是组织的外在形式，是组织各要素的一种特定安排，及组织各要素的排列组合方式。组织结构在整个管理系统中起着"框架"的作用，有了它，系统中的人流、物流、信息流才能正常流通，使组织目标的实现成为可能。

3. 技术创新可以优化生产方式和管理模式，快速提高产品质量，使企业能够在快速占领市场后保证技术领先，打造行业壁垒，这也是实现市场价值的过程。

案例六　奥迪中国的组织形态

奥迪中国是大众集团奥迪公司在中国的子公司。建立于 1988 年，负责奥迪品牌进口车在中国的整车及零部件的市场营销及售后服务。自建立以来，奥迪中国成功地在中国销售了 10 万辆进口奥迪轿车。目前为止，中国市场已经成为奥迪公司在亚洲最大的市场。

在国际权威调查机构 J. D. Power 公布的 2006 中国汽车销售满意度指数（SSI）调研报告中，奥迪凭借其在交付进程、销售人员、经销商设施、交易过程、交付期以及手续办理等方面的优质服务，连续 3 年摘得销售满意度排名桂冠，荣居 31 家著名汽车品牌之首，充分显示了奥迪在销售网络和服务水平方面强大的实力，也使一汽大众奥迪销售事业部"以用户满意度为中心"的经营理念进一步得以广为传播。2007 年 3 月，奥迪 A4 销量突破 5 万辆，2007 年 4 月，第 10 万辆奥迪 A6L 在长春一汽大众一厂下线，从而再次证明了一汽大众奥迪品牌在同步引入全球最新产品，并根据中国国情进行国产化方面所取得的卓越成绩。

奥迪品牌所代表的独特生活方式也在一系列活动中得到诠释，另外，奥迪不断建立新的平台，如奥迪驾控之旅、北京奥迪品味车苑和上海奥迪媒体中心等，让消费者充分体验到奥迪品牌所具有的独特魅力。目前奥迪在中国市场的经销商网络已覆盖 87 个城市，拥有 124 家经销商，是目前国内规模最大、覆盖面最广、服务水平最高的高档豪华品牌轿车服务网络，在所有国际顶级轿车品牌的服务网络中有着突出的优势。

改编自：https://www.docin.com/p-2583492423.html.

一、思考题

1. 结合案例材料，分析奥迪组织结构的优缺点。
2. 从管理心理学视角分析，应如何调整组织结构模式？

二、参考答案

1. 团队化/网络化管理模式的优点主要有：强化组织内部的沟通与协调，使不同程序相互配合，减少管理过程消耗的时间，提高企业效率，便捷高效地将企业的上下层之间、横向各部门之间有机地联系在一起，建立起一个有效的人际网络，使各部门和员工能从系统思考的角度来了解和解决企业的问题，还能使信息、知识和经验进行充分的交流与共享。缺点是可控性太差。这种组织的有效运作是通过与独立的供应商广泛而密切的合作来实现的，由于存在着道德风险和逆向选择性，一旦组织所依存的外部资源出现问题，如质量问题、提价问题、及时交货问题等，组织将陷入非常被动的境地。

2. 组织结构模式可以有多种多样。组织结构模式采用何种方式为好，没有统一与固定模式可以照搬，组织可以从实际出发选择适合自己的组织结构模式。这里除了要考虑任务本身和生产过程的特点外，必须重视其对职工的心理因素方面的影响，应当把技术方面与社会心理方面结合起来考虑，选择最佳的组织结构。

三、思政切入点

◎ **关键词：组织结构设计、分工协作、优化组合**

1. 组织结构设计是指为了实现组织的目标和使命，确定组织内部各个部门岗位和职责之间的关系和协作方式的过程。组织内部的组织结构设计依据组织目标的需要和客观环境的变化，按照专业化原则，在最有利的条件下进行内部人员分组归类，正式规定个人与个人、个人与群体、群体与群体之间的关系，以便有效地协调和控制整个组织的活动，充分发挥组织功能，保证实现组织目标和满足个人需要。

2. 分工与协作是一件事情的两个侧面。分工是为了明确责任，达到协作的目的；协作是为了使各部门工作互相配合，取得效果，完成任务。合理的分工协作，是推动组织发展的强大动力。

3. 一个组织，资源再雄厚，若人员组合不合理，势必会陷入相互掣肘的困境。因此，在组织结构设计或调整时，要合理裁撤冗员。优化组合不仅是指职工的优化组合，更重要的是领导班子的优化组合，要因事设人，不能因人设事设岗。

10.3 对应知识点：组织变革与发展

案例七 沉睡的巨人——西门子公司

有着 140 多年历史的大型德国公司——西门子公司财力雄厚。公司的收入来自能源和自动化、核能、专用小型交换机（PBX）和计算机、电讯和安全系统、医疗设备、电力和自动化产品以及其他行业。一些人担心产品种类激增可能会是有害的。欧盟 1992 方案消除了存在于欧盟 12 个成员国家的贸易障碍，也使西门子公司的 36 万员工面临一个新局面。过去，西门子公司同政府间有着利润丰厚的合同。例如，西门子公司以高于日本同类产品 8 倍的价格向政府出售无绳电话。

西门子公司的总裁卡尔·海因茨·卡斯克（Karl-Heinz Kaske）的目标是把公司从死气沉沉的组织转变为蓬勃进取的跨国公司，在电讯方面，同 AT&T 公司竞争；在工厂自动化方面，与通用电气公司竞争。其中关键的一步就是在微电子领域所采取的新策略。确实，同竞争对手们相比，西门子公司在研究上投入了更多的资金，然而，其差价利润率却远远地落在别人的后面。

为新的竞争环境做准备，西门子开始重组公司。1988 年，公司取消了两个管理层，1989 年原来的 7 个经营部门转变为 15 个（后来又减为 12 个）组织机构，每个机构都有自己的销售和市场策划人员。这样应该能够加快对新产品的核准。西门子还采用了德国企业界不常有的做法，关闭了一些不盈利的生产线。那些希望终身被公司雇用的管理人员忧心忡忡。一年亏本 1 亿美元的电讯公司要与同年增长率为 17% 医疗公司进行对比。

过去，西门子重技术轻营销的企业文化也得以改变。公司正在重新调整其工作中心，不仅要注重欧洲的市场份额还要注重美国和日本两大重要市场的份额。研究中心的权力也被减弱，现在重点是基础研究，而更多地把应用型的研究工作的责任交给经营单位。此外，经营单位不仅担负更大研究工作的责任，还要对所投入的研究成本负责。如今，西门子公司可以回顾一下公司 140 多年以来的创新，仅以下述为例：1847 年获专利的点式电报，1879 年世界上第一条电力轨道，1938 年世界上第一个用户电报网络，1977 年世界上第一台高性能的激光打印机，1988 年欧洲制造的第一个 1 兆芯片。但是，适合过去情况的组织结构却不一定能服务于未来竞争激烈的全球性市场。

改编自：https：//www.docin.com/p-93055015.html.

一、思考题

1. 结合案例材料，分析西门子公司为何要进行组织变革？你认为，还有哪些情况需要进行组织变革？

2. 从管理心理学视角分析，组织变革的过程有哪些阶段？

二、参考答案

1. 通过阅读材料可以得知西门子公司的利润率远远低于其他公司，这是决策迟缓的表现。决策进展缓慢往往意味着有利时机被错过，组织活动受挫折、遭损失。因此，西门子公司需要进行组织变革。当企业碰到沟通渠道阻塞、效能无法发挥或竞争与创新精神差时，也需要进行组织变革。

2. 第一阶段：分析与确定问题；第二阶段：组织诊断；第三阶段：执行变革；第四阶段：对变革做评估。

三、思政切入点

◎ 关键词：组织转型、组织变革、组织机构

1. 组织转型是指在组织架构、运行机制、人才培养和组织文化上的深刻变革。依据不同的划分标准，组织变革可以有不同的类型：（1）战略性变革；（2）结构性变革。

2. 时代发展、环境变化、生产模式的变化和客户需求的变化促使当今企业必须不断进行变革。

3. 组织机构是指组织发展、完善到一定程度，在其内部形成的结构严密、相对独立，并彼此传递或转换能量、物质和信息的系统。它起源于人类的共同劳动，随着人类社会的发展，尤其是国家的诞生日趋完备、成熟。其任务是协调各种关系，有效地运用每个组织成员的才智，充分发挥组织系统的力量，达成团体的目标。

案例八　联想集团的组织发展

联想集团（简称联想）初创于 1984 年 11 月，是一家国有民营企业，实行董事会领导下的总裁负责制，总裁室下设 14 个事业部和 12 个职能管理部门。公司总部主要对公司的发展方向、发展战略、重大投资项目、投资效益等进行直接控制，其他企业的经营和管理权下放给各事业部，事业部独立经营、自负盈亏。

1988 年，由于联想汉卡在市场推广方面获得初步的成功，联想继续发展的条件有了很大的改善。这主要表现在这样几个方面：一是企业实力增强，由 20 万元的投入发展到拥有上千万元的自有资本；二是由于西文汉化问题的解决，扫除了电脑在中国推广的一大障碍，联想在中国也有了一定的知名度；三是当时有许多外国知名电脑厂商为占领中国市场寻求与联想合作，从而为联想通过合作发展自己提供了条件；四是联想已经有了一个可以向汉卡以外其他计算机产品进军的队伍。从电脑技术方面看，美国和日本在当时具有垄断性优势，而一般性辅助技术则集中于亚洲"四小龙"等发展中国家和地区。对于初获成功的联想来说，如果马上在核心技术和关键领先技术方面与发达国家的实力雄厚的电脑厂商展开竞争，无异于以卵击石。联想经营者经过大量的调研和分析，决定将市场定位于电脑板卡的开发和制造方面，同时争取做某些世界著名电脑厂家的中国总代理，创造中国市场的主导型电脑，以积累资金和销售经验，并学习电脑整机开发技术。

1994 年初，香港联想公司成为香港上市公司，更为企业发展带来了新的发展机会。原来的"大船结构型"或职能式结构管理已难以适应新的情况，公司的统一管理也难以对世界各地广大地区的各种业务领域包括汉卡、板卡、微机、终端、打印设备等出现的新情况做出迅速正确的反应。因此，公司提出改革组织体制，调整集权与分权的关系，形成"多中心"公司，把"大船结构型"组织模式变为"舰队结构型"组织模式，实行事业部制。到 1994 年下半年，联想集团步入了一个新的发展阶段，开始逐步成为一个成熟的企业，联想集团已经成为拥有在国内包括北京联想集团公司和二十几家分公司、子公司及分布在全国各地的 600 多个经销网点，在境外包括香港联想控股有限公司及设在美国、德

国、新加坡等国的 27 个海外公司的具有一定规模和实力的跨国企业。

改编自：https：//www. docin. com/p-1067411927. html？docfrom＝rrela.

一、思考题

1. 联想集团的组织发展给我们带来哪些管理心理学方面的启示？
2. 若联想集团组织变革受阻，讨论分析该如何克服。

二、参考答案

1. 组织发展寻求的是增进组织的有效性和员工的幸福感。

（1）组织发展的价值观

组织发展范式重视人员和组织的成长、合作与参与过程以及质询精神。下面简要概括一下大多数组织发展活动的基本价值观念。①尊重人；②信任和支持；③权利均等；④正视问题；⑤参与。

（2）组织发展的干预措施

①敏感性训练；②调查反馈；③过程咨询；④团队建设；⑤群体间关系的开发。

2. 在抵制变革的人群中，多数人的反对是由于长时间在一种劳动、工作模式中活动形成的心理定式的作用和对变革的深远意义认识肤浅、片面所致。因此，只要采取适当的方法做些工作，人们抵制变革的心态是可以改变的。（1）统一认识；（2）积极参与；（3）威信；（4）心理适应；（5）注意群体作用。

三、思政切入点

◎ **关键词：组织发展、组织模式、事业部制**

1. 组织发展是指将行为科学知识广泛应用在根据计划发展改进和加强那些促进组织有效性的战略、结构和过程上。该定义突出了几个特征，使得组织发展区别于其他推动组织变革和改进的措施，例如管理咨询、技术创新、业务管理以及培训和开发。

2. 企业组织模式，指企业为提高效率、利润与竞争力而选择的不同企业组织形式。

3. 事业部制是为满足企业规模扩大和多样化经营对组织机构的要求而产生的一种组织结构形式。具体的设计思路为：在总公司领导下设立多个事业部，把分权管理与独立核算结合在一起，按产品、地区或市场（顾客）划分经营单位，即事业部。每个事业部都有自己的产品和特定的市场，能够完成某种产品从生产到销售的全部职能。事业部不是独立的法人企业，但具有较大的经营权限，实行独立核算、自负盈亏，是一个利润中心，从经营的角度上来说，事业部与一般的公司没有太大不同。

案例九　三星集团组织结构的变革

三星集团（简称三星）是韩国最大的企业集团，包括 26 个下属公司及若干其他法人机构，在近 70 个国家和地区建立了近 300 个法人及办事处，员工总数 19.6 万人，业务涉及电子、金融、机械、化学等众多领域。三星有近 20 种产品世界市场占有率居全球企业之首，在国际市场上彰显出雄厚实力。以三星电子为例，该公司在美国工业设计协会年度工业设计奖（Industrial Design Excellence Awards，简称 IDEA）的评选中获得诸多奖项，连续数年成为获奖最多的公司。这些证明三星的设计能力已经达到了世界级水平。2003 年三星在美国取得的专利高达 1313 项，在世界所有企业中排名第九。该企业品牌在世界品牌实验室（WorldBrandLab）编制的 2006 年度《世界品牌 500 强》排行榜中名列第 26，在《巴伦周刊》公布的 2006 年度全球 100 家大公司受尊重度排行榜中名列第 42。

自 1992 年中韩正式建交后，三星电子于 1992 年 8 月在中国惠州投资建立了三星电子有限公司（SEHZ）。此后，三星电子不断加大在中国的投资与合作，截止到 2002 年，在华累计投资额已达 26 亿美元，成为对中国投资最大的韩国企业。2003 年三星电子在中国的销售额突破 100 亿美元，跃入中国一流企业的水平。2003 年，三星品牌价值 108.5 亿美元，世界排名 25 位，被商务周刊评选为世界上发展最快的高科技品牌。集团旗下 3 家企业进入美国《财富》杂志 2003 年世界 500 强行列，其中三星电子排名第 59 位，三星物产第 115 位，三星生命第 236 位。2003 年三星集团营业额约 965 亿美元，品牌价值高达 108.5 亿美元，在世界百大品牌中排名第 25 位，连续两年成为成长最快的品牌。集团旗下的旗舰公司——三星电子在 2003 年《商业周刊》IT 百强中排名第三，日益成为行业领跑者，其影响力已经超越了很多业内传统巨头。

随着世界经济的飞速发展，消费电子产品的市场渗透程度日益加深，手机的普及更是日新月异，一个人拥有一部或两部手机已是普遍现象，潜在市场非常之大。

改编自：https://www.doc88.com/p-4995123085696.html.

一、思考题

1. 从管理心理学视角分析，公司组织结构变革的原因有哪些？
2. 结合案例材料，分析三星组织结构变革有哪些阶段？

二、参考答案

1. 基于下面三个主要原因，必须对公司的组织结构进行变革与创新。（1）公司的目标变化。（2）公司经营环境的变化。（3）原公司组织管理功能存在严重缺陷。

2. 第一阶段：分析与确定问题；第二阶段：组织诊断；第三阶段：执行变革；第四阶段：对变革做评估。

三、思政切入点

◎ 关键词：组织变革、组织结构、变革动因

1. 组织变革也叫组织改革。组织变革是根据组织内外环境的变化要求，运用管理学、管理心理学的原理和方法，对组织的结构和技术进行更新，改变组织成员的心理和行为，以保持和促进组织效率的过程。简而言之，组织变革就是组织为了适应内外环境的变化，

对组织本身进行的整顿和修正。

2. 组织结构是指对于工作任务如何进行分工、分组和协调合作。组织结构是表明组织各部分排列顺序、空间位置、聚散状态、联系方式以及各要素之间相互关系的一种模式，是整个管理系统的"框架"。

3. 促使组织变革的动因可以分为外部和内部两个方面。（1）外部环境的变化。每一个组织的生存与发展和竞争能力都与外部环境息息相关并受其制约。当外部环境变动时，各种组织都需通过调整与变革去适应外部环境，并与其保持平衡，从而得到自身生存发展的条件，否则就会被淘汰。（2）内部环境的变化。组织成员的工作态度、工作期望、个人价值观念等方面的变化，如果与组织目标、组织结构、权力系统不相适应时，也必须对组织作相应的变革。

案例十　宜家的转型之路

早年的宜家是名声在外，靠着五块钱一个的购物袋进军时尚圈，靠着一颗肉丸增加顾客的停留时间，甚至直接开起了餐厅，成为全球第六大餐饮品牌。发行于 1951 年的杂志《家居指南》，已成为全世界发行量很大的刊物。与此同时，宜家却也面临着"颓势"，宜家日本和宜家中国接连出现连续三年销量下滑态势。下滑背后存在许多的原因，如投诉频现的质量问题、把控偏差的服务水平、僵硬的售后服务等。

随着电子商务的发展，接近 80 高寿的宜家仍然强调沉浸式体验、线下消费，迟迟不愿意接轨互联网，无论是线上还是线下，宜家离消费者越来越远。对于宜家而言，当务之急是改变依赖单一渠道的经营模式，实现渠道多元化，重新与消费者建立连接。为实现这一目标，第一步就是调整组织架构。宜家将品牌管理、供应链、产品开发与零售业务成功剥离开来，有利于开发新渠道。第二步是实现数字化转型。宜家在中国建立了一个全新的业务部门——宜家中国数字创新中心。宜家认为中国零售业在数字经济领域的创新力全球领先，中国消费者对数字营销的热衷度也是全球领先的。集团希望通过宜家中国的数字化转型，促进中国业务的增长。同时，也会将中国销售情况好的数字产品推向全球其他市场。宜家的转型重点在渠道和数字化上，同时还在积极探索新的业务模式。亚马逊等互联网公司和科技创业公司都逐步进军家居行业，正在用 AR、VR 技术和其他互联网技术改变家居行业。新兴家居品牌或生活方式概念店进入大型 SHOPPING MALL，以兼营咖啡馆、甜品店的模式吸引消费者。中国市场上已经出现很多类似宜家的线下门店，模式非常相似，开始有了同质化倾向。宜家开始寻求渠道改革。

在数字化转型的过程中，很多实体店会把线下的商品、宣传内容，直接搬运到线上，以同样的方式进行复制。然而，宜家会在原本内容的基础上，针对线上渠道的特点进行创新。从线下到线上，给消费者带来不一样的体验。2018 年，宜家将纸质版的《家居指南》线上化，推出微信小程序"宜家家居指南"。与普通的资讯浏览不同，宜家不是单纯把内容搬到小程序上，而是基于移动端的优点，进行人性化的交互设计。比如，左右滑动就可以像翻书一样切换页面，保持欣赏纸质书的愉悦。在每一页的右上角，都可以添加书签，并在"我的书签"中找回。小程序里可以快速搜索杂志里出现过的所有商品,并添加至"想要",弥补了纸质版杂志无法搜索的缺点。

样板间是宜家商场的一大特色。在线上渠道,同样有很多样板间家居设计,比如:斯堪的纳维亚风格餐厅、干净清爽的绿色调卧室、适合大家庭的超级客厅、夏季丛林风格的儿童房,形成"场景购""每日灵感"等内容板块。线下样板间重体验,线上板块更着重购物便利性与趣味互动。比如,在"场景购"板块中,可以将商品一键加入购物袋。宜家创新的智能设计模块,只需4步,即可自动生成设计方案。通过趣味式的互动,增加顾客对宜家全屋设计的好感度。

改编自:https://zhuanlan.zhihu.com/p/159160292.

一、思考题

1. 宜家进行组织变革的原因以及变革遇到的阻力有哪些?
2. 宜家是如何克服变革阻力的?

二、参考答案

1. 变革的原因主要是由于外部环境的变化。随着电子商务的发展和新兴替代品牌的出现,宜家越来越需要接轨互联网,走差异化路线。

变革遇到的阻力:(1)变革包含着破旧立新的意义,往往会受到人们过时的心理与观念的干扰和抵制。人们长期从事某种工作,对其内容和操作方式方法都已比较熟悉,心理上形成安全感、稳定感。急剧的变革打破了常规和人们对原来工作的认可,对新的管理方式、新的工作、新技术设备的运用及其操作方式方法感到陌生和不适应,心理上会失去原有的平衡,由此会自觉或不自觉地产生抵制变革的心理。(2)组织中多数职工容易安于现状,求稳怕乱,对需要冒险的变革往往缺乏坚定的信心,这种心理惰性也是变革的一种阻力。同时,变革还会带来内部人际关系的变化,比如由于变革,部门间的合作关系可能会因竞争机制的引进或责、权、利的重新调整而变得不协调。关系融洽、密切、亲近的人也可能会因变革被拆散,而互不了解的人又重组在一起,难免互不适应,出现摩擦。这两种情况都会导致人们心理上的紧张和不愉快。这种部门关系、人际关系问题也会是变革的一种障碍。(3)人事或技术变革,会涉及人的职位的变化。例如管理体制及干部制度的变革,必然会出现一些干部职位的升降变迁,这对一些人头脑中关于权力、地位的旧观念势必造成冲击,他们不情愿失去权力、地位带给自己的利益,因而这些人也会以各种形式抵制变革。

2.(1)统一认识:当组织变革变成全体成员的共同需要,认识得到统一,才会有自觉行动,使变革开展起来,坚持下去。(2)积极参与:当组织成员能够参与组织变革的目标、计划和方案的讨论时,就容易产生认同感,减少抵触情绪,组织变革就会顺利地进行。(3)威信:威信高的领导对组织的影响力大,有威信的领导人的改革和指挥容易被人接受。(4)心理适应:组织变革需要时间,组织成员需要有心理准备,不能操之过急,否则成员缺少心理准备。对变革认识模糊或无认识，这样他们会对变革产生厌倦和抵触情绪，从而阻碍变革。(5) 注意群体作用：群体是联系个人与组织的桥梁。群体目标、感情态度、价值观念、行为规范都会在不同程度上制约着成员的心理和行为。

三、思政切入点

◎ 关键词：组织与管理、组织变革、组织结构

1. 所谓管理，就是在特定环境下，对组织所拥有的资源进行有效的计划、组织、激励、领导和控制，以达到既定组织目标的过程。组织活动可分为基本的两大类，直接导致组织目标完成的作业活动和确保作业活动有效进行的管理活动。由此可见，管理工作是独立进行的，有别于作业工作又为作业工作提供服务的活动，是保证组织正常运行发展、实现组织目标的手段，二者密不可分。

2. 组织变革也叫组织改革。组织变革是根据组织内外环境的变化要求，运用管理学、管理心理学的原理和方法，对组织的结构和技术进行更新，改变组织成员的心理和行为，以保持和促进组织效率的过程。简而言之，组织变革就是组织为了适应内外环境的变化，对组织本身进行的整顿和修正。变革是绝大多数组织保持其生命力不可缺少的方式。从管理心理学角度来看，组织变革的重点是改变人的行为和人际关系。人是组织中最重要的一个因素，只有使人的心理和行为作出适当的改变，人际关系才更加融洽，组织才有生命力，才能适应变化多端的外部环境。

3. 组织结构就是表现组织各部分排列顺序、空间位置、聚集状态、联系方式以及各要素之间相互关系的一种模式，它是执行管理和经营任务的体制。组织结构是组织的外在形式，是对组织中各要素的一种特定安排。组织结构在整个管理系统中起着"框架"的作用，有了它，系统中的人流、物流、信息流才能正常流通，使组织目标的实现成为可能。

10.4　对应知识点：组织文化

案例十一　LG 的组织文化

人才就地撷英。经营者与员工本地化，是企业跨国经营本土化的基础和关键。LG（中国）不仅将 7 个子公司的掌门人全部换为中国人，而且努力增大中国人在企业成员中所占的比例。目前，在华的两万名员工中 98% 是中国人，其中有不少表现优秀者已晋升到高层管理位置。与此同时，LG 将教育放在企业经营的首要环节，注重培养和造就中国人才，不但结合中国的实际情况积极为员工安排多种多样的教育内容，提供各种培训机会，支持每位员工发展成为独当一面的精英分子，而且前瞻性地积极储备和积累人才。

融入中国文化。LG（中国）力求真正融入中国文化的氛围中。LG 电子在中国实施"现地一条龙"生产，产品针对中国市场的需求进行设计开发，零部件的国产化率已在 80% 以上。公司十分注重"正道经营"，尊重市场规范和竞争对手，热心支持公益事业，显示出优秀企业应具备的风范。同时，热衷于赞助各种有影响力的活动，提高企业的知名

度和美誉度，强化公司与中国社会的联系与交往。

中国式管理。LG（中国）的管理理念和管理过程中贯穿着中国式的人情味。其组织文化手册中"公司对员工的责任"部分，明确写着：努力尊重员工的尊严，根据他们的能力和表现给予公正的对待，努力培养员工的创造能力。

建立中国化企业。LG（中国）坚持"要成为成功的中国企业，而不是在中国成功的外国企业"。LG 电子将从三方面发展在中国的事业，实施以中国为中心基地的全球战略，通过事业本地化战略构筑完善型事业体系，实现商业体系本地化和产业间的垂直系列化；将 LG 的发展战略与中国政府的经济发展战略有机结合起来，除直接投资外，与中国企业建立战略联盟，帮助中国的国有企业改革，达到双赢的最好结局。

改编自：https：//www.docin.com/p-2650183100.html.

一、思考题

1. 结合案例材料，分析 LG（中国）的组织文化有哪些特征。
2. 从管理心理学视角分析，组织文化的形成过程有哪些？

二、参考答案

1. LG（中国）在组织文化中融入中国文化、进行中国式管理，体现了组织文化的以下两点特征：（1）组织文化是一种客观存在的文化现象；（2）组织文化是社会文化和民族文化的现实反映。

2. 一般认为，组织文化的形成过程有四个阶段：（1）组织创建者的经营理念与经营哲学形成阶段；（2）甄选阶段；（3）高层管理人员的言传身教阶段；（4）社会化阶段。

三、思政切入点

◎ 关键词：组织文化、组织文化的功能、组织文化的特征

1. 企业文化，或称组织文化，是一个组织由其价值观、信念、仪式、符号、处事方式等组成的特有的文化形象。企业文化是企业为解决生存和发展的问题而树立形成的，被组织成员认为有效而共享，并共同遵循的基本信念和认知。企业文化集中体现了一个企业经营管理的核心主张，以及由此产生的组织行为。

2. 组织文化的功能有：激励作用、导向作用、规范作用、凝聚作用、陶冶作用、辐射作用以及决策支持作用。优秀的组织文化可以使人力资源开发深刻化、人力资源管理自动化。组织文化像一只无形的手，引导人力资源发挥出巨大的潜在能量。

3. 组织文化的特征有：（1）组织文化是一种客观存在的文化现象；（2）组织文化是社会文化和民族文化的现实反映；（3）组织文化具有明显的个性或独特性；（4）组织文化的本质是企业的"人化"。

案例十二　迪士尼公司的组织文化

位于佛罗里达州澳兰多市的迪士尼公司成立于 1955 年，自创建以来，该公司一直致

力于娱乐业发展，已经发展成为集卡通设计、电视网络、电影、主题性公园、文化用品、服装服饰等为一体的大型娱乐性企业集团。迪士尼公司早期所创造的一系列卡通人物早已深入人心，受到全世界观众的普遍认可。以其卡通人物命名的商品也受到消费者的青睐，如米奇系列产品。目前迪士尼公司业务已经扩展到世界各地，取得了较好的效果。随着公司业务的扩大及知名度的不断提高，公司雇员数目不断增加，人力资源管理工作也日见其重要性。

迪士尼公司的总裁及首席执行官迈克·伊斯纳曾经说过，"保持公司良好的组织文化是我所要做的最重要的事。"这足以看出组织文化在迪士尼公司所发挥的重要作用。同样，维持并提升公司现有的组织文化也是人力资源部的一个非常重要的任务。它必须使员工清楚地认识到消费者为什么会走进迪士尼世界，并最终成为迪士尼的一位忠实顾客，使他们理解自己在吸引顾客重复光顾迪士尼中所发挥的作用。因此，人力资源部非常注意从招聘开始就对可能成为公司员工的人员进行组织文化熏陶。这里涉及一个组织文化激励的问题。组织文化是无形的，但其激励作用是巨大的。员工要成长、发展和自我实现，都需要一个健康和谐的工作环境和积极向上的组织文化氛围，所以，为了更好地激励员工，企业要努力建立公正公平、自由和谐、肯定个人价值、鼓励创新、信息通畅、知识分享的组织文化氛围，形成强大的组织文化，如迪士尼"SCSE"的组织文化——安全（safe）、礼貌（civility）、表演（show）、效率（efficiency）。

从管理心理学的角度看，每个人都有自己独特的个性，由于每个员工的世界观、人生观、价值观以及个性、年龄、职业、经历、生长环境等的不同，心理需要的差异很大，因而怎样调动不同个性的新员工使他们服从于统一的企业目标这一问题至关重要。在管理过程中，不能仅仅将目光局限在技能培训，而应更多地关注组织、文化企业价值的传递，将枯燥乏味的技能培训赋予意义和价值，让员工懂得自己工作的意义和价值，让企业的价值文化渗入他们的每一件工作之中。此外，还应针对岗位的不同有针对性地制订并实施培训计划，有组织有计划地实施培训，达到沟通"从心开始"，这对调动员工积极性、培养员工忠诚度都有重要的意义。

改编自：https：//ishare. iask. sina. com. cn/f/1AjLYUrY6L3. html.

一、思考题

1. 从管理心理学视角分析，为何迈克·伊斯纳认为保持公司良好的组织文化是他要做的最重要的事？

2. 结合案例材料分析，组织文化具有哪些功能？

二、参考答案

1. 因为组织文化十分重要。组织文化是组织成员的共有价值观与行为规范体系。它的核心是共同价值观体系，它使组织独具特色，以区别于其他组织。组织文化理论的出现，使得以前被视为管理难题的组织目标与个人目标的矛盾、管理者与被管理者的矛盾等有望获得解决。

2. 该案例主要体现了组织文化的激励作用以及导向作用，除此之外组织文化还有规范作用、凝聚作用、陶冶作用、辐射作用以及决策支持作用。优秀的组织文化可以使人力资源开发深刻化、人力资源管理自动化。组织文化像一只无形的手，引导人力资源发挥出巨大的潜在能量。

三、思政切入点

◎ 关键词：组织文化、组织文化变革、组织文化的激励

1. 在组织文化发展的不同阶段，根据环境的需要和组织自身发展的要求，对组织文化进行适时的调整与变革，是领导者的一项不容回避的重要职责。

2. 良好的文化氛围，往往能产生一种激励机制，这种环境和机制可以使每个成员所做出的贡献都会及时得到其他员工及领导的赞常和奖励，由此激励员工为实现自我价值和组织发展而勇于献身、不断进取。这种环境和机制胜过任何行政指挥和命令，可以使行政指挥及命令成为一个组织过程，将被动行为转化为自觉行为，化外部动力为内部动力，其力量是无穷的。